智本论·国家转型

智本社——著

中国经济出版社
CHINA ECONOMIC PUBLISHING HOUSE
北 京

图书在版编目（CIP）数据

智本论：国家转型／智本社著 . -- 北京：中国经济出版社，2022.7

ISBN 978-7-5136-6936-8

Ⅰ . ①智⋯ Ⅱ . ①智⋯ Ⅲ . ①现代化 - 研究 - 世界 Ⅳ . ① D52

中国版本图书馆 CIP 数据核字（2022）第 087631 号

责任编辑 张梦初 高 鑫 戴 瑛
责任印制 马小宾
封面设计 卓义云天

出版发行 中国经济出版社
印 刷 者 北京科信印刷有限公司
经 销 者 各地新华书店
开 本 710mm × 1000mm 1/16
印 张 19.25
字 数 215 千字
版 次 2022 年 7 月第 1 版
印 次 2022 年 7 月第 1 次
定 价 65.00 元
广告经营许可证 京西工商广字第 8179 号

中国经济出版社 **网址** www.economyph.com **社址** 北京市东城区安定门外大街 58 号 **邮编** 100011
本版图书如存在印装质量问题，请与本社销售中心联系调换（联系电话：010-57512564）

序：追问

在这个时代，提出一个好问题比解惑更为珍贵。

2008年以来，我们经历了什么？金融危机、债务危机、政治民粹运动、经贸摩擦及逆向全球化、新冠肺炎疫情大流行、史诗级股灾、供应链危机、生育率断崖式下降及人口危机、国家冲突及战争、能源危机、粮食危机、国际秩序崩坏……世界，正滑入“马尔萨斯陷阱”吗？

每一个大问题都关系到人类的前途和个人的处境。但是，现代人追问能力的退化及网络传播下信息的泛滥，让问题变得复杂与神秘。

金融危机为何爆发，是美联储加息所致还是降息所致？是格林斯潘的问题还是美联储的问题？是美联储的政策问题还是制度问题？是监督制度问题还是央行及法定货币制度问题？央行及法定货币制度问题的本质又是什么？货币理论是否有问题？

显然，后危机时代，我们并未深刻认识到这些问题，以致金融体系不可挽回地恶化，货币沦为“公地悲剧”。集体行动如何避免“公地悲剧”？国家组织扮演了进步角色还是成为始作俑者？国家为何陷入“诺斯悖论”？

法国大革命后，民族主权国家成为人类进步的重要力量，国家现代化已是大势所趋。在全球化时代，民族主权国家与经济全球化是否会产生矛盾？当下，国家冲突是否与这一矛盾有关？全球一体化的认知是否有误？未来，国家组织如何演变？

为何有些国家经济增长快，有些国家则陷入停滞？为何有些国家的经济增长快但家庭财富增长慢？这种经济增长模式是否可持续？当货币增速长期大于经济增速时，经济将走向何方？当经济增速长期大于家庭收入增速时，经济又将如何演变？

贫富分化是这个时代不可回避的问题。贫富差距的原因是什么？何处存在正当性和不正当性？货币政策是否加剧了不平等？福利主义是否破坏了公平竞争？

人口危机又是一大社会焦虑。生育率下降的合理因素是什么？生育是否是必需品？额外因素是否增加了生育成本？老龄化的问题是养老问题、增长问题还是制度问题？通货膨胀、公共养老制度是否恶化了养老问题？

新冠肺炎疫情大流行搅乱了这个世界。传染病是不是人类社会风险的一部分？大流行是不是经济全球化风险的一部分？防疫是科学问题还是集体行动困境？科学产生于集体行动还是自发秩序？集体行动的制度变迁与自发秩序的自然演变如何契合？

困惑，亦是我写下百万字且继续写作的动力。长期以来，我追问的线索是经济学的思维，即个人经济行为。不过，经济学“埋雷”无数，同样需要不停地追问。

追问不止，笔耕不息。智本社，与思想者同行。

清　和

2022年6月，深圳

前言

《国家转型》作为“智本论”系列丛书的首本，以国家的现代化转型之路为线索，关注了11个国家的现代化之路：或如奋起直追的东亚范式；或如深陷“资源陷阱”，被宗教、地缘等不稳定因素困扰的新兴国家；或如经历了战火淬炼，继而成为欧洲主心骨的德国。在对这些国家的历史追溯中，经济制度的变迁演变成为本书的一个重要观察视角。除了依靠国家的历史记载，本书也结合历史人物小传、经济学家的重要理论来分析国家转型。

本书尝试从历史、现实及理论的角度为国家的现代化之路总结规律。虽然不同国家的实际发展情况各不相同，但也正因如此，剖析、总结和对比不同国家的发展逻辑也成为本书试图带给读者的阅读乐趣之一。

全书分为6章：东亚范式、艰难之路、震荡之地、德国三部曲、大家治学、思想市场。

第一章为“东亚范式”。通过对日本、韩国、越南三个典型东亚国家经济发展史的记叙与分析，本章试图为东亚范式找到几个关键词。尽管这3个国家现代化水平不同，但存在着东亚范式的共同点，即如何从封闭走向开放，如何促进产业升级，如何推动制度变迁。

第二章为“艰难之路”。全球化飞速发展，但是一些新兴国家并没有通过全球化完成产业与制度升级，或患上“资源出口依赖症”，或持续堆积债务泡沫，在全球紧缩周期中反复陷入货币或债务危机。本章关注的这4个国家，阿根廷、智利、泰国及土耳其就曾经或者正在经历上述问题。

第三章为“震荡之地”。本章关注3个国家：阿富汗、伊朗、沙特阿拉伯。一些国家因特殊的地理位置与政治宗教因素，现代化之路举步维艰。同时，国家冲突伴随着一些国家的历史进程，对国际地缘政治产生了重大影响。

第四章为“德国三部曲”。本章关注19世纪初至今200年间的德国演变史。3篇文章分别聚焦不同时期的德国，1815—1945年、1945—1990年、1990—2022年，从而观察不同历史时代沉淀后的德国特质。

德国，曾经在极端的国家主义观念下挑起战争，造成了令全人类悲痛的灾难。而后，这个国家在分裂中重建，通过对法治、自由和人权的重新审视，在社会市场经济改革中逐渐重建、稳固与崛起。1990年两德统一，两极格局瓦解，德国成为欧洲一体化的主心骨。不过，当今全球格局震动，时代仍然需要德国应对新的挑战。

“大家治学”“思想市场”是本书的最后两个板块，同时也是“智本论”系列丛书的定期专栏。“大家治学”这一章主要为经济学家作传，通过对其生平、经济学研究成就、治学方法论的记录和阐述，让读者感受到几分经济学大师们思考问题的方式，为现实生活中的各种选择带来启发。本书的“大家治学”关注经济学大家亚当·斯密的生平与贡献。

“思想市场”这一章主要聚焦于社会文化、思想，探讨和记录属于时代的各类社会问题，更试图以经济学逻辑来分析那些常在生活中引发争论与困惑的社会焦点。本书的“思想市场”关注信息茧房现象。

最后，希望读者能够在本书中获得知识与乐趣，以经济学的思维思考工作和生活中的现象与问题。本书难免有疏漏之处，还望读者给予批评指正。

目录

东亚范式

“二战”后的亚洲，主旋律是奋起直追。“二战”后，日本、韩国也是全球少有的拿到发达经济体入场券的国家。

东亚之歌，唱响在太平洋一岸。

如果要给东亚范式找一个灵魂词，那就是对外开放。

19世纪中期，盘踞在亚洲大陆的一些国家开始被迫开放，摒弃孤立、封闭。20世纪中后期，政治改革与经济改革互为表里，虽有禁锢，但在向前。

日本、韩国、越南这三个国家，又呈现出三种维度的东亚范式。

平成30年：樱花落尽，默语重生

“消失”的这些年，日本干什么去了？

日本在1990年泡沫经济破灭之后，陷入了持续的经济萧条。平成30年，“消失的日本”成为大众茶余饭后的谈资，也是21世纪经济学的一个重要谜题。

“二战”后，作为战败国，日本从废墟中快速复兴，到20世纪七八十年代，一跃成为全球第二大经济强国，大有超越美国之势。“卖掉××，买下纽约”，成为一种标准的泡沫体。

然而，这只是一场金色的大国迷梦。

总以过去的增速，丈量未来的高度；总以膨胀的心态，藐视美帝的余晖。这是日本当年犯下的最大错误。

泡沫经济破灭之后，当年的膨胀、狂妄与轻蔑荡然无存。从铂金巧克力到优衣库，从出门打车到挤地铁，日本社会经历了一场脱胎换骨般的磨砺，以及悄无声息的转型。

外人长期沉醉在樱花崩于富士山之巅的大片既视感之中，然而30年后，这个“消失”的国家，依然还站在世界之巅，只是数据没那么耀眼，行为不再张扬，做事显得低调，民风回归内敛，画风更加质朴。

规模在缩水，结构在优化；数量在减少，质量在提高。

30年前，日本是金庸笔下的吐蕃国师鸠摩智，武艺高强，野心膨胀，张牙舞爪，横行中原兴风作浪，挑战“南慕容北乔峰”，单挑少林三位玄字辈高僧，以小无相功击败玄慈方丈的袈裟伏魔功。正当鸠摩智与慕容氏父子搅局少林之际，扫地僧低调出场，击碎了鸠摩智逐鹿中原的称霸迷梦。

真正重伤鸠摩智的还是他自己。那些年，鸠摩智习武成瘾，急于求成，强练“七十二绝技”，最终走火入魔，急火攻心，“每日子午十分，痛入骨髓，大难将至”。日本与鸠摩智类似，在走火入魔之时被打入深井。

此后30年，日本强去泡沫，艰难转型，化毒排脓，重读“法华经”，苦修佛法以化解心中的戾气以及杀人的法门。

这种转变有些让人难以接受，甚至日本人都感到不适应。暴发户般的生活可以肆无忌惮，但泡沫回归后只能精打细算。

从经济规模上来看，日本这30年几乎是停滞的；但从经济质量上来看，经济结构更合理，技术底蕴更厚实，社会风尚更健康，全球化程度更高。如今的“鸠摩智”不再是当年肥头大耳、骄横跋扈的“胖子”，而是形如扫地僧般清瘦，实如虚竹般稳健。

对如今的日本，不能追捧为“王者归来”“再度崛起”，也不能简单贬低为“衰落”“消失”，可以理解为“浴火重生”“结构性转型升级”——从数量型增长向质量型增长转变，从本土化向全球化迈进。

在泡沫经济崩溃之际，日美贸易战持续之时，日本经济强行去杠杆，产业被迫转型，倒逼技术升级。研究日本经济转型升级，与关注日本泡沫经济崩塌一样有意义。日本如何转型升级？日本人苦修的“佛法”是什么？如何习得“法华经”的真谛？

以日为鉴，关注泡沫，警示之意；研究转型，建设之用。

01
消失的日企　隐藏的技术

2018年中国一批企业家去日本考察时，日本东芝能源系统社长向他们讲述了这段艰难的转型历史。

过去十几年，日本东芝、索尼、夏普等白色家电在中国大败退，这被理解为“日本消失”的铁证。

事实确实如此。东芝能源系统社长介绍，东芝当年做白色家电年营收最高达4000亿元人民币。但泡沫经济崩溃后，东芝逐渐退出了电视和白色家电行业，将相关技术转让给了中国的海信和美的。

如今中国的白色家电市场，几乎被美的、格力、海尔等掌控。日本企业全面大溃败，我们已很难寻觅东芝、索尼等日本品牌的身影。不过，据东芝能源系统社长介绍，2017年东芝的营收达到2400亿元人民币，利润达到40亿元人民币。预计到2019年，东芝的年营收就能恢复到3000亿元人民币或更高。

东芝能源系统社长向去日本考察的中国企业家介绍，企业困难的那几年几乎年年亏损，所以必须痛下决心把家电业转出去。其实日本松下、日立这些巨头已转型成功。转型慢了一步的夏普遇到了问题，被富士康收购了；索尼转型不够坚决，还处于不稳定状态。

从规模上来看，东芝的营收规模不如巅峰时期，终端市场的统治力被大大削弱。但是，东芝何以起死回生、扭亏为盈？剥离了家电业务，如今的东芝靠什么生存?

东芝完全退出白色家电领域后，进入大型核电、新能源和氢燃料电池电站业务领域，虽然发生福岛核泄漏事件使东芝雪上加霜，但其积极向海外扩张，在海外市场中站稳了脚跟。这得益于东芝多年国际市场的运营管理经验。目前，支撑东芝的核心业务是全球化布局的上游重工业务以及核电、新能源、氢燃料电池技术。这样的东芝不再为人所熟知，也没有当年的体量，但重工技术的底子更加厚实。

从前端市场消失，在上游市场站稳脚跟。东芝的成功转型，可以说是日本经济转型升级的缩影。遭遇泡沫经济打击、在终端市场上败退的日本企业，从2000年开始通过以下两条路径转型：

一是从数量型增长向质量型增长转型——采取收缩战略，推行瘦身革命，剥离家电、电子等终端及亏损业务，向上游核心技术及重工技术领域转型，注重现金流、利润率以及技术掌控力。

二是从国内市场再次向国际市场转移——这是“二战”后日本从第一次全球化产业转移向第二次全球化产业转移迈进，采取有效布局策略，深耕需要工业级技术及商务级服务的国际市场。

20世纪七八十年代，日本经济快速增长，电子产业抓住技术革命良机快速崛起。日本的电子表、电子游戏机、彩电、冰箱、空调、功能型手机等白色家电和电子产品风靡全球。当时，中国进口最多的家电便是日本家电。

但是，1990年泡沫危机爆发后，日本不少企业陷入经营困境。中国海尔、格力、美的、海信等家电企业凭借性价比优势逐渐抢占中国市场，松下、东芝等日企逐渐在终端市场黯然退出。韩国三星、LG崛起，取代索尼、夏普成为全球最大的彩电供应商。

在互联网及信息技术领域，日本电子产业错过了向数字化、网络化、智能化转型的最佳时机。美国微软、谷歌、苹果、英特尔、高通等牢牢掌握技术标准和控制权。

最近30年，日本家电及电子产业几乎面临绝境，前有美国科技企业压制，后有中国廉价产品大举抢占市场，还有后来居上的韩国技术袭击。

整个20世纪90年代，日本企业陷入艰难、犹豫的境地，市场规模及利润都大幅度下滑，甚至陷入亏损状态。2003年，索尼巨亏的财报一公布，立即重创日经指数，引发了“索尼震撼”。

索尼危机引发了强烈的市场反响，日本企业非常悲观，国民陷入焦虑和彷徨。泡沫危机已过去十多年，日本依然处于泥潭之中。当时，“消失的十年”言论在日本乃至全球都广为流传。

不过，“穷则思变”，日本企业界开启了大反思、大变革，索尼提出复兴计划，东芝、松下等纷纷剥离家电业务，丰田、本田大力拓展国际市场。

这些企业都向上游核心部件和商用领域转型，有不少企业从B2C领域转到B2B领域。松下从家电扩展至汽车电子、住宅能源、商务解决方案等领域；夏普转向健康医疗、机器人、智能住宅、汽车、空气安全技术领域；东芝进入大型核电、新能源和氢燃料电池电站业务领域。

经过十年努力，不少企业都已经扭亏为盈，业务稳步复苏，技术更加扎实。最不稳定的却是索尼。

索尼拥有庞大的终端市场业务，产品覆盖电视机、手机、游戏机、音像制品、电脑等。这家公司虽然高喊复兴口号，试图大刀阔斧地改革，但是始终无法放弃终端市场，没能坚决地向上游技术领域转型。

2001年索尼与爱立信合资推出索爱手机。当时，索爱手机因设计时尚、音乐及拍照功能出色，受到大众的喜爱。但是，风靡一时的索爱手机，既无法与诺基亚抗衡，又错过了智能手机发展良机，很快衰落。2011年，索尼以10.5亿欧元收购爱立信持有的50%股份，至此索爱又变成了索尼，但已无力回天。

电视业务是索尼的根据地，索尼一直不肯放弃这块市场。在豪赌等离子电视失败后，索尼于2011年开始对电视业务实施瘦身计划。可惜的是，索尼不仅削减了大量的电视机产品型号以及财务预算，还错误地将上游技术业务剥离了。索尼以9.4亿美元将与三星共同投资的S-LCD面板公司的50%股权出售给三星；2012年5月，索尼退出与夏普共同合资的面板企业。

2013年，索尼营收同比增长14.3%，却亏损12.5亿美元。从2002年至今，索尼的转型不算成功，营收及利润一直不稳定。

当年，松下CEO津贺一宏在看过索尼的CES展台后说："如今谁都能做电视机，但智能手机也会出现这种情况。不只是电视机。"

这句话道出了索尼的问题，也说出了日本企业转型的大势。

在当时，随着家电及电子技术的普及，日本企业的位置极为尴尬，成本优势上不如中国，尖端技术及金融优势不如美国。所以，陷入盈利困境的日本企业的最佳选择是剥离终端业务。

2002年，松下已连续两年亏损，这直接导致松下前任社长大坪文雄的下台和松下从纽交所退市（2013年）。津贺一宏临危受命接任社长后，果断放弃连续投资了12年的等离子电视业务，对集团业务进行大规模重组。津贺一宏砍掉了不少家电终端业务，改革后的松下集团分设住宅设备机器、环境方案、汽车电子和机电系统以及互联解决方案四大公司。

2013年，松下扭亏为盈，实现净利润将近12亿美元。此后，松下在津贺一宏领导下成功转型，平稳发展。

2018年，松下营业收入和利润分别达到7.98万亿日元和3800亿日元。这是松下最近七年来最好成绩。

如今，家电事业部门收入规模依然最大，占据松下总收入的32%。但是，津贺一宏明确表示，传统家电业务已见顶。松下在战略上大力发展汽车电子和机电系统业务，这一业务规模已占总收入的29%。在这项业务上，松下与特斯拉共同投资了动力电池工厂。

另外，环境领域，尤其是节能、环保及安全技术，是松下发展的重点。津贺一宏称，为了解决环境问题，预计各国在氢气、水、空气三个领域的投资，到2030年达到1亿日元的规模。

日本企业从大众视野中逐渐退出后，逐渐向上游技术产业转型。如今，夏普的液晶面板、松下的锂离子电池、索尼的摄像头、旭硝子的面板玻璃等核心部件隐藏在各个品牌的智能手机、超大屏幕电视、平板电脑、电动汽车等里面。

在经济萧条的阴影下，不仅是家电及电子企业，还有不少其他日企均加强了上游及核心技术的投资。

例如，日立较早向商用领域转型，如今智能电网、电梯等基础设备业绩平稳增长，同时，日立的核电技术水平较高。又如，三菱发力氢燃料电池，丰田的氢燃料电池汽车逐渐步入商业化阶段。日本企业在大型的太阳能—制氢—燃料电池发电领域积累了相当的技术，商业化潜力巨大。几经波折的索尼，在参股奥林巴斯后，双方联合研发医疗内窥镜，已在该领域占据全球80%~90%的市场份额。

近些年，日本机器人在全球国际展会中大放异彩。日本机器人企业在全球产业机器人市场中所占份额已经超过50%。日本安川电机原来是马达、发动机的生产商，现在已转型成为全球四大机器人企业之一。其主要机器人产品包括焊接、点焊、喷涂、组装等各种工业机器人，主要用于汽车、电机和半导体生产等。

这些年，日本机器人产业已从工业机器人向服务机器人扩展，以适应老龄化社会的需求。安川电机拥有机器人伺服器等核心技术，还在发展用于医院等领域的服务机器人。

20世纪七八十年代，受石油危机及美日贸易战影响，日本成功由煤炭、钢铁、石化、造船等重工产业转向汽车、半导体、通用机械、家电、电子等产业。日本家电及电子产业霸占终端市场，一直延续到泡沫危机之后的90年代。

随着经济萧条持续、新兴国家崛起，日本企业被迫向上游及核心领域转型。如今，日本企业告别了终端家电、电子市场，在商用领域的大型核电、新能源、氢燃料电池、电力电网、医疗技术、能源存储技术、生物科技、机器人研发等高精技术方面建立了全球竞争优势。

日本企业的转型轨迹，是日本经济结构转型升级之路，也是日本企业技术迭代之路。

产业上游领域的核心技术，乃国之重器。核电、芯片、精密制造、生物科技、氢燃料、新能源、机器人等，才是一个产业技术的关键，一个国家的命脉所在。

当人口红利消失、全球技术红利吃尽，竞争倒逼企业走向上游核心技术及基础科学领域，依靠自力更生、自主研发，也就成了必然趋势。

综观全球，德国的西门子、博世、巴伐利亚、蒂森克虏伯、德马吉森精机、大陆集团、舍弗勒集团，以及美国的AT&T、IBM、英特尔、威瑞森、惠普、甲骨文、思科、通用电气、亚马逊、谷歌、苹果、康卡斯特，都掌握了上游核心技术。不同的是，强大的美国企业上下游通吃。

2000年之后，日本经济增加值虽然没有显著提高，但是日本企业在全世界范围内，掌控着众多产业的上游核心技术。日本在工业前沿的十几个领域稳居前三名，在科技界连续十八年有人获得诺贝尔奖。与20世纪80年代相比，日本企业的营收规模或许没有太大的变化，但日本的技术实力更强劲、底蕴更深厚。

如今的日本，是一个真正掌控全球核心技术的国家。

这是一种结构性的变化，也是一种国家竞争力的提升。

02
本土化水分 国际化干货

1982年，中曾根康弘成为日本首相。他提出日本的国际化战略，试图让日元升值，帮助日本企业走向国际，在海外市场进行大规模收购和扩张，促进日本产业结构调整，形成国际化经济格局。

日本首相为什么要提出国际化战略呢？

当时大致有以下几点考虑：

一是随着国内劳动力及土地价格上涨，人口红利消失，国内市场饱和，低端产能严重过剩，日本政府开始推动产业结构转型，希望把一些低端制造业转移到海外，优化全球资产配置，促进技术产业迭代升级。

二是“二战”之后，在产业政策扶植下，日本经济及企业在低汇率及相对封闭的市场保护下快速兴起。在20世纪七八十年代，伴随着经济进步，日本民族情绪水涨船高，试图迈向国际一展身手。

三是日美贸易战持续深入，美国迫使日本纺织、钢铁、汽车、金融、电子等领域开放市场。

与其被动开放，不如有节奏地主动开放。在这种背景下，日本政府提出国际化战略，甚至主动提高日元汇率，帮助日本企业在全球范围内扩张。

所以，在民族自信心和国际化战略的驱动下，美日之间在日元升值这一点上达成了默契，这才有了1985年的五国广场协议。

亲身参与了广场会议报道的日经新闻记者泷田洋一于2006年出版了《日美货币谈判——内幕20年》一书，详细地还原了当时日本的民族心态和国家战略。

关于广场协议是否存在美国霸权或阴谋，很难确定。但是，可以肯定的是，至少存在阳谋，美国占据了主动权。有以下几个信息值得关注：

一是1980年前后，美国保罗·沃尔克掌管美联储期间，为了控制持续多年的高通胀，在短时间内大幅度提高美元利率，导致美元对外快速升值，美元被严重高估。

1982年后，美国摆脱了滞胀危机，大量国际资本流入美国，日本、德国、法国、英国陷入美元通缩，美国政府及贸易赤字持续扩大。在这种情况下，美国决定协商调整国际汇率，提高其他四国货币价格，以压低美元汇价。这是广场协议的国际背景。

根据威廉·西尔伯的《力挽狂澜》一书中的描述，当时沃尔克及美联储并不希望美元贬值太多，主导这次美元贬值的主要是里根政府的财政部。当时里根总统已连任，为了扭转赤字，他希望利率下降，但掌管美联储的沃尔克担心通胀反弹拒不接受。于是，里根指派财长贝克降低美元汇率以达到目的。这是广场协议的美国政治背景。

二是日本主动提出提高日元汇率。

根据1995年日本经济刊物《经济学人》上发表的一篇文章，日本财长竹下登承认，是他主动提议召开这次广场会议，而非美国财长贝克。在广场会议上，竹下登表示日本愿意协助美国采取入市干预的手段，以压低美元汇价，甚至说“日元升值20%，OK”。

在协议发表后的记者招待会上，有记者提问：“日本为什么会容忍日元升值？”

竹下登打趣地回答：“因为我的名字叫‘登’啊。”(“登”与“升”在日语中同音)

后来，美联储主席保罗·沃尔克和日本大藏省副相行天丰雄共同撰写了《时运变迁》一书，详细地回忆了这段历史，描述了日本与美国在日元升值上的共识。

三是广场协议签订后，各国开始抛售美元，继而形成国际市场投资者的抛售狂潮，导致美元持续大幅度贬值，美国很快就受不了了。

到1986年末，美国对外净债务总额达2636亿美元，已是当时世界上最大的净债务国。美元贬值并没有改善美国的贸易收支，相反，贸易赤字进一步扩大。这种现象在经济学中叫时滞效应。

广场协议签订后不到一年半时间，即1987年2月，美国、日本、德国等七国财长和央行行长在巴黎的卢浮宫达成协议，一致同意七个国家合作干预外汇市场，保持美元汇率在当时水平上的基本稳定。此次会议协议史称“卢浮宫协议”。此后几年，国际汇率包括日元对美元汇率保持相对稳定。

所以，广场协议的签订，并不是简单的“货币战争式”演绎的汇率狙击。它包含当时美元被高估，迫切需要改变国际汇率混乱状态的客观要求，也包含五国利益博弈、美元霸权主导的残酷现实，还包含日本主动求变，以日元升值支持国际化战略的雄心壮志。

日本这次国际化战略，成败几何？

20世纪80年代，日本经济腾飞，在日元升值和国际化战略的推动下，日本开启了全球化投资、收购门阀，将大量资金和大型制造业转移到海外，这是日本战后第一次全球化产业大转移。

日本的国际化战略本身没有问题，也几乎是日本唯一的战略选择。日本的泡沫经济问题，不在战略上，而在策略及执行上。广场协议签订后，日元、英镑、马克、法郎同时对美元升值，但日本政府及货币当局在当时“米德冲突”之下执行了错误的货币政策。

当时，日元升值，日本迈向国际化市场，日本政府缺乏在开放经济体中管理市场的经验。他们高估了日元升值对本土制造业及出口的打击，同时低估了货币扩张对金融市场的冲击。

为了帮助国内制造企业抵御日元升值带来的成本压力，日本货币当局下调了利率，以更多的流动性支持日本企业。但是，他们没有想到的是，大量的货币并未流入制造业，而是进入房地产及金融市场，催生出房地产泡沫。

美国要求日本在日元升值的同时加大对美国商品的进口，以缩小美对日的贸易逆差。但是日本政府的策略是，不希望拿出外汇储备来直接采购美国商品，而是通过降低利率、扩张货币，释放更多的货币加大进口（当时日本外汇和汇率非完全市场化）。如此一来，进一步释放了流动性，推高了房价，助长了炒房投机。

另外，日元固定对美元升值，导致大量国际热钱流入日本投机市场。这对日本房地产及金融市场来说，无疑是推波助澜。

几个因素叠加，从1985年到1990年，短短几年内，日本房地产及股票价格暴涨。到1990年，资产泡沫危机一触即发。此时，日本央行意识到危险，快速提高利率，市场立即陷入流动性危机，日经指数暴跌，楼市崩盘，日本经济泡沫破灭。

我们回过头来看看日本全球化的情况。

当时日本企业借助日元升值的浪潮，对美国进行大规模的投资和收购，买下了美国的土地、矿山、农场、工厂、企业、银行、旅馆、摩天大楼、商业中心、高尔夫球场以及大半个好莱坞等。

1989年10月，日本泡沫经济达到鼎盛时期，日本三菱以8.46亿美元的价格购买了洛克菲勒中心的拥有者洛克菲勒集团51%的股权，从而取得了洛克菲勒中心的控制权。美国报纸刊登的大幅漫画是丰田汽车从天而降，漫画名字叫“虎、虎、虎”，这正是日本偷袭珍珠港投弹的暗语。

日本人的“买、买、买”，令美国人大为震惊，也令日本本土民族情绪爆棚。当时，很多日本人认为，买下美国、超越美国只是时间问题，而且这一天很快就会到来。

泡沫危机爆发后，日本国内资产受到挤泡沫、去杠杆的严重打压，企业长时间没有缓过神来。日本企业经历了十年左右的挣扎、彷徨，全球化战略大幅度回撤。

随后，1997年亚洲金融危机爆发，迅速波及日本本土市场。退无可退的日本企业重拾全球化扩张之路，将包括制造业、物流业等在内的产业外移，形成了第二次产业大规模战略转移。

2000年以后，日本企业在海外的收购数量和单笔的金额远远高于20世纪80年代的对外收购。日本历史上金额最大的10个跨国收购案都是2000年以后发生的，日本企业开始成为真正意义上的跨国企业。

怎么评价这两次产业大转移?

20世纪80年代，日本经济乘着日元升值的东风，向全球大肆扩张，实现了第一次产业全球化大转移、大布局。这次大转移，带着巨大的泡沫以及野蛮生长的冲动。泡沫危机爆发后，日本很多国外产业被迫低价出售，大有一夜回到解放前的态势。不过，这次大转移为其日后的国际化奠定了一定的基础。

以汽车业为例。日美两国政府从1979年开始围绕汽车贸易问题进行谈判，美国强烈要求日本对美实行自愿出口限制、日本汽车厂家到美国投资设厂以及开放日本的汽车市场等。

从1982年开始，在日美贸易战和日本国际化战略的背景下，丰田、日产、本田、三菱、富士重工等日本汽车公司相继在美国投资生产。

开始时，日本企业遭受不小压力，成本增加，规模锐减，但日本车企还是顽强地在美国生存下来，并逐步建立竞争优势。日本在美国本地生产的汽车数量，从1983年的6万辆、1984年的24万辆、1985年的36万辆猛增至1987年的74万辆、1988年的89万辆、1989年的125万辆。

这次被动或主动的国际化，虽然艰难甚至凶险，却倒逼丰田、本田、日产、三菱、富士重工等日本汽车公司成长为国际化的车企。美国原三大车企只剩下两家，丰田一度超过通用成为全球第一大车企，且具有相当大的技术竞争力。

2000年之后，日本掀起了第二次全球化大浪潮。这次全球化促使日本海外资产大规模增长，总资产甚至超过日本本土GDP总量。

2001年，日本海外总资产达到2.9万亿美元，相当于国内经济规模的75%；海外净资产达到1.5万亿美元。2011年，日本的海外资产和海外产业相当于日本本土的1.8倍。其中，日本三井物产、三菱商事等七大综合商社在2011年对外投资总额达397.5亿美元，大幅超过历史峰值293.8亿美元。

这两次全球化大布局，铸就了现在日本庞大的离岸经济。

很多人说，日本在海外还藏着大约两个“日本”的经济体量，说明日本并没有衰落。其实，这种观点并不成立。因为日本在海外有资产，美国、欧盟在日本也有资产，资产规模有所抵消。

日本庞大的离岸经济能说明什么？

日本企业向上游核心技术领域转型，说明日本的产业结构在优化。日本企业向国际扩张，形成庞大的离岸经济，说明日本经济国际布局得到优化。

如今的日本，是亚洲唯一深度全球化的经济体，是一个真正意义上的全球化发达国家。

日本已从一个本土经济大国，转变为一个全球化的经济强国。从规模上看，日本是萎缩了，但从质量上看，完全不在一个量级。

一个全球化发达经济体至少具备三种意义：

一是企业从本土企业晋升为跨国企业，这是一种质的飞跃。

跨国企业具备全球采购、生产、投资、资产配置以及国际化管理的能力，具有更强的国际资源整合能力，以及应对国际市场风险的能力。

过去的企业在日本本土设厂、生产，然后出口到美国、欧盟。如今的跨国企业在美国设厂、投资以及进行资产管理。丰田、日立、三菱等日本企业失去了国内市场的保护，与欧美企业同台竞争，反而提升了其国际竞争力。

二是全球化开放经济体下，日本的资产得到国际市场的检验。

这一点极为关键。从GDP、产业规模、企业营收等任何一个数量指标来看，日本在过去30年都几乎没有增长。从这个角度来说，日本依然处于经济萧条状态。

但是，有一个前提容易被人忽略。30年前的日本经济处于相对封闭的状态，其经济规模、产值具有相当的水分和泡沫。当时的日本是“虚胖”，实际上没有这么大的规模。

如今日本是一个全球开放经济体，日本的房产、股票、债券以及金融资产，都在国际市场自由竞争中被重新估价。如今的资产规模是被挤过水分的，是相对真实的。所以，表面上日本的经济规模没有增长，但资产实际上在增加，真实的竞争力也在增强。

就像同是150斤的人，一个病态虚胖，一个精干强壮，两者的真实实力完全不同。这其实就是从数量型增长向质量型增长蜕变。国际竞争给日本经济去泡沫，倒逼其提升核心技术、国际化运营管理等核心竞争力。

三是从贸易国际化转向要素国际化、金融国际化，从互补型贸易向重叠型贸易转变。

“二战”之后，尤其是自20世纪70年代开始，跨国公司崛起，国际投资兴起，再加上互联网及计算机浪潮，三股强大的势能推动经济全球化从贸易国际化向要素全球化、金融全球化转变。

一方面，经济全球化风格大切换，日本企业不得不顺应大势，从对外贸易转变为海外投资、设厂以及资产管理；另一方面，互补型贸易导致美日贸易摩擦日益尖锐，日本跨国企业推动美日贸易向重叠型贸易转变，极大地减少了国际交易成本。

日本车企在美国投资建厂后，本土生产数量日益增加。同时，日本对美国出口汽车数量明显下降，从1986年的343万辆逐年递减到1989年的243万辆。

如今日本的跨国公司不再是本土生产及贸易公司，而是全球要素配置公司，在美国、欧盟管理着规模庞大的资产。

日本是亚洲最强的全球化国家，但其国内依然保持着独特的民族文化。是日本的国际化成就了这种自信，还是封闭保护了它的文化？

在泡沫危机爆发背景下，日美贸易战“强化”，韩国、中国强势追赶，日本企业及经济对内转型升级，对外竞争求生。日本企业及社会失去了很多，如今不少企业再难回巅峰，工薪阶层承受着全球最大的加班压力。这一残酷的磨砺过程，算是对过去畅饮泡沫的一种惩罚。

如果要问，日本在泡沫危机中失去了什么，日本失去的最重要的东西不是GDP的增长，而是百年一遇的信息技术革命的主导权。

03

基础科研计划　经济制度改革

日本企业及经济对内转型升级和对外求生都离不开政府的政策及制度改革：

一是“科学技术基本计划”；二是金融及经济制度改革。

掌握核心技术，不是请客吃饭那么简单。

日本拥有重视教育及科研的传统。自从20世纪80年代开始，日元钞票上不再印天皇，光荣上榜的有日本教育之父福泽谕吉、女作家樋口一叶、生物学家野口英世、文学家夏目漱石。从1990年起，日本对研发的投入占GDP的比重在发达国家中便是最高的，到了2015年更是接近政府财政收入的3.5%。

不过，在泡沫崩溃后，由于资产和市场萎缩，企业在技术投资方面遭受打击。在经历20世纪90年代的低迷、摸索和徘徊期后，日本政府开始大力支持科技研发，日本企业也加快了技术迭代步伐。

需要注意的是，日本政府重点扶植基础科学及核心技术。20世纪90年代，日本企业已经吃尽了全球技术红利，企业竞争逐步转向核心技术及基础科学领域。

为了打破基础科研的瓶颈，日本政府于1995年制定了第一期科学技术基本计划，提出侧重增加有竞争力课题所需经费和培养1万名课题研究青年负责人。

2000年日本政府制定第二期科学技术基本计划，提出“未来50年获得30个诺贝尔奖”的宏伟目标时，世界舆论曾一片哗然。然而近些年来，日本平均每年都有一位科学家获得诺贝尔奖。

在第三期科学技术基本计划（2006—2010年）中，日本政府把重视人才培养作为基本理念，强调将研发投资重点从“物”转移到“人”上来，在发展科研基础设施的同时，吸引和培养国内外一流科技人才。

2011—2015年实施第四期科学技术基本计划时，日本政府将加强基础研究与人才培养比作“车之两轮”，强调以此实现可持续增长和社会发展，并提出着重培养具有独创性的优秀研究人才。

2015年，日本政府的科技投入约3.4万亿日元，大部分流向公共科研机构和大学。国立、公立大学支出研发经费1.77万亿日元，国立、公立及独立行政法人科研机构支出1.45万亿日元。

日本政府对基础研究的投入每年保持20%左右的增长，与美国相差不大。日本大学对基础研究的投入占预算的50%以上。

科学技术基本计划对基础科研的支持，与日本企业转型升级的方向一致。政府对基础科研的投入，与企业向上游核心技术转移形成合力。

但是，这些并没有带来经济规模递增。为什么？

这里存在一个未知因素是，技术可能带来了规模效应，但依然没有超过过去泡沫经济的规模，因此感觉不到技术进步带来的规模递增。

另外一个原因是，技术累积的过程中，规模递增并不明显。比如美国汽车产业早已进入市场饱和状态，在过去20年销售规模都没有明显增加，在2008年金融危机期间还大幅度收缩。但是，汽车技术一直都在进步，比如舒适度、安全性能、驾驶体验等。只是这些技术累积不足以触发汽车产业的技术革命，因此整个产业规模没有递增。若无人驾驶技术革命爆发，汽车产业将会迎来规模递增效应。

所以，技术进步带来的规模递增并不是平滑的，而是波浪式的、脉冲式的。

在这轮经济结构转型升级过程中，日本的大多数企业都走向了技术纵深领域，甚至基础科学。基础科研需要长时间的累积和大规模的投入，目前日本不少技术还处于累积阶段，尚未商用量产。

例如，日本打算将机器人技术广泛应用于养老市场，以家用机器人提供更好的养老服务。当前，日本老龄化严重，1.27亿人口中，每4个人中就有1个是65岁及以上的老年人，养老看护需求迅速上升。

运用机械外骨骼技术，可以研发出病人和老年人“穿戴”的机械外衣，用以辅助病人和虚弱老年人行走活动；运用人工智能和动力设备改造老年人常用的购物小车，可以使购物车自行伴随老年人活动，甚至辅助老年人行走；家中的看护机器人还可以通过视频监控、智能识别和分析系统，判断出老年人是否跌倒摔伤或突发疾病，并且立即通知医护人员。

日本的老龄化正在倒逼技术革新。目前，日本维持极低的生育率，但生命质量比较高。日本是全球人均寿命最长的国家，也是生命质量最高的国家之一。

日本政府对基础科学的长时间投入，以及转型的企业在上游核心技术的积累，到某一技术临界点或迎来规模递增效应。

除了科学技术基本计划外，日本还对金融及相关经济制度进行了大幅改革。日本学界及政界在反思经济泡沫危机时发现，日本这套金融及经济制度难以适应国际竞争、国际汇率的变化，以至于方寸大乱、患得患失，最终酿成不可挽回的危机。

日本在明治维新时期就建立了比较完善的资本主义制度体系。

“二战”后，日本接受了美国的改造，其政治制度、法律体系取得了很大的进步。但是，一直到20世纪90年代，日本的制度都没有发生太大的变化，这与日本相对封闭的文化传统有关。

日本学者调侃这套制度为1940年体制。1996年桥本龙太郎内阁诞生，开始着手改革。1998年6月，日本国会通过了《中央省厅等改革基本法》。1996—2010年，日本实施了一系列的法律修订，其结果是几乎修改了所有的法律。

修改的方向和蓝本明显是美国的体系，其中包括引入美国的陪审团制度。日本这次制度改革，让自己成了一个在制度上距离欧美国家更近的国家，被一些学者称为明治维新以来的第三次开国。

日本泡沫经济崩溃主要源于金融体系。金融政策失误制造了金融泡沫，大量企业、资金、个人疯狂投机炒楼，导致资金空转、经济空虚、技术荒废。

所以，这次改革从金融制度开始。日本政府提出的是金融大爆炸改革，并提出建设“free fair global”的东京金融市场的口号。这是在模仿20世纪80年代后期英国的资本市场改革。

1997年日本通过了修订的《日本银行法》，该法案是日本规范央行的方案，1942年成立以来就没有修改过。1998年，日本通过了《关于为了整备金融系统改革相关法律的法案》。2001年，《司法制度改革推进法》颁布。

日本改革了“二战”后60年基本未变动的司法体系。2005年，日本把原来分散在商法、有限公司法等法律中的内容摘出来，形成了公司法并在2006年开始实施。2006年，将《证券交易法》修改为《金融商品交易法》。

1997年以后，几乎对所有与金融相关的法律如《保险法》《保险业法》《信托法》《信托业法》等进行了大幅度的修改。

修改法律的同时，日本也在大力推进金融业整合。1945年以后，日本形成了著名的六大财阀，分别为三井、三菱、住友、芙蓉、三和、第一劝业，这六大财阀的核心企业为银行和综合商社。

1996年，日本的财阀银行三菱银行和外汇专业银行东京银行合并，成为当时资产规模全世界第一的大银行，拉开了日本银行业整合的序幕。

2000年，第一劝业银行、富士银行、日本兴业银行宣布合并，成立瑞穗金融控股集团。

2001年，樱花银行和住友银行宣布合并。同年，三和银行和东海银行等合并，成立了UFJ控股。2006年，东京三菱银行和UFJ合并，成立三菱东京UFJ金融控股。

日本的财产保险行业也发生了大规模的企业合并，形成了三大财产保险集团。

2001年，三井海上火灾保险和住友海上火灾保险合并。2004年，东京海上火灾保险和日动火灾海上保险合并。2010年，日本财产保险公司和日本兴亚财产保险公司合并。

不仅仅是金融行业，钢铁行业方面，2002年，日本钢管和川崎制铁合并成立JFE集团；2012年，新日本制铁和住友金融宣布合并。

日本政府通过合并形成大规模集团，不担心出现垄断和内幕交易，削弱竞争、阻碍创新吗？

这就需要上面修改的法律起到监管作用。另外，1998年6月，日本成立了金融监督厅。金融监管厅成立，强化了金融监管，打破了“二战”后形成的“护送船团方式”的金融体制。

所谓“护送船团方式”，就是不允许有发展过快或者破产的金融机构，即“大而不倒”。

1997年11月，日本四大证券公司之一的山一证券、日本大型银行之一的北海道托殖银行宣告破产。这两家大型金融机构的破产，终结了“护送船团方式”，“二战”后的旧金融体制崩溃，一个更加强调经营效率和风险监管的新制度诞生。

日本执着于金融体制改革的另外一个原因是1997年爆发亚洲金融危机后，日本看到东南亚国家因金融体系的脆弱性而爆发了一场巨大的灾难，而自己也难以幸免。金融制度和法律的完善，是日本走出经济衰退、完成经济结构转型升级的内在基础。

历经泡沫经济之后，日本从一个青涩、血气方刚的年轻人蜕变为一个成熟、稳重的中年人。如今的日本在规模上不能和过去相提并论，甚至机床、半导体、化工、电子等重要领域也在逐渐滑坡。但是，我们看到一个巨大的泡沫退去，无数核心技术回归。一面是规模的缩小，一面是结构的优化、质量的提升。

这一蜕变如浴火重生，痛苦但是必须承受。如今我们看到的日本是一个去除20世纪80年代的骄傲与浮躁，更加踏实、低调、沉稳、韬光养晦的日本；一个正在从传统的封闭、刻板走向开放、合作的日本；一个上游核心技术底蕴更加深厚、更加全球化的日本。

平成30年，樱花落尽，默语重生。

参考文献

[1] 宋志平. 吃惊之后看日本[J]. 中国建材，2018（12）.

[2] 赵伟团队. 转型得与失——“结构主义 · 转型为鉴”系列之日本篇[EB/OL].长江宏观，2018.

[3] 保罗 · 沃尔克，行天丰雄.时运变迁[M].于杰，译.北京：中信出版社，2016.

韩国，一种典型的东亚范式

韩国独立于李承晚，发展于朴正熙。

1961年，军人出身的朴正熙发动政变，推翻了李承晚政权。在美国总统肯尼迪采用经济手段施加的压力下，朴正熙结束了军政府统治，成了韩国第三任总统，其后连任5届总统，执掌青瓦台达18年之久。

朴正熙接手的韩国，要比当时的朝鲜贫弱许多。好在朴正熙并非一介武夫，他善于审时度势，以实干兴邦，缔造了“汉江奇迹”。

朴正熙在美苏争霸的大格局下吸收了来自美国的援助红利，同时在日美贸易战中左右逢源。

1965年，在美国的撮合下，日韩经过七轮谈判最终实现外交正常化，并签署了“日韩请求权协定”。根据这一协定，日本向韩国提供5亿美元经济援助。

尼克松上台后，美国在越南战争中尽显疲态。1969年7月5日，擅长外交的尼克松在关岛提出了美国在东亚的新政策，即“尼克松主义”（关岛主义）。尼克松希望缓和东亚局势，与日本结成“伙伴关系”，带上韩国，拉拢中国，共同制衡苏联。

如此，韩国如今日之越南，处于一个极其有利的国际局势之中。

本节以财阀经济为切入口，分析韩国现代化之路，思考其背后的东亚范式。

01
汉江奇迹与财阀经济

1973年1月12日，朴正熙在新年记者招待会上发表了“重工业化宣言”，宣称20世纪80年代初韩国人均国民收入将达到1000美元。

同月31日，朴正熙听取了经济第二首席秘书官吴源哲的报告，报告指出：要改造工业结构，壮大工业基础；发展化学、造船、机械工业，以及敏感的原子能等国防工业；引进新技术，建设大型工厂，赶超朝鲜。

会议持续了四小时，朴正熙最后下了指示：“要引进必要的外资！”

这是改变韩国命运的一次会议。

朴正熙继承了张勉政府的韩元贬值策略，限制外商投资，建立科技研究院，以提高出口制造业的竞争力。

朴正熙的秘书长金正濂和重化工业企划团长吴源哲提出，各领域选定一两个私人企业，在选址、公路、资金等方面给予全力支持。朴正熙政府每个月都会召集企业家开出口政策例会，为出口制造业扫清政策障碍。

这就是韩国财阀经济的开端。

今天韩国经济最大的特色——财阀经济，起源于日据时期，崛起于朴正熙时代。

1973年7月3日，韩国浦项钢厂竣工投产，当第一炉铁水流出时，其总经理朴泰俊高呼万岁、热泪盈眶。

1978年，浦项钢厂的产量达550万吨，1981年增至850万吨。

这家当年韩国政府扶植的标杆企业，如今已成为全球最大的钢铁集团之一。旗下光阳钢铁厂、浦项制铁厂的产量分别居世界第一、第二位。

这家成立于1968年的钢铁厂是韩国重化工业的开端，是韩国工业经济的象征，也是韩国十大财阀之一。

当时，朴正熙出师不利，刚刚启动工业化便遭遇第一次石油危机，出口业岌岌可危。

1974年10月，三星和大宇提出参照日本建立综合商社，并向韩国商工部提交韩国综合商社育成方案。朴正熙政府批准了综合商社，相当于确立了财阀制度，直接将韩国经济推向财阀经济。

朴正熙希望组建大集团来抵御危机及快速崛起。韩国政府给予综合商社出口贷款优惠，支持其兼并中小企业。三星物产登记为第1号综合商社，随后大宇、双龙、三和、锦湖实业、现代等逐一登记，并快速发展成为跨界财阀。

当时，现代、三星、LG、SK等大财阀获得的金融机构贷款一度超过韩国信贷总量的70%。1970—1975年，现代、大宇和双龙的增长速度分别达到33%、35%和34%。

典型的案例便是现代集团。当时，现代集团的总裁郑周永考虑到石油危机的严峻形势，试图放弃造船计划。但朴正熙极力推动，他对郑周永说："这哪能行，难道坐在我面前的人是当年建设京釜高速公路的那个人吗？"

当时现代集团的核心业务是基建设施，建设了京釜高速、泰国的帕塔尼纳拉西瓦高速以及越南的一个港口。朴正熙让政府给现代集团拨付了一笔贷款支持其造船业务。

1975年，现代造船厂竣工，但国际船运市场低迷。于是，朴正熙令国会制定一项法律，对使用韩国游轮向韩国运输石油的公司给予特殊优惠。现代集团借此机会进一步拓展国际航运业务，逐渐发展成为集造船与航运于一体的大集团。如今，韩国成了全球造船大国。

现代集团另外一个雄心勃勃的计划是造车。

1967年，现代汽车与美国福特汽车公司合作，引进福特技术生产"哥蒂拉"牌小汽车。1974年，现代汽车首款量产自主车型"小马"问世，并首次出口到国外。现代第一台汽车、第一条流水线的核心技术，都是由美国福特汽车公司提供的。

"小马"是亚洲第二个自主研发的车型（第一个由日本自主研发）。它的问世，标志着韩国迈入汽车工业国家行列。

受益于美日贸易战，现代汽车先与丰田公司合作，后与三菱汽车结盟，生产小马牌汽车并出口至美国。现代汽车第一年（1986年）投入美国市场，就创下16万辆的销售奇迹，奠定了现代汽车的国际地位。如今现代汽车成为韩国第一大汽车品牌，是世界二十大汽车厂商之一，也是韩国十大财阀之一。

不过，真正给韩国带来繁荣的应该是电子产业。

20世纪70年代，日本彩电全面赶超美国，巅峰时对美国出口占彩电出口的90%，囊括三成美国市场份额。80年代，日本半导体及电子产业对美国造成巨大冲击。

美国分别对日本彩电、半导体及电子产业发动贸易战，限制日本彩电出口数量，对日本出口到美国的芯片及相关产品发起301调查，征收反倾销税，设定美半导体在日占有率指标。

1987年，日本东芝公司向苏联出售违禁机床产品，美国对东芝公司进行制裁，禁止其产品对美出口长达三年。

如此，日本家电、半导体及电子产业逐渐下滑，直至衰落；而韩国的电子产业却快速崛起，并成为国内首屈一指的主导产业。

在美日贸易摩擦的夹缝中，韩国利用财阀模式抓住了这次产业转移和贸易替代的历史性机遇。韩国三星、LG、现代以及大宇四大财阀先主动吸收、模仿日美技术，后加强对设备及人才的投资，从而在技术上建立了竞争优势。

在美国的帮助下，韩国科学技术研究所（KIST）于1965年5月成立。韩国政府通过建立合资企业推动了欧美先进国家的直接投资。Komi、仙童半导体、Signetics、摩托罗拉公司先后投资韩国，韩国的半导体封装和测试设备业务迅速崛起。

1967年8月，哥伦比亚大学电子学教授Kim Wan-Hee访问韩国，建议韩国政府重视电子产业发展，呼吁韩国公司加入全球电子产业发展的大战略中。

这是一个具有超越性的建议。

韩国政府很快将电子产品的定位上升为六大战略出口产业之一，并于1969年1月通过了“电子业促进法案”，给出了一系列真金白银的补贴和出口刺激措施。

此时，三星创始人李秉喆捕捉到这一改变韩国国运的机遇，成立三星电子，宣布进入电子产业。LG的前身GoldStar是韩国电子产业的开拓者，三星则是集大成者。

三星公司只有137名员工时，李秉喆就派遣了多人前往日本学习电视和真空管生产技术。三星公司成立第二年，在日本合作伙伴的帮助下，三星电子设计生产了第一支真空电子管和第一台12英寸的黑白电视机。

而真正让三星在半导体领域建立主导优势的是韩泰半导体。就在三星电子成立之际，前摩托罗拉（当时世界上最大的分立晶体管公司之一）韩裔工程师康博士，与他的同学Harry Cho，还有著名无线电网络运营大咖金教授，一起成立了一家公司，叫集成电路国际公司（ICII）。

ICII设计的芯片极为成功，甚至供不应求。为了解决产能不足的问题，三人决定将芯片制造转移到韩国，并成立了一家新公司，叫作韩泰半导体。

不过，在筹建韩泰半导体的晶圆厂时，世界石油危机爆发，韩泰半导体资金告急。

此时，李秉喆及其儿子李健熙看到这家公司的技术实力，绕过犹豫不决的三星领导层，以家族的名义支援韩泰半导体，于1977年完全吞并韩泰，并将其更名为三星半导体。几年后，三星电子整合了三星半导体。

1979年，韩国政府试图围绕着生产16K DRAM的VLSI晶圆厂构筑一个庞大的财阀体系，其中包括三星、大宇、GoldStar和现代。

为了获得先进的技术支持，三星在美国加利福尼亚州设立了分公司，专门寻求DRAM技术的许可。不过，摩托罗拉、日立、东芝、德州仪器都拒绝了三星。所幸的是，美光科技向三星敞开了大门，同意向三星授权它的64K DRAM设计。

这是三星向成为全球最大芯片厂商迈出的关键一步。

如今，三星已超越英特尔成为全球第一大半导体企业。韩国成为半导体制造大国，拥有全球22%的半导体市场份额，仅次于美国。

在朴正熙时代，韩国经济腾飞与财阀深度捆绑。1979年，韩国GDP从1962年的全球第101位跃居到第49位，人均GDP从1965年的108美元（比中国多10美元）提升至1783美元（接近中国的10

倍），电视、冰箱、洗衣机在韩国城市家庭中已极为普遍。

1980年，韩国前十大财阀营收占GDP比重达48.1%，财阀根深叶茂、富可敌国。

就在韩国经济腾飞的1979年，朴正熙被其心腹、中央情报部部长金载圭枪杀。

朴正熙死后，韩军保安司令、陆军中将全斗焕发动政变夺权，全斗焕、卢泰愚先后执掌韩国。这两位都曾经是朴正熙的警卫，他们掌权后依然按照朴正熙的经济思路往前走。

02
军政倒台与历史跨越

在警卫执政时代，韩国经济和财阀持续高歌猛进，创造了震惊世界的“汉江奇迹”。韩国人均GDP从1980年的1715美元增加至1989年的5817美元，1992年居民可支配收入为1963年的9倍。

该如何评价“汉江奇迹”？是政治强人和财阀经济的胜利，还是发展自由市场的结果？

朴正熙政府及韩国财阀是韩国市场经济启动的重要力量，但“汉江奇迹”的内在动力来自国际技术及资本的转移。

在美苏争霸和美日贸易战的大格局下，亚洲工业经济呈现“雁行产业发展形态”（日本经济学家赤松要），朴正熙懂得小国生存之道，获得了美日转移而来的大量现成技术和国际资本。

但是，“汉江奇迹”的底色依然是军政府支撑的国家资本主义。

政治强人倒台后，韩国维新体制与自由市场的矛盾愈演愈烈。这是所有传统国家发展自由市场都将面临的一道坎。

1972年，朴正熙宣布《维新宪法》，禁止一切政党及全体国民的政治活动，实施新闻审查，推行维新体制。

《维新宪法》发布后，高丽大学学生爆发示威游行运动。朴正熙签署“紧急措施7号令”，派军队占领高丽大学，禁止学生游行示威，逮捕反抗学生，不经过法院直接判决三年以上十年以下徒刑。

朴正熙被刺杀后，崔奎夏代理总统，韩国民主化运动崛起，一度出现“汉城之春”。但是，一个多月后，全斗焕发动肃军政变成功夺权。金大中、金泳三率领民主人士发表《促进民主化国民宣言》，引爆大规模的示威运动，要求全斗焕下台。

1980年5月，全斗焕宣布紧急戒严令，禁止一切政治活动，逮捕了金大中、金泳三等人，造成4000多人伤亡。这就是著名的光州事件。

尽管经济持续增长，但朴正熙和全斗焕政府都面临政权合法性的挑战。为了强化民族认同感和国家荣耀感，以涵盖政权合法性问题，全斗焕成功申办1988年汉城奥运会。但是，令全斗焕没想到的是，汉城奥运会给了韩国民主化运动千载难逢的契机。

1987年6月，因汉城大学学生朴锺哲被拷打致死事件，韩国掀起了民主化运动的高潮。国际媒体高度关注，全斗焕政府压力巨大。国际奥委会给韩国政府发出取消韩国奥运主办权的警告。

这时，全斗焕不得不退居幕后，推举卢泰愚出面平息事端，并让其参选下一届总统。

6月29日，退无可退的卢泰愚面对记者们宣布一系列妥协措施，包括：修改宪法，实行总统直接选举制；赦免金大中；保障民权；主张言论自由。这就是八点民主化宣言（六二九特别宣言）。

这届奥运会，改变了韩国的命运。

1988年汉城奥运会如期召开。这一年，韩国修订宪法，规定经济自由化和民主化，向财阀经济发起了挑战。

1988年是韩国历史上最重要的一年。人类历史上，各个国家的演进都面临一次历史性跨越，即从自然国向法治国跨越。在1990年前后，国际局势动荡，很多国家都迎来了这种机会。但目前，多数国家尚未完成这一过程。韩国是幸运的，他们借助奥运会改变了国家的历史。

韩国军政府的遭遇与伊朗巴列维王朝是一样的，即独裁政府的现代化改革悖论。

美国社会学家戴维斯在1962年提出关于“革命何时爆发”的“戴维斯J曲线”。戴维斯认为，贫穷本身不足以引发革命，最容易爆发革命的国家不是封闭国家，也不是开放国家，而是处于现代化进程中的国家。

独裁君主的国家现代化之路，是一个自毁“江山”的过程。改革中的独裁君主制，只是国家现代化进程中的临时制度。

在这种国家，随着改革开放，社会稳定性降低，经济持续增长，而后一旦经济失速，可能导致现实与期望的失调。这种心理挫折感，及开放后对不公平的低容忍度，是滋生革命的土壤。

但是，韩国军政府及韩国国运与巴列维王朝及伊朗是完全不同的。卢泰愚选择自我革命，而巴列维则是被革命。韩国迈向法治国，伊朗则倒退到政教合一的统治。

这种差异值得我们深思。仅从经济的角度来分析，朴正熙推动的国家资本主义，虽以财阀经济为内涵，但也是外向型经济，经济利益惠及范围更为广泛。巴列维王朝发展的石油经济，与伊斯兰民众的利益关系不大，大部分伊朗民众不依靠国际市场生存。相比较而言，韩国走向开放经济体的趋势很难被逆转。

1990年，卢泰愚试图抑制财阀经济以缓和政治压力，财阀势力则激烈反抗。1992年1月8日，现代集团的郑周永对外公布，自朴正熙政府以来，现代集团每年向当局缴纳数十亿韩元的政治资金。这一政治丑闻严重地打击了卢泰愚政府的威望。两天后，郑周永宣布成立韩国国民党，亲自参加韩国大选。

1992年大选，郑周永败北，金泳三当选总统。

这次大选具有标志性意义。金泳三是韩国第一位非军人总统，他的上台是民主化运动的胜利。不过，韩国刚刚送走了军人总统，又迎来了财阀政党的直接竞争。郑周永是韩国第一个参选总统的财阀。郑周永建党参选，标志着韩国财阀通过合法手段，直接参与国家最高权力的争夺。

从此，韩国平民势力与财阀势力在总统舞台上激烈交锋，血腥争斗，一次次上演“青瓦台诅咒”。

舆论开放让财阀政治陷入被动，财阀的政治丑闻、性丑闻被曝光，甚至被拍成影视剧。金泳三上台后彻查了全斗焕和卢泰愚时期的政治资金问题，将全卢二人投入大牢。

同时，金泳三推动韩国经济全球化，逐步开放金融市场，加入经合组织（OECD）；废除了“经济计划”，推动国家资本主义转向国际化自由经济。

03
民运总统与财阀政治

1997年，亚洲金融危机爆发，重创韩国经济。

次年，韩国经济增速暴跌至–5.13%。要知道，在“汉江奇迹”时代，韩国经济增速在大部分年份都超过8%。

这场危机差点让韩国破产。1998年，韩国非金融企业部门杠杆率达到历史最高点110%，企业平均负债比率超过400%。韩国违约企业数量高达22828家，债务风险传染到银行系统，银行不良贷款率快速攀升。

危机爆发时，韩国的外汇储备只有50亿美元，而短期外债高达583.7亿美元，汇率市场岌岌可危。

韩国政府紧急向国际货币基金组织（IMF）寻求援助。后者为韩国政府提供了570亿美元一揽子贷款，将韩国从破产的边缘拉了回来。

不过，国际货币基金组织的条件是：改革财阀体系，整顿金融系统，开放外商投资。

当时，韩国舆论就此展开激烈争论，一部分民众认为，通过经济开放，可借助外部势力终结财阀垄断、割除经济顽疾；另一部分民众则认为，这是丧权辱国的合作。

韩国政府与国际货币基金组织的合作严重地损害了财阀的利益，后者试图挥起民族主义大棒抗拒改革，大力抨击金泳三的自由主义改革。

这场金融危机属于外溢性风险，韩国之所以遭受重创，不是开放经济、发展自由市场的问题，而是财阀经济及其负债型经济早已埋下了祸根。

韩国商业银行与财阀的关系错综复杂，为财阀企业提供大规模的贷款，防控体系极为脆弱。1997年，位列韩国前三十的财阀的债务权益比高达518%，其中有5家甚至超过了1000%。

国际货币基金组织要求韩国政府关闭向财阀输送利益的商业银行，以强化韩国金融体系的稳定性，还要求韩国将利率提高到30%。此时，外资银行乘机进入，财阀企业遭受打击。

这场危机导致大批财阀企业破产，前30家大财阀中有一半被破产清算、兼并收购。其中，第二大财阀大宇集团倒下，终结了财阀"大而不倒"的历史。

韩国经济学家、现任驻华大使张夏成写过一本书，名叫《韩式资本主义》。对于这场危机所引发的争论，张大使在书中指出："如果说西方发达国家的问题是市场本位主义的产物，那么韩国的问题则因没有正确树立市场经济规范而导致。"

张大使认为，韩式资本主义类似于马克斯·韦伯所说的"贱民资本主义"(pariah capitalism)，表现出任人唯亲、裙带关系、小团体主义、地方保护主义、贪污受贿等特征。

韩国经济需要更加开放与自由的环境，不能怀念或回到政府高度干预经济生产、统领一切的"朴正熙时代"。

金泳三下台后，金大中上台。"两金"皆为平民总统，延续了自由化、国际化改革。金大中政府修改金融法案，清理整顿了600家金融机构，关闭了11家自有资本率不到8%的银行；禁止财阀旗下公司之间相互提供贷款担保；注入公共资金，帮助金融系统"排毒”；切断政府对商业银行的信贷干预；开放金融市场，实施外汇交易自由化。

1999年，韩国经济强势反弹，经济增长率高达11.47%，2000年维持在9.06%，避免了国家破产，走出了危机阴霾。

外资进入银行系统，美国资本相继收购韩国第一银行、韩国外汇银行，限制了财阀势力对银行的控制，提高了银行的风控水平。2001年韩国金融系统的不良贷款率下降到3%左右。

2003年，又一位平民总统上台，他就是卢武铉。

这一年，韩国经济告别了高增长，进入中速增长阶段。卢总统继承了金大中的阳光政策，推动社会民主化及经济自由化。

不过，卢武铉政府在2008年遭遇了全球金融危机，汇市、股市大跌。这场危机给财阀势力提供了反败为胜的良机，他们大力批判金大中和卢武铉推行的自由主义。

这年大选，李明博成功入主青瓦台。李明博早在1965年便进入郑周永的现代集团，36岁担任现代建设的执行总裁，为现代建设效力长达27年。当年郑周永竞选总统失败，16年后李明博帮助财阀势力重夺大权。李明博政府的重任是救市，而基于宽松政策的救市最有利于财阀势力。

卢武铉下台后便遭到调查，并且承认了部分受贿指控。2009年5月，卢武铉在私宅后山猫头鹰岩跳崖自杀。

“青瓦台诅咒”升级，李明博卸任后，保守派朴槿惠接任。朴槿惠是朴正熙的女儿，也是韩国历史上第一位女总统。朴槿惠修改了政党名称，试图摆脱李明博“亲财阀”的形象，打出“经济民主化和福利主义”的旗号。2008年后，韩国经济持续低迷，一些民众期望朴槿惠能够带领韩国重现“汉江奇迹”。

然而，2016年，朴槿惠因闺蜜干政事件被国会弹劾。

2017年大选，平民总统文在寅赢得胜利，民运派再次夺回政治权力。文在寅在大学期间被朴正熙投入大牢，因此被学校开除。他还是卢武铉的政治盟友，对保守派恨之入骨。

文在寅上台后迅速启动对朴槿惠的司法调查。案件扑朔迷离，检察院以受贿罪和滥用职权罪对朴槿惠提起公诉。法院二审判处朴槿惠25年有期徒刑，几天后终审又撤销了二审判决。2020年7月，朴槿惠最终获刑20年。

在调查朴槿惠的同时，文在寅还成功搞定了前总统李明博。李明博家族及亲信卷入一系列的贪腐案，李明博认为其遭到政治报复。2020年2月，李明博被判处有期徒刑17年。

文在寅以为民除害的形象示人，他下令调查张紫妍案、李胜利夜店事件等。他强调："如果不能查明发生在社会特权阶层的这些事件的真相，我们就无法谈论正义的社会。"

朴槿惠案和李明博案牵涉到一大堆财阀，三星、现代汽车、SK、LG、乐天、韩华等九大财阀被集体调查。三星家族的李在镕因行贿罪被判处有期徒刑五年。不过二审改成两年半，缓刑四年，当庭释放。

"青瓦台诅咒"的背后，是财阀势力与平民势力的博弈，是保守派与民运派的斗争。

自金泳三以来，韩国走上了政治民主化、经济自由化之路，财阀势力也在不断适应来自政治及国际化的挑战。2017年韩国六大财阀总营收约为9420亿美元，占韩国年度GDP比重超过60%，其中仅三星集团年营收占韩国GDP比重就超过20%。

与全球趋势一致，韩国贫富差距日益加大，居民实际可支配收入增长率、实际工资增长率均低于人均GDP增长率。

韩国人对财阀的态度是矛盾的，他们渴望进入财阀企业获得更高的收入，同时希望破除财阀对经济的控制。

韩国会走向衰落吗？

经济学家曼瑟·奥尔森在《国家的兴衰》中认为，大量分利联盟（游说政府、干预政策的利益集团）的存在可能会成为一个国家衰落的充分必要条件，但不存在大量分利联盟却似乎不能够成为一个国家繁荣的充分条件，充其量只是一个必要条件。

尽管“青瓦台诅咒”是赤裸裸存在的，但韩国社会却是在进步的。韩国实现了历史性跨越，拿到了发达国家的门票，是东亚文化圈中的杰出代表。

韩国的发展之路是东亚国家现代化的典型路径吗？

日本走的是英国保守主义路线，韩国的发展显然更符合东亚文化，伊朗和印度没有东亚文化根基。

韩国的现代化受东亚“有为政治”的驱动，开展经济改革，用政策扶持经济势力，吸收外来资本与技术；然后，开放经济与保守政治发生冲突，在外部压力下，推动言论自由化和政治民主化，实现历史性跨越（多数无法完成）；最后，既得势力与民运势力展开旷日持久的政治斗争。

韩国（朴正熙）、新加坡（李光耀）及中国台湾地区（蒋经国）的现代化之路类似，只是财阀势力、既得势力与经济政治捆绑的程度有差异。那么，经济和政治正快速发展的越南，是否会打破这种东亚范式？

2020年7月，首尔市市长朴元淳（当时被认为是下一任总统的最佳候选人）自杀身亡，文在寅及民运派失去了一位关键政治人物，“青瓦台诅咒”还将继续，但韩国仍是幸运的。行至中途而内卷化，才是真正的残酷。

参考文献

[1] 慕峰.铁打的财阀，流水的总统：韩国财阀经济对中国的启示[EB/OL].扑克投资家，2018.

[2] 赵伟团队.1997年，韩国如何处理债务违约[EB/OL].长江宏观，2018.

[3] 张夏成.韩国式资本主义[M].邢丽菊，许萌，译.北京：中信出版社，2018.

[4] 阿晖.迷雾重重黑幕不断的韩国政坛[J].新民周刊，2019（12）.

[5] 曼瑟 · 奥尔森.国家的兴衰[M].李增刚，译.上海：上海人民出版社，2007.

越南，有机会吗？

近些年，越南逐渐进入了世界的视线。

2019年前4个月，越南外贸进出口总额1546亿美元，已经达到广东的一半。

越南的手机出口总额已占到全球的1/10，全球每10台手机中就有一台是“越南制造”。

1990年，越南人均GDP只有96美元。2017年，越南人均GDP达到2300多美元。1990年，人均GDP方面，马来西亚是越南的25倍，菲律宾是越南的8倍。2015年，越南人均GDP与这两个国家的差距大幅度缩小，马来西亚人均GDP只有越南的4.6倍，菲律宾只有越南的1.4倍。

2018年中国GDP增速为6.6%，印度为7.4%，而越南高达7.08%。越南的GDP增速超过了中国，成为亚洲增速第二快的国家。最近20年，越南经济增速都维持在5%以上，成为经济增长最快、最稳定的新兴国家之一。

2021年2月19日，越南总理阮春福视察越南计划投资部时，提出了越南2045年的国家愿景，即越南在独立100周年之际发展成为高收入发达国家。

阮春福将越南的总体愿景分为两个战略步骤：第一步，到2030

年，实现人均收入18000美元，使越南进入高收入国家行列。第二步，争取到2045年国家独立100周年之际，将越南建设成一个富强、繁荣、稳定的发达国家。

越南总理阮春福提出这一目标时，正值“金特会”召开之际，越南抓住机会向世界展示了其改革开放与快速发展的前景。

越南这个曾经饱受战乱之苦的东南亚国家，如今获得了难得的发展机遇，其经济增长就像井喷一样，一发不可收拾。从中，我们似乎看到了中国20世纪80年代的影子。

在全球化大回潮的时代，越南持续对外开放，积极融入国际秩序，他们正在利用中美关系僵化的特殊时期，获取全球产业大转移的外溢红利，制造业及外向型经济快速增长。

2018年，越南GDP总量为2425亿美元，折合人民币约1.6万亿元，与山西省的体量相当，距离广西的2.03万亿元还差4000多亿元，只相当于广东省的1/5。

如今，越南人均GDP不过是中国的1/4，但若以当前的增速，再过10多年，越南的人均GDP将达到中国现在的水平。

预计，越南超越亚洲四小虎（泰国、马来西亚、菲律宾和印度尼西亚）已无太大悬念。那么，它到底有多大的发展空间？能否如越南领导人所愿在其国家独立百年之际，成为令人瞩目的发达国家？

01
开放 追逐实用外交

越南这个国家，我们既熟悉又陌生。

历史上，越南北部长期以来是中国的领土。968年，在中国五代十国混乱时期，越南脱离了中国独立建国。不过，后来越南依然是中国的藩属国，采用中国的官僚制度，使用汉字，沿用汉人习俗。

晚清时期，清政府四面受敌、无暇顾及，与法国签订条约，放弃了对越南的宗主权，从此越南沦为法国的殖民地。

"二战"期间，越南被日本占领。1945年，日本无条件投降，胡志明发动八月革命，宣布越南独立。但是，同年，法国再次入侵越南，不愿放弃对越南的殖民统治。此后，越南与法国展开了长达9年的战争。

1954年，"奠边府战役"后，战争终于结束了，越南南方由法国统治，后成立南越政府。

1965年，越南卷入冷战最前沿的代理人战争。美国支持的南越与苏联支持的北越展开了旷日持久的战争。这场战争持续了将近十年，1975年5月，美国彻底放弃了在越利益，越南得以解放。次年，越南正式全国统一，定国名为越南社会主义共和国。

越南长期饱受战乱之苦，在大国之间周旋却屡屡掉进火坑。到了20世纪80年代，越南总算获得了比较独立自主的发展机会。

在中国提出改革开放8年之后，即1986年12月，越共六大召开，正式提出革新开放的国策，主张发展市场经济和实施对外开放政策。

但是，最初十年，越南的革新开放之路并不像中国一样顺利。在20世纪80年代后期以及整个90年代，越南高层就发展路线展开激烈斗争，改革推进缓慢且反复，国内通货膨胀率一直居高不下，经济增长缓慢。

整个90年代被越南称为“保卫社会主义的十年”，越南的经济发展受意识形态及政治博弈牵绊。

不过这十年，越南依然在市场化改革方面做了一些尝试：打破了计划经济的产销指令，促使国有企业转变为自负盈亏的市场主体；取消了价格管制，采取商品市场定价；允许私营银行、股份制银行与国有银行共同发展；将农业土地让渡给农民，促进土地私有化。

2001年4月越共九大召开，农德孟取代黎可漂当选为中央总书记。这是一个关键转折点。

农德孟放弃了以前的错误政策，采取政治与经济协同改革、同步推进的政策，加大了政治革新的力度，加强了民主监督，将国家的重心拨回到经济发展上。

所以，越南的发展相对滞后，其真正革新开放以及经济增长是从农德孟时期开始的。而农德孟上台这一年，中国正式加入了世界贸易组织。

在农德孟执政的十年，越南的经济战略是发展外向型经济。越南确定了三大外交目标：积极融入国际秩序、发展大国关系和发展周边关系。

成功而实用的外交政策，是越南经济快速发展的关键。发展外向型经济是很多小国采取的重要策略，本质上是借着全球化浪潮，获得国际贸易、产业转移的全球化红利。泰国、墨西哥、菲律宾、中国台湾地区、中国香港地区都曾因采取这一策略获益匪浅，如今越南也不例外。

在冷战时期，越南与东盟国家长期对立。苏联解体之后，越南调整了外交政策，积极融入东盟，并于1995年成功加入东盟。这为其发展周边关系破除了障碍。

此后，越南与美国实现关系正常化，其国际处境可谓空前地开阔与友好。1998年，越南加入APEC，这成为其融入国际社会的重要转折点。

进入21世纪之后，越南积极融入全球自由贸易市场，先后与其他国家签署了16个自由贸易协定，尤其是与欧盟、日本、韩国等发达国家和地区均签署了FTA。一系列自由贸易协定的签署，表明了越南对外开放的决心，同时也倒逼越南加快内部改革。

2006年，越南出台了《投资法》，宣布对国内与外商投资实施统一管理，取消了此前《外国投资法》的诸多限制，进一步开放了市场。

这一年，越南成功加入WTO。加入WTO后，越南的对外经济获得了绝佳的发展机会。越南提出“扩大对外关系，积极主动融入国际经济”战略，鼓励发展私有经济。2007年，越南非国有经济的增速开始超过国有部门，市场活力开始释放，私有企业及外商投资逐渐成为经济增长的重要力量。

在21世纪头十年，越南经济保持了6%左右的增速。这个增速长期位列联合国教科文组织统计数据中亚洲国家前三，在中国、印度之后。2001年越南人均GDP只有388美元，但2008年已达到1024美元，不到十年便摘掉了低收入国家的帽子。

越南推行政治与经济改革并进的路线。同一时期，越南的政治革新也取得了不错的成果。

2007年，越南第12届国会首次采用实质性的差额选举和自荐候选人制度。越南选民从875名候选人中选出493名国会代表，淘汰率高达43.7%，以越南中央书记处常务书记张晋创为代表的大批高官落选。同时，有多达30名没有获得官方提名的参选者利用自荐候选人制度获得候选人资格，并最终有1人当选国会代表。

这项改革在很大程度上稳定了国内政治，改变了越南的政治生态。2011年阮富仲当选越共中央总书记后，越南上下都将精力集中到了经济发展以及对外开放上。

2015年，为了进一步融入国际秩序，适应TPP等国际贸易及投资规则，越南对《投资法》进行了较大范围的补充修改，出台了新的《投资法》。新的《投资法》对外商投资给予了更大的优惠。

2019年,《全面与进步跨太平洋伙伴关系协定》(CPTPP) 在越南正式生效，越南对外贸易获得了更为广阔的发展机遇。

2011年1月,越共十一大召开，在《2011—2020年社会经济发展计划》中明确提出，到2020年要实现人均国内生产总值(GDP)3000美元，基本上实现工业化和现代化。

越共十一大之后，受2008年全球金融危机的冲击，越南经济增速有所放缓，但整体增速还维持在5%以上，是亚洲增长最强劲的国家之一。

近些年中国经济发展换挡降速，而越南依然保持强势增长。从2012年到2018年，越南GDP增速逐年提高，从5.03%增长到7.08%，大有持续增长之势。

过去越南在大国夹缝中屡当炮灰，吃了不少亏，而冷战之后，越南的外交政策成功而实用。到目前为止，越南已与中国、美国、印度、俄罗斯等180多个国家建交。越南的外交层次、格局极为明确，与周边尤其是东盟其他国家确立稳定关系，然后与美、中、日交好，并在大国博弈间获得利益。

2013 年7月，美越双方确定升级为全面伙伴关系，越南对美贸易大幅度扩张。2018年，利用中美特殊关系，越南获得贸易替代、产业转移的红利。2019年，越南正式加入CPTPP，在太平洋贸易圈，尤其是与日本贸易关系方面逐渐打开局面。

目前来看，越南国内政治与经济改革并进，取得了不错的成果。

从最近十几年的发展来看，越南表现出极强的求生欲和发展欲。这一时期的越南颇像20世纪80年代的中国，心无旁骛，努力赚钱，一心只想发展经济。越南曾经有过野心，但如今我们看到的是，他们更想融入全球化，加入国际秩序，抓住全球化正在消失的红利，快速地壮大自己。

政策红利、全球化红利，可以在短时间内改变这个国家的贫穷面貌。

越南，到底有多大的想象空间呢?

02

人口　放大“80后”红利

越南国土形态南北狭长，长达1650公里，东西最狭处只有48公里宽；拥有3260多公里的海岸线，面向西南太平洋，地理位置极佳。

越南国土面积大约33万平方千米，大致相当于广东与江西的面积之和；人口9300万人左右，比广东（1.12亿人）少一些，人口密度很大。

目前，越南分为8个区、58个省、5个直辖市，其中5个直辖市分别为芹苴市、岘港市、海防市、河内市、胡志明市。

越南南方经济相对发达，北方经济相对落后，南方经济实力较强，与北方形成制衡。南方的经济强市胡志明市，又称柴棍、西贡，是越南第一大城市，在越南的地位相当于中国的上海。

胡志明市是越南全国的经济中心、最大的港口、人口最多（超过1300万人）的城市。其GDP总量占越南全国的22.6%，处于绝对的龙头地位；其经济总量相当于中国中山、贵阳、漳州的水平。这座城市发展迅速，城内高楼林立，基础设施较好，房价普遍在两三万元人民币/平方米，超过中国的东莞、石家庄、合肥等城市。

河内是越南的首都，其城建水平相当于中国四线城市。海防为越南北部最大港口城市。岘港是越南中部重要的工业城市和海港。芹苴是湄公河三角洲上最大的城市，是南部湄公河三角洲农产品集散地和轻工业基地。

总体上来说，越南从南到北都有港口城市为依托，这是其发展外向型经济的优质条件。

越南人以京族为主，其占总人口比重达86.2%。越南语也称为京语，京语属于汉语系还是南亚语系，目前还有争论。与之相邻的广西防城港也有一两万京族人，一些去越南做生意的商人会雇用防城港的京族人，与他们一同前往。

目前，越南拥有约9300万人，这是促进其经济发展的重要力量。

由于长期战乱，越南在20世纪80年代初只有5000多万人，其中男性偏少。到了八九十年代，越南迎来婴儿潮，人口大规模增长。

目前，越南拥有5400多万青壮年劳动力，其中大部分为二三十岁的“80后”“90后”。2017年的预估数据显示，越南的人口年龄中位数仅有30.5岁，而越南劳动者的基本工资只有中国的1/3。所以，越南的人口结构非常优质，人口红利是越南发展外向型经济以及加工制造业的重要优势。

不过，需要注意的是，经过十多年的发展，越南劳动者的基本工资也在上涨，仅在2018年就上涨了6.5%。从2016年开始，越南政府要求企业为员工缴纳社保，企业的成本有所提升。

与中国以及其他东南亚国家相比，越南还是具备一定的劳动力价格优势的。

为了降低企业的成本，越南在税收方面实施了不少优惠政策。越南财政部于2016年10月向国会提交减税计划草案，提出降低中小型企业和初创企业的企业所得税税率，2017年至2020年适用税率由此前的20%下调至17%。在此税收优惠条件下，年营业额不超过1000亿越南盾的企业可以享受免税优惠。

同时，越南学习中国，大力发展经济园区，并为园区企业提供优惠政策。2016年初，越南政府批准了建立三个经济特区（SEZ）的计划，经济特区中的园区企业在进出口税收、企业所得税等方面享受减免，在土地租金、信贷配给方面享受优惠。

目前，越南80%的人口依然从事农业活动，不过工业生产总值所占比重在快速增加。与泰国、缅甸不同，越南大力发展制造业，试图以工业立国。这种做法与中国类似，有别于大多数东南亚国家。

2018年，越南工业生产指数增长9.4%，其中制造业增长

14.5%，电力生产和供应增长9.4%，自来水供应和废水处理增长8.7%。

2018年，越南引进外国直接投资170亿美元，目前日韩在越南都有大量的直接投资。2018年，日本、韩国、新加坡对越南的投资都超过了40亿美元。

目前，越南的制造业以贸易出口为导向。2018年，越南全年进出口总额创下4822亿美元的新纪录，贸易顺差达72亿美元，是有史以来贸易顺差最大的一年。

中国、韩国、美国、东盟、日本、欧盟是越南六大出口市场。美国是越南第一大出口国，但是越南的出口结构相对合理，不严重依赖于某一市场。目前，越南对美国、欧盟、中国三大市场的出口规模相对均衡。

越南出口产品主要包括电话及零部件、机械设备及配件、电子产品及配件、纺织、鞋类、水产。主要进口产品为纺织鞋帽原辅料、常规金属、塑料、钢铁、布匹、电话及配件、机械设备及配件、电子产品及配件。

从进出口品类可以看出，越南主要发展劳动密集型工业，充分发挥其廉价劳动力的天然禀赋优势。

不过，越南的加工贸易目前还比较落后，由于国内缺乏产业配套以及设备制造产业落后，越南需要向中国大量进口机器设备及配件。类似于20世纪80年代中国发展加工贸易产业，以来料加工为主，向日韩进口设备及材料，加工后再出口。

由于越南经济被看好，房产投资对外开放后，越南房价较快上涨。2016年，胡志明市公寓总成交量达到30972套，2017年成交量跃升至47163套，增长率达52%。

胡志明市房价在两三万元人民币/平方米。在越南投资房地产的韩国人最多，中国投资者也在增加。越南本地人购房享受永久产权，但外国人可以购买公寓，产权只有50年，到期之后可以续约，其他限制相对较少。

汇丰银行2016年公布的《对接东南亚》研究报告称，预计到2020年，越南中产阶级人口将增加至3300万人。

越南经济持续向好、人口众多、中产阶级的兴起以及较低的城市化率，是外界看好越南地产的重要原因。

2018年，越南旅游业表现不俗，国际游客达到创纪录的1550万人次，比2017年增长了19.9%（游客数量增加超过260万人）。其中，亚洲游客是主体，达到1207.55万人次，比上年增长23.7%。

越南海岸线达3260公里，拥有良好的冬季旅游资源。下龙湾是越南北方广宁省的一个海湾，于2011年被联合国教科文组织列为“世界新七大自然奇观”之一。越南的旅游业具有相当的发展潜力。

越南的创业活力也比较强。2016年，新成立企业超过11万家；2017年，新设企业近12.7万家；2018年全国新注册企业13.13万家，注册资本总额为1478.1万亿越南盾（约642亿美元）。如果考虑到新的注册资本和额外增加投入的资本，2018年，企业为经济发展增加了近3900万亿越南盾（1695亿美元）的资金。

2018年，外商直接投资了3046个新项目，注册资本为179.76亿美元，与2017年同期相比，项目数量增加17.6%，注册资本减少15.5%。

通货膨胀曾经是越南经济的“拦路虎”。最近十几年，越南的通货膨胀率控制得比较好。与2017年相比，2018年的平均基本通胀率仅增加了1.48%。

近些年，越南人均收入增长较快。2018年，人均月收入约为376万越南盾（约1106元人民币），比2016年高出66万越南盾（约194元人民币）。2016—2018年越南的人均月收入增长率是10.2%。

03
机遇 全球产业链重组

越南的真正机遇，实际上在中美博弈以及全球产业大转移中。

每一次全球产业大转移，都会诞生一批重要制造业及外贸出口国。20世纪五六十年代，美国将钢铁、纺织等传统产业向日本、德国转移，促使日本、德国经济快速复苏，日本制造、德国制造获得发展先机。

20世纪六七十年代，日美贸易摩擦加剧，日本、德国国内产业饱和，逐渐将劳动密集型产业向“亚洲四小龙”韩国、中国台湾、中国香港、新加坡转移。

到了80年代，欧美国家、日本、韩国以及“亚洲四小龙”把劳动密集型以及高耗能产业向“亚洲四小虎”菲律宾、泰国、马来西亚、印度尼西亚以及中国内地转移。

“亚洲四小虎”的发展被1997年亚洲金融危机终结，中国则成为这次产业大转移的最大获益者，成就了“中国制造”。

一些日本学者根据日本经济学家赤松要的“雁行产业发展形态论”，将以上产业转移概括为“雁行模式”。

“二战”后，东亚工业经济的产业大转移，以日本为“领头雁”，依次向“亚洲四小龙”转移，后者又将成熟的产业向“亚洲四小虎”以及中国内地转移。最近几十年的产业大转移，勾勒出以日本为“领头雁”的雁行迁移的图景。

如今，这一雁行迁移的图景继续延伸，劳动密集型产业逐渐从中国转移到越南。

需要注意的是，在这个过程中，日本与美国持续发生贸易摩擦，而日美贸易摩擦加速了雁行产业迁移。20世纪五六十年代，美国对日本发动纺织与钢铁贸易战争，日本被迫将这两大饱和优势产业往外迁移。

到了七八十年代，日本电子产业、汽车产业崛起，美国又对日本的这两大产业发起贸易战。而韩国、中国台湾地区则抓住了这一次产业迁移的机会，韩国在电子产业、汽车产业上建立了全球竞争优势，中国台湾地区则在电子及半导体代工方面形成了明显优势。

以半导体为例，20世纪80年代，为了抑制日本半导体产业发展，美国开始支持韩国、中国台湾地区的半导体制造。

早在20世纪60年代，国外厂商就在韩国建立了半导体制造厂，利用当地廉价的劳动力，进行简单的散件组装。但是，韩国半导体真正发展起来是在80年代。

在日美贸易摩擦的夹缝中，韩国利用财阀模式抓住了这次产业转移和贸易替代的历史性机遇。韩国三星、LG、现代以及大宇四大财阀，主动吸收、模仿日美技术，加强了对设备及人才的投资，从而在技术上建立了竞争优势。

如今，韩国拥有全球22%的半导体市场份额，已成为半导体制造大国，仅次于美国。三星已超越英特尔成为全球第一大半导体企业。

中国台湾地区的承接模式与韩国不一样。由于缺乏大型财阀的资本支持，中国台湾地区的半导体产业的转移承接基本上由市场及中小企业来完成。在中国台湾地区新竹产业园区的支撑下，中国台湾地区中小企业利用廉价劳动力的优势从代工做起，逐渐发展成为全球半导体“代工王国”，占据了全球76%的半导体代工市场。中国台湾地区台积电成为全球顶级的半导体制造商。

越南能否成为下一个韩国或中国台湾地区？

从产业转移的角度看，越南具备这样的机遇。中美特殊关系定然会持续多年，这对越南来说是极佳的发展机遇。中美两个大国的贸易博弈必然促进全球产业链重组以及产业迁移，与泰国、印度尼西亚、菲律宾、马来西亚等相比，越南更具备产业承接的优势。

当前，越南的劳动力价格优势明显，三星已经在越南布局，将部分工厂从中国迁移到越南。

三星自2008年开始对越南投资，投资金额为6.7亿美元，截至2018年4月，三星对越南投资总额增至173亿美元。三星目前在越南各地共设8个厂房，主要生产手机与电子零件等。以前这些工厂都在中国大陆。

三星越南公司2017年出口金额高达540亿美元，2018年出口金额增至逾600亿美元，这两年都占越南出口总额的25%。三星的投资带动了越南手机及电子产业的发展，有助于越南形成手机及周边配件的产业网络。

除了三星，LC 和微软也在2017年分别对越南投资15亿美元和3.2亿美元，苹果公司更是将部分亚洲研发中心安置在越南，中国企业富士康也进驻越南设厂。

除了三星及电子产业之外，纺织及鞋帽也是“越南制造”的主导产业。越南外向型经济的第一桶金就是从纺织出口中赚来的。

目前耐克的主力代工厂丰泰，2018年成品鞋生产总量逾1.14亿双，其中，大陆厂区产量1150万双，占10%；越南厂区产量6000万双，占52%。越南产区稳居丰泰第一大制造基地，丰泰还将在越南春禄工业区扩建新生产线。

越南到底能在这次产业转移中达到什么样的高度，能否实现成为发达国家的战略构想，主要取决于以下几个方面：

一是越南能否以更加开放的姿态及有为的外交战略迎接产业转移。

从目前来看，越南政府渴望对外开放，他们与美国交好，抓住了“金特会”召开的历史机遇，向世界展示了越南对外开放的姿态和信心。

另外，CPTPP、EVFTA（越南—欧盟自由贸易协定）等一系列自由贸易协定也将促使越南经济更加开放，同时吸引更多的外资进入越南。

2019年CPTPP生效后，越南的出口效应已经显现出来。2019年第一季度越南对日本市场出口达到了46.2亿美元，比上年增长了6.68%，每个月越南对日本的出口金额不断增长。越南对日本出口最多的是纺织品、运输工具及配件和水产。

除了CPTPP外，越南还与日本单独签署了越南—日本自由贸易协定，根据该协定，日本对越南的大部分水产取消进口关税。日本是食品、纺织品、水产品以及农产品进口大国，而越南正好能在纺织品及水产品方面给予日本支持。目前日本第一大零售商永旺集团已将越南列入全球采购名单。预计越南对东亚尤其是日本的出口将持续扩大。

二是越南能否将劳动力价格优势转变为产业网络及配套优势。

劳动力价格优势只是基础，制造业大国的真正优势是产业网络及配套优势。中国几乎建立了制造业全产业链网络，这是全球罕见的竞争优势。越南不太可能建立全产业链网络，但可以像韩国、中国台湾地区一样，选择几个主导产业，如电子、汽车、纺织等，建立产业网络及配套。

目前，越南整体的产业配套还比较落后，一些产业的设备及零部件要从中国进口。越南只有建立从上游原辅料、零配件、组件、机械设备到下游港口、铁路、机场、高速、电信、电力等基础设施网络，才能真正建立这一产业的全球竞争优势。

越南政府对基础设施的投入值得关注。越南建设部国际合作司专家阮青山表示，越南已把大量资金投入基础设施建设，为外国投资商创造良好投资环境。到2020年，越南基础设施建设所需资金为4800亿美元。

2019年，越南政府启动后江省后江电厂项目、谅山—北江BOT高速项目以及顺化高速项目。

胡志明市新山机场2016年旅客吞吐量达到3250万人次，同比增长22.4%。胡志明市正在新建机场，设计年吞吐量达1亿人次。

根据世界银行报告，2018年越南物流绩效指数在160个国家中列第39位，与2016年相比上升25位，位列东盟国家第三，第一、第二为新加坡（第7位）、泰国（第32位）。

2018年，为加快国内电商和物流转型发展的步伐，越南政府颁布了《对外贸易管理法》《海关法》和其他物流法，简化海关程序，创立一站式机制，以适应国际经济一体化的发展趋势。

另外，越南的海防港、胡志明港等港口优势，是其外向型经济发展的重要基础。

三是越南能否持续推进改革，保持合理的货币、财政及外汇政策。

一个国家在几十年时间里经济政策不走偏并不太容易。对于越南这种国家，政府政策起着重要作用。

越南发展外向型经济，其中外汇政策极为重要。目前，越南采取的是有管制的浮动汇率，汇价钉住美元，与中国“811”汇改之前类似，本国货币一直处于贬值状态，预计未来货币会升值。

越南盾的升值必然会抬高本国产品的出口价格，一定程度上会削弱本国制造出口竞争力。汇率改革若能平稳过渡，越南制造可以获得缓冲时间。

2012—2014年，越南处于贸易逆差状态，但从2015年开始，每年都可以实现二三十亿美元的顺差。目前越南的外汇储备已经超过600亿美元。从规模来看，越南的外汇储备不算太高，但具备一定的抵御外汇风险的能力。随着出口创汇能力增强，越南的外债风险和货币风险会下降。

从新兴国家的发展经验来看，越南需要避免财政扩张和货币扩张的风险。越南大搞基础设施及产业园区建设，需要大量的资金，财政扩张容易推高政府债务。2018年，越南的公共债务总额占GDP的61.3%，越南政府债务余额占GDP的52%，国家外债余额占GDP的49.7%。总体上债务比重不低，但这些年债务增速控制得相对较好。

2010年，越南通过了《中央银行法》，规定越南国家银行是越南国家层面的货币政策主管机构，主要通过确定货币政策工具并采取相应措施达到稳定本币币值和保持合理通货膨胀的目的。

越南央行确定以控制通货膨胀率为货币政策目标之后，越南的通胀率大幅度下降，最近十年越南都维持较低的通胀率。对于新兴国家来说，这是极为难得的。

若越南能够持续保持对外开放，不断地融入全球秩序，那么国际规则有助于其开展国内改革以及保持稳定的经济政策。

目前，越南的国内政治形势、对外政策、劳动力优势以及国际产业转移，对其发展外向型经济以及制造业都极为有利。

预计越南将很快达到“亚洲四小虎”的级别，但能否跃升至“亚洲四小龙”一级尚存诸多不确定因素。毕竟“二战”之后，只有日本、韩国、新加坡、中国台湾地区拿到了发达经济体的入场券。大多数国家，包括拉美的墨西哥、巴西、阿根廷以及“亚洲四小虎”，都在“中等收入陷阱”中挣扎。

越南要进入发达国家的行列，需要加大教育与科技投入，提高越南人口素质以及科技研发水平。目前，越南教育支出占GDP的5.7%，在全球126个国家中排第29名。

同时，作为人口密集的国家，越南必须在房地产及金融市场发展上保持适度。另外，外向型经济的最大风险是国际金融冲击，所以越南还需要一点点好运。

参考文献

[1] 李超.饱经战乱后的年轻与活力[EB/OL]. 华泰证券，2019.
[2] 赵卫华. 2045年，越南能否成为发达国家？[J]. 世界知识，2019（7）.
[3] 焦点视界编辑部. 中国工厂迁往越南？[Z]. 焦点视界，2018.
[4] 连一席，谢嘉琪. 全球半导体产业转移启示录[Z]. 恒大智库，2018.
[5] 朱茜. 百年工业史：全球制造业迁徙启示录[Z]. 前瞻产业研究院，2019.

艰难之路

当美元成为世界的美元，也就成了世界的麻烦。

一些资源出口型国家跌入外汇陷阱，一步步沦为债务的奴隶。

或许，美元大放水只是外部问题。更糟糕的是，这些国家内部的封建、宗教、官僚腐败力量盘根错节，不自知地或者恶意地颠倒经济规律，通胀从此成为居民的噩梦。

通往繁荣之路，是一条需要尊重制度、尊重人民、尊重规律的路，是一条艰难而简单的路。

谁杀死了潘帕斯雄鹰？

2019年，阿根廷经济遭遇了史诗级大崩盘。

8月11日22时30分，阿根廷现任总统毛里西奥·马克里宣布连任初选落败。

这一意外消息，立即演化为“黑天鹅”重创阿根廷金融市场：

阿根廷比索兑美元汇率狂跌25%。

股票市场集体雪崩，主要股指暴跌38%，阿根廷在美股上市企业集体暴跌，其中EDN跌59.3%、LomaNegra跌57.3%、BBVA银行跌55.85%。

阿根廷100年期“世纪债券”价格跌27%至54.66美分；信用违约掉期（CDS）的数据显示，阿根廷在未来五年发生债务违约的可能性为72%。

阿根廷遭遇了新兴国家经典的“股汇债三杀”。

近些年，阿根廷比索如自由落体般坠落，兑美元汇率2014年为8：1，2018年初为18：1，2018年5月为38：1，2019年8月为57：1。

这是什么概念？

就是说阿根廷国民的财富，在过去五年大幅缩水。过去8比索可以买到一袋美国的葵花籽，如今要57比索。

之前，人民币“破7”，贬值幅度与阿根廷比索根本不在一个量级，市场仍惊出一身冷汗。

这一次，潘帕斯雄鹰折翼，南美蝴蝶翅膀扇动，波及全球金融市场，其中美股道琼斯指数12日大跌389.73点，跌幅达1.48%。

阿根廷是一个早已被世人遗忘的国家。这些年，除了足球，也只有不断突发的货币危机才能让它在全球刷刷存在感。

本以为马克里总统连任十拿九稳，怎料到初战失利。

马克里组合的“变革联盟”只得到32.23%的选票，而左翼候选人费尔南德斯组合的“全民阵线”赢得了47.37%的选票。

市场再一次感受到民粹主义势力的威胁，担心左翼政党上台后扭转马克里任下亲市场、亲商业的诸多政策。

左右政治势力的对决，与阿根廷过去40年持续爆发的货币危机深度纠缠。

自1982年拉美债务危机以来，阿根廷爆发了9次金融危机。这个曾经快速增长的新兴国家，最近几十年反复踏进同一条历史河流，在货币及债务危机的泥潭中无法自拔。

不仅阿根廷如此，巴西、墨西哥等拉美国家也如此。

拉美国家曾经是新兴国家的希望，在20世纪六七十年代快速崛起，之后却掉入“中等收入陷阱”，再也没能拿到发达国家的入场券。

这难道是一种宿命？

01
牛皮文明　一群封建农场主的后代

潘帕斯，是阿根廷人辽阔的精神家园。

“潘帕斯”源于印第安丘克亚语，意为“没有树木的大草原”。

这片一望无垠的大草原，面朝大西洋，夏热冬温，气候湿润，黑土肥沃，水系发达，港口优良，是上帝赐予印第安人的绝美牧场，是南美及欧洲的粮仓。

最早开辟新航路的葡萄牙、西班牙占据了南美这块风水宝地，迟到的法国、英国只能去寒冷的北美捡漏。

早期此地的南美印第安人多以游猎为生，西班牙殖民者到来后，用铁丝网将这片荒野围起来变成牧场。

后来，西班牙移民者与印第安人长期融合形成了高乔人。他们以畜牧为生，信仰天主教，也保留了印第安文化传统。他们成了潘帕斯草原的主人，为欧洲乃至全世界供应最鲜嫩的牛肉和国际A类的牛皮。

在美利坚独立40年后的1816年，阿根廷也独立了。

20世纪60年代，在结束了长期内战后，阿根廷人过上了田园牧歌式的快活日子。

阿根廷人非常自豪：“我们的平原从大西洋起，一犁头耕到安第斯山麓，都不会碰到一块石头。”

整个19世纪，阿根廷坐拥世上最肥美的牧场，创造了令北美、欧洲都瞩目的“牛皮文明”。

20世纪初，凭借大量粮食和牛肉出口，阿根廷已成为世界经济大国，被誉为“世界的粮仓和肉库”。

1913年，阿根廷的人均收入为3797美元，仅次于英国、美国、意大利，高于法国的3485美元和德国的3648美元，远超日本、芬兰、挪威。当时，欧洲流行一句话形容富得流油的人：“他像阿根廷人一样富有。”

阿根廷首都布宜诺斯艾利斯则被视作“南美洲的巴黎”，豪放健美的探戈舞姿和彪悍的高乔牛仔文化风靡全球。

但是，1929年世界性经济危机终结了阿根廷人田园牧歌式的美梦。1930年，牛肉、牛皮及农产品出口大幅度下跌，农场巨亏，工人失业，经济萧条。此时，一场政变打破了阿根廷近70年的政治稳定，改变了这个国家的国运。

此后半个世纪，阿根廷政局极为动荡，政府更迭多达25次。左翼倾向的军人政府与右翼倾向的文人政府长期斗争、轮番上台，国家政策多被集团势力所绑架。

20世纪30年代，经济大萧条让阿根廷政府意识到发展工业的重要性。到了40年代初，工业产值已经超过了农业产值。但是，这时的工业主要是食品加工和简单的装配制造业。

到了20世纪50年代，政府开始重视重工业、化学工业和机械工业。政府为了扶持制造业发展，采取了幼稚工业保护政策，大幅度提高了贸易壁垒，导致阿根廷自主生产的汽车、化工及重工产品的价格比国际上高几倍，在质量上也毫无竞争力。

如此，阿根廷在“二战”后错过了绝佳的工业化机会。

要知道，在1950年，阿根廷的人均收入还高于日本、德国，远超韩国。但是，日本、德国、韩国都在“二战”后以工业立国，最终脱颖而出。

阿根廷人选错了赛道：阿根廷是农业大国，却是工业弱国。在近代，工业不兴，国则不强。

但其实，根本原因是，阿根廷从来就没有一场彻底的制度革命。

阿根廷人是一群封建农场主的后代。他们一出生就掉进了米缸里，缺乏动力投资重型工业、发展自由市场、建设合理制度。

诚然，北美的华盛顿、杰斐逊也是农场主的后代。但是，由于北美受英法殖民，华盛顿、杰斐逊、汉密尔顿等开国者都具备良好的民主思想、自由精神的修养。这群开国者努力建立了一个没有集权统治的联邦共和政体。而受西班牙统治的阿根廷人则不具备这种修养。

虽然杰斐逊也极力反对发展工业，试图将美利坚建设成为一个田园牧歌式的合众国。但是，在华盛顿的暗中支持下，汉密尔顿为美国打下了工业根基。

杰斐逊们开创了政体与制度，汉密尔顿们开创了工业与市场。

美利坚与阿根廷几乎同时结束了内战，但是美利坚彻底扫除了工业和制度障碍，阿根廷则维持了农业发展的平稳政局。

美利坚与阿根廷，一个“北乔峰”，一个“南慕容”，同样地广人稀，多欧洲移民，但随着时间的推移，更加寒冷的北美的制度优势愈加明显。

到了1894年，美国一跃成为世界第一大工业国，阿根廷则成为世界第一大农业国。

孰强孰弱？

1929年这场世界性经济危机就像鸠摩智，成为伪强国的测试机。

阿根廷在危机面前彻底“裸泳”，军政府上台，国家制度劣势暴露无遗。制度的落后，阻碍了这个国家从农业向工业转型。

再看美国，大萧条对美国的重创前所未有。但是，美国凭借制度优势，选举小罗斯福总统上台实施新政，避免了政局动乱，结束了经济恐慌，国家逐渐恢复了元气。

纵然如今各界对新政效果的评价不一，但不可否认的是，这种竞争性制度对社会具有极强的修复作用。

分别跟北乔峰、南慕容过招后，鸠摩智直截了当地戳破江湖传言:“南慕容不过是浪得虚名，跟阁下齐名实在是有辱阁下的身份。”

这话糙了点，但理不糙。更糟糕的是，从此之后，阿根廷的制度劣势对经济的侵蚀变本加厉。

“二战”后，阿根廷表面上发展重工业，实际上是换了一种方式吃祖宗的老本。

阿根廷不但牧场资源优越，矿产资源也极为丰富。石油、天然气存储量巨大，铜、金、银、锂、铅、锌、铁等金属矿产丰富。其中，铍的储藏量居世界第二，铀矿资源储藏量名列拉美之首。除此之外，阿根廷还拥有5000多公里长的海岸线，拥有众多海湾和气候温和的不冻港。这些都是阿根廷发展重工业的绝佳条件。但是，阿根廷人选择用最简单粗暴的方式赚钱，那就是利用优良港口出口矿产资源。

从出口农产品，到出口矿产资源，阿根廷的政治势力，从农场主演变为资源掠夺者、垄断者——军人政府。

这就是阿根廷没能发展起重工业的根本原因。

美国汉密尔顿是幼稚工业政策的开创者，之后德国、日本都实行过幼稚工业保护政策，结果或多或少都促进了重工业体系的建立。

为何阿根廷的工业一直是扶不起的阿斗？

且慢……

“二战”后的阿根廷还是风光过一把的。

02
债务危机　一个飘荡在拉美上空的幽灵

1973年10月，第四次中东战争爆发，国际油价大幅度飙升，美国及欧洲立即陷入滞胀危机，国际资本纷纷寻求大宗商品避险，大宗商品价格快速走高。

受大宗商品出口价格刺激，阿根廷经济逆势反弹。

1972年，阿根廷经济持续走低，增长率下跌到1.63%。石油危机爆发后，1974年，增长率反弹到5.53%。

从“二战”后到20世纪60年代，在欧美经济全面复兴的带动下，阿根廷大量出口石油、大宗商品，经济持续增长。

进入20世纪70年代，阿根廷还曾经风光一时。两次石油危机，国际油价及大宗商品价格大涨，阿根廷依靠资源赚得盆满钵满。

走同样路线的还有巴西、墨西哥、苏联，他们都在这两次石油危机中大出风头。其中，石油危机为苏联续命20年，苏联也趁机主动出击，在美苏争霸中打得美国步步退让。

阿根廷、巴西、墨西哥一度成为新兴国家崛起的典范，潘帕斯雄鹰翱翔于世界经济上空。但是，当世界以为南美大陆即将崛起时，债务危机爆发了！

1982年8月12日，墨西哥因外汇储备已降到危险线以下，无法偿还公共外债本息（268.3亿美元），不得不无限期关闭全部汇兑市场，暂停偿付外债。

墨西哥的债务违约引发了多米诺骨牌效应，继墨西哥后，巴西、委内瑞拉、阿根廷、秘鲁、智利等拉美国家纷纷宣布终止或推迟偿还外债。其中，墨西哥、巴西、阿根廷等拉美国家外债负担最为沉重。

拉美国家集体赖账，这是怎么回事？

要知道，1979年阿根廷的经济增长率高达10.22%，次年也有4.15%，为什么这个国家的经济突然崩盘了呢？

实际上，20世纪70年代后，拉美经济模式（巴西、阿根廷、墨西哥）已经沦为典型的资源出口型经济。阿根廷的经济波动剧烈，走势基本与大宗商品价格相同。每当石油价格上涨时，阿根廷经济增长快速，创汇不少；每当油价下跌时，经济立即陷入低迷，外汇储备严重不足。

第一次石油危机缓解后的几年，阿根廷经济陷入低增长，1978年增长率甚至为–4.51%。

1979年第二次石油危机爆发，阿根廷的经济增长率反弹至10.22%。几年后，国际油价下跌，经济增长率又暴跌至负数。

整个80年代，阿根廷经济极为糟糕，被称为“失去的十年”。

1991年，海湾战争爆发，国际油价大幅度上涨，再次给阿根廷输血续命。1991年、1992年阿根廷的经济增长率从负数反弹至12%。

进入21世纪，在2008年之前，国际油价持续上涨，阿根廷经济一度出现复兴的希望，连续五年增长率都在8%以上。

但是，2008年金融危机后，国际油价暴跌，阿根廷彻底跌入低增长陷阱。

1982年的拉美债务危机，打破了拉美增长神话，从此阿根廷、墨西哥、巴西反复跌入债务危机、货币危机的泥潭。每一次危机都让这些国家的经济陷入谷底，反复冲击下，这些国家的经济持续低迷，最终走入破产的境地。

拉美国家的遭遇，被认为是跌入了所谓的“中等收入陷阱”。

事实上，“二战”后，也只有日本、韩国、新加坡、中国台湾地区、中国香港地区拿到了发达经济体的入场券。曾经的拉美国家、“亚洲四小虎”，如今的金砖国家，都尚未真正跨越“中等收入陷阱”。

如此，阿根廷的案例显得颇耐玩味。

市场上一个流行的说法是，拉美国家掉入了“美元陷阱”。自1982年以来，每当美元进入紧缩周期时，拉美国家及新兴国家就会爆发金融危机。

1982年是货币史上非常著名的一次紧缩事件。

美国最伟大的美联储主席保罗·沃尔克为了抗击通货膨胀，大幅度提高联邦基金利率，一度高达22%，外汇市场风声鹤唳，他国货币大幅度贬值，直接造成拉美国家的债务危机和货币危机。

1986年，美联储开启新一轮的紧缩通道，拉美债务危机持续恶化。

1994年，美联储再次加息，引爆墨西哥经济危机，引发龙舌兰危机，拉美国家再次遭受冲击。

这轮紧缩行动力度不大，但持续时间长，1997年泰铢难以为继最终崩盘，亚洲金融危机爆发。

2002年前后，美元尚未进入紧缩周期，阿根廷就爆发了一次严重的债务危机。随着2003年美元开始加息，阿根廷一直没能走出危机泥淖。

2015年底，美联储再次加息，阿根廷立即爆发货币危机和债务危机。这场危机一直持续到今天。俄罗斯、土耳其、印度尼西亚、南非等大部分新兴国家都受到程度不等的冲击。即使2019年8月，美联储正式开启降息周期，但潘帕斯上空依然布满阴霾。

于是，很多人将矛头指向美联储。但是，其实美联储只是压垮骆驼的最后一根稻草。核心问题在拉美国家自身，尤其是债务负担。

1982年，拉美国家的外债总额是1970年的14倍，达到3153亿美元。到1986年底，拉美国家债务总额飙升到10350亿美元，债务高度集中，短期贷款、浮动利率贷款及外债比重过大。

为什么拉美国家债务负担如此沉重？外债规模如此巨大？

债务规模与经济结构和储蓄率有关，外债负担与外汇储备直接相关。

受上帝眷顾，墨西哥、阿根廷、巴西等拉美国家都在吃老本，发展资源出口经济，不愿发展制造业，出口创汇依赖于矿产资源及初级产品。

阿根廷出口的矿产资源及初级产品占出口总量的比重超过40%，如此依赖资源及初级产品出口，使得阿根廷经济容易受到外部环境冲击。当石油及大宗商品价格下跌时，出口创汇非常少，经常出现贸易逆差。阿根廷政府及企业不得不向美国借入大量美元外债，以支持进口和维持外汇稳定。

1969年，阿根廷财政赤字仅占国内GDP的1.2%，此后不断增加，在1975年达到了10%。墨西哥经济在1975年出现滑坡，政府财政赤字占GDP比重由1971年的1%上升到了1975年的5%。

在20世纪六七十年代，美联储长期执行宽松政策，拉美国家容易获得美元信贷。当时华尔街疯狂向拉美国家、发展中国家提供贷款。花旗银行主席沃尔特·里斯顿长期以来一直鼓吹向欠发达国家放贷是安全的："国家不会破产。"正因如此，危机爆发后，花旗银行的损失最大。

保罗·沃尔克凶猛加息，是诱发拉美债务危机的导火索。

因为美联储大幅度加息，美元飙升，而拉美国家缺乏足够的外汇储备，墨西哥比索、阿根廷比索最终崩盘。

墨西哥比索对美元汇率在1984年降至1980年的约10%，而阿根廷比索大约仅相当于1980年水平的千分之一。

货币危机爆发后，比索大贬值，拉美国家外债负担大幅度上升，触发了债务危机。这就是货币与债务联动的逻辑。

美国联邦政府及美联储也启动了援助方案，以防止拉美债务崩盘传染到本国金融体系。随后几年，布雷迪计划出台，近40个拉美国家、发展中国家的债务获得重组。

引发拉美债务危机的原因，从表面上看是美联储加息，深入点看是债务问题，再深入则发现是拉美国家自身经济结构的问题。

为什么拉美国家都不愿发展制造业创汇？

除了上帝眷顾了"富家子弟"外，还有一只可怕的"灰色的马"。

03
灰色的马 谁杀死了潘帕斯雄鹰

不少人将阿根廷乃至拉美的失败归结于新自由主义。其实,“灰色的马”才是杀死潘帕斯雄鹰的罪魁祸首。

前面我们讲到,阿根廷是封建农场主的后代,这个国家最终独立,但并没有彻底地搞一次革命。从农业到所谓的工业,不过是农场主和“灰色的马”共同争夺经济资源罢了。

1982年4月2日,阿根廷军人政府派4000名军人,试图收复马尔维纳斯群岛,结果败给了刚上任的英国“铁娘子”撒切尔夫人。

战败的消息传来,早已忍无可忍的阿根廷民众聚众抗议,迫使军人政府将政权交给文人。

自1930年军人政府上台以来,阿根廷人告别了田园牧歌式的生活。“二战”后,军人出身的胡安·庇隆在工会及第二任妻子伊娃·庇隆的簇拥下上台。

这个纳粹主义政治家上台后喊出了动听的口号“政治主权、经济独立和社会正义”,认为阿根廷应该走介于资本主义和社会主义之间的“第三条道路”。这就是所谓的“庇隆主义”。

其实,阿根廷的政治,不过是军人及政客角逐利益的舞台。

庇隆上台后,为了让自己能够连任,修改了宪法,牢牢掌控了军队和工会。他提供了一些社会福利以获取底层民众支持,然后大规模地吞食工业蛋糕。他搞了两个“五年计划”,推动国家的工业化。庇隆的措施并不是发展工业市场经济,而是将工业经济国有化。

从1946年到1948年，庇隆高价购买了大批外资企业。如以1.5亿英镑的代价购买了英资在阿根廷的24000千米铁路及其各种附属公司；以1100万英镑购买了法资在阿根廷的铁路公司；以3.19亿比索购买了美资在阿根廷的电话公司。

庇隆还垄断了阿根廷石油开采，成立了贸易垄断机构，获得巨额外汇。这些国有化行动导致外资在总投资中的比重从1930年的30%下降到1949年的5%。

庇隆在第一个“五年计划”中，投资了66亿多比索发展钢铁、化工、水泥及轻工业，修建了1000公里的煤气管道。

庇隆的执政，受到了来自美国和苏联两大阵营的批判。美国国务院骂庇隆是“纳粹法西斯在南美的桥头堡”。而庇隆确实在“二战”后收留了很多纳粹分子。

苏联学者则认为庇隆在搞“亲法西斯的军事独裁”，“竭力玩弄欺骗、贿赂、施舍小恩小惠以及其他手段以骗取群众支持”。

苏联及西方学者认为，庇隆不过是牺牲农牧民利益，用军政府的手段攫取矿产自然资源及政治资本。

庇隆收购英资铁路公司的价格，比实际价格高出5000万英镑。在收购美资电话公司的合同中竟规定，10年内阿根廷所需要的电讯器材必须向美国通用电气公司购买。

这些国有化政策，导致极度的政治腐败。庇隆的措施表面上带来经济规模增长，但其实经济效率极为低下。

阿根廷所谓的“幼稚产业”政策都用在了养尊处优的国企身上，这些亏损严重、缺乏创新动力的国企并未给阿根廷建立制造业竞争优势。

更要命的是，庇隆的这种粗暴政策是建立在超发货币基础上的。庇隆大量印刷货币，导致物价快速上涨。

1951年庇隆获得连任，次年阿根廷通胀率达30%，生活费用增加73%，食品和房租的价格迅速上涨，国内通货膨胀爆发。

伊娃·庇隆（被尊为阿根廷国母）去世后，国内民众不再买庇隆的账，更无法忍受快速上涨的物价和极度腐败的政府。1955年，庇隆在军事政变中被迫下台，流亡到巴拉圭。

军人政府统治一直延续到1982年。军人政府在20世纪70年代的两次石油危机中获利颇丰。

庇隆及军人政府利用民粹主义，制造了严重的政府赤字和通货膨胀。直到1982年债务危机前夕，阿根廷外债总量已经达到了GDP总量的51.96%。债务危机爆发后，通胀水平最高时达到了惊人的20000%。

军人政府粗暴干预经济，大肆印钞，制造大规模赤字和债务，是阿根廷1982年债务危机爆发的根本原因。

当时的美联储主席保罗·沃尔克是这次拉美债务危机的间接制造者。他在其回忆录《坚定不移》中这样反思这次危机："墨西哥、阿根廷、厄瓜多尔和委内瑞拉都实施了强有力的改革方案，似乎一度取得了成功。经济增长确实缓慢，这是多年来大量过度借贷和半社会主义、半封闭的专制体制造成的，不可避免。"

此后一年多内，阿根廷民粹主义泛滥，政局极为动荡，更换了5位总统和7名经济部长。

1983年12月，第一位民选总统阿方辛上台，开启了文人政治。但是，阿根廷军人多次发动政变试图夺权，政治斗争迫使阿方辛在第二任期提前五个月下台。

阿方辛试图推行反通胀的"奥斯特拉尔计划"，发行新货币奥斯特拉尔，回收之前军政府发行的新新比索。

但是，这一政策未能奏效。1989年阿根廷外债总额高达640亿美元，相当于国内生产总值的84%，通货膨胀更是达到耸人听闻的5000%。

他无奈地说：我们（指两大政党）都敲过军队的大门。军政府的背后，仍然是传统的政治力量和经济实权派。

整个80年代是阿根廷“失去的十年”，平均经济增长率为–0.7%，通胀率和负债率居高不下。

1989年，梅内姆接任阿方辛后，推行了新自由主义改革。他降低了贸易壁垒，开放了市场，对庇隆时代的国有企业实行了彻底的私有化。许多阿根廷人批判他把“整个国家都卖了”。

梅内姆推行的一个争议巨大的改革就是金融自由化。他放开了对外资的限制，没有外汇管制和信用证；同时，实行钉住美元的固定汇率，阿根廷比索与美元以1∶1固定挂钩。

在三元悖论中，阿根廷选择了固定汇率、资本自由流通、放弃独立货币政策的组合。

梅内姆的政策收到了立竿见影的奇效：短短几年就把高达5000%的通货膨胀率降为0，大量外资涌入，国家经济迅速转好。

这是因为经济部长卡瓦略找到了控制通胀的办法，那就是锁死央行发钞之手，规定在固定汇率下，阿根廷央行不可以随意超发货币，每发行1比索，必须拿1美元外汇储备做抵押。同时，规定政府不得利用央行融资。

梅内姆任期内是阿根廷经济自债务危机以来最好的时期，平均增长率达5.8%，被称为“阿根廷奇迹”。

但是，到了90年代中后期，随着美元加息提速，梅内姆执行的固定汇率弊端开始暴露。

由于比索钉住美元，阿根廷央行的货币扩张能力被锁死，梅内姆政府不得不向国外大量借债。1999年他下台时，政府开支已达GDP的28.2%，政府累计外债接近1500亿美元，约为GDP的一半。

2000年阿根廷外债总额达1462亿美元，相当于当年外汇收入的4.7倍，当年还本付息占出口收入的38%。

阿根廷政府不得不向国际货币基金组织借钱。后者向阿根廷政府提供了低息（2.6%）贷款，条件是阿根廷政府必须降低财政赤字。

但是，2001年，阿根廷财政赤字再创新高，缺口高达110亿美元。国际货币基金组织停止输血，阿根廷只能赖账，于当年12月23日宣布停止偿付所有公债利息和本金，债务危机再次爆发。

2002年1月，比索大幅度贬值，最高时达75%，通胀率迅速上扬，比索贬值后累积的通胀率最高达80%，大批企业倒闭，失业率高达25%。

为什么阿根廷无法削减赤字？为什么债务负担如此之重？

主要有四个原因：

第一是阿根廷国内的储蓄率低。

由于长期通胀，比索信用扫地，居民不愿意存钱；在梅内姆开放金融市场后，大量资金流入美国，购置美元资产避险。

据美国财政部2012年的统计，阿根廷4000万人口人均持有1500美元左右，是世界上除了美国之外人均持有美元最多的国家，相比之下，邻国的巴西人均持有6美元。

第二是比索钉住美元，比索被高估，不利于阿根廷出口制造业发展，阿根廷的工业经济尚未成长，依然是初级资源出口型经济。

第三是受固定汇率影响，美元升值时，比索必须跟着升值，在20世纪90年代末出现通缩，严重打击了阿根廷的出口创汇，从而导致出口和外汇萎缩。

1997年亚洲金融危机、1998年俄罗斯金融危机、1999年巴西金融动荡导致拉美及新兴国家货币大幅度贬值，而比索却只能跟着美元升值，重创了阿根廷出口制造业，其债务状况持续恶化。

第四是阿根廷政府被民粹主义绑架，为了博得民众支持，各政党及候选人都大力改善社会福利，导致政府开支不断增加，债务大幅度攀升。

综上，阿根廷人过着低储蓄、高消费、高福利的生活，而堆积如山的债务在美元升值中崩盘，最终压垮了他们的畸形生活及经济。

债务危机爆发后，阿根廷在12天内更换了5位总统。政党利用民粹主义牟取政治利益，却没有人真正为这个国家的前途考虑。

阿根廷人自嘲，造物主看到阿根廷有丰富的资源、清新的空气和肥沃的土地，就说："你们不能都拿好的东西，也应该拿点坏的东西。"于是，他就让阿根廷人得到了一个坏政府。

1998年，阿根廷的人均GDP与韩国差不多，分别为8030美元和8600美元。但2001年债务危机爆发后，阿根廷的人均GDP与韩国差距越来越大。

2008年金融危机彻底将潘帕斯雄鹰击落，阿根廷在20世纪90年代的改革成果被持续的债务危机毁掉了。

阿根廷曾经是新自由主义的“改革明星”。如今，很多人将阿根廷经济崩溃归咎于新自由主义和市场原教旨主义。事实上，新自由主义抑或是国家干预主义，只不过是阿根廷历届政府的政治工具。真正杀死潘帕斯雄鹰的是“灰色的马”。

2008年金融危机爆发后，阿根廷左翼政党上台，大幅度提高社会福利以博取民众的支持；同时将能源、铁路等多领域的外资股份强行国有化，阿根廷的国际贸易环境快速恶化，一度遭到超过40个WTO成员方以共同声明抗议。

2015年，以马克里为代表的右派政府上台后，一夜之间开放了外汇管制，外汇大幅度流失。马克里试图削减公共服务开支以减少政府债务，却遭到社会的强烈反对。

2019年，左派的费尔南德斯击败了马克里，经济又终成为他们手上的政治玩物。

在肥美的潘帕斯草原，这群封建农场主的后代，曾经过着风吹草低见牛羊的生活，没有构建一个科学的制度。后来，大萧条终结了阿根廷人田园牧歌式的生活。从此，阿根廷政局风云突变，“灰色的马”利用民粹主义，不断地攫取自然资源和政治资本，制造了一个个“幽灵”，最终杀死了“潘帕斯雄鹰”。

潘帕斯雄鹰坠落史，似乎是新兴国家的一种宿命。由此，笔者更加深刻地体悟到道格拉斯·诺思的自然国与法治国之深意。

参考文献

[1] J.C.布朗.阿根廷史[M].左晓园，译.上海：东方出版中心，2010.

[2] 保罗·沃尔克，克里斯蒂娜·哈伯. 坚定不移：稳健的货币与好的政府[M].徐忠，等译.北京：中信出版社，2019.

智利，一个特例

智利是一个特殊的案例。

1973年，皮诺切特发动政变，推翻了阿连德的民选政府，智利进入了军人政府时代。军人政府雇佣了一批“芝加哥男孩”推行自由经济改革，这场改革创造了智利经济奇迹。皮诺切特最后将军人政府过渡给了民选政府，实现了智利的经济自由与政治自由。

一些经济学家将智利视为自由市场改革的典型案例，皮诺切特式“威权市场主义者”被认为是国家转型的过渡性方案。

但是，皮诺切特维持了17年的军人政府统治，其间他对政治对手的打击极为残酷。同时，智利经济繁荣的另外一面是寡头经济与贫富悬殊。一些经济学家和政治学家常常借此攻击皮诺切特，否定自由经济，嘲讽弗里德曼与“芝加哥男孩”。

智利是不是一个成功案例？“威权市场主义者”是不是过渡性方案？

智利的故事远比以上标签化的认知更加复杂与精彩，本节从经济学的角度分析智利历史上三个时期的国家命运演变。

01
阿连德时代　民主政治与计划经济的实验

智利，在南美是一个特例。与阿根廷、巴西等国不同，智利人的种族构成与宗教信仰单一，绝大多数是西班牙后裔，说西班牙语，几乎都信仰天主教。

这个国家的地形呈南北狭长带状，东西平均跨度不到200公里，而南北跨度达4800公里，接近中国版图的南北距离。东面是高耸延绵的安第斯山脉，西面是南太平洋，北面是沙漠。在历史上，智利的政治高度稳定，受邻国干预少，历史包袱轻，民族矛盾少，同时自治文化浓厚——“我们智利人知而自治”。

20世纪60年代，智利已经实行了40多年的民主政治，涌现左翼、右翼与中间派三股势力。哪个势力执政，取决于中间派支持哪个势力。当时，左翼与右翼的矛盾尖锐，政策颇为极端。

1964年大选，中间派的弗雷当选总统。弗雷上台后搞改革，以政府的名义购买了美国商人手中智利铜矿开发公司51%的股权，大量投资基础教育与基础设施，还废除了大庄园制。但是，中间派执政两边不讨好，左翼痛斥其太软弱，右翼却认为其太激进。加上通胀高企，物资短缺，民众对弗雷颇为不满。

1970年大选，中间派失利，左翼的阿连德以微弱的相对多数票（36%）战胜了右翼（35%）当选总统。阿连德出生在政治氛围浓厚的家庭，其父亲是共济会与激进党成员。阿连德信奉左翼思想，长期担任卫生和社会福利部部长，曾多次参选失败。这次，阿连德联合社会党、激进党等左翼政党，以及中间派基督教民主党组成人民团结阵线才勉强获胜。在很多人眼中，他是左翼中的温和派，希望通过民主而不是暴力的手段达成政治目标。

但是，令人没想到的是，阿连德上台后就来了一顿猛如虎的操作。他强行实施计划经济，将一批大型工商企业国有化，还将智利铜矿公司全部国有化，没有支付美方投资者一分钱赔偿金；征收大量土地，实施集体合作社；冻结物价对抗通胀；大量印发钞票，扩张财政赤字，大幅提高工人薪资；将关税提高到120%，驱逐外资和外部援助。

阿连德这顿操作引发了严重的经济灾难。大量印钞推高了原本高企的通胀，冻结价格打击供给导致物价更高、物资更短缺。工人名义工资上涨，但扣除通胀后的实际工资比弗雷时代更低。

阿连德原本就基础不牢，如今原本为数不多的支持者也走到了他的对立面。人民团结阵线瓦解，中间派纷纷离他而去，左翼势力中的铜矿工人发起全国大罢工，右翼势力走上街头控诉阿连德，社会秩序混乱，经济系统崩溃，街头暴力不断。

但是，阿连德并不是一个像斯氏、卡氏、切氏那样的左翼领导人。他是一位民选总统，不是一个革命者，至少不是一个彻底的革命者。他掌握了政权的合法性，努力维护民主制度和自治传统。在计划经济上，也实施异于苏联的中央计划体系。他让工程师请来了当时英国著名的控制论专家，打造人类历史上第一个覆盖全国的实时经济信息网络：Cybersyn。这个系统包含了中央控制和地方自治两部分。在中央控制室中，阿连德可以掌握全国各种物价的实时数据，并设置了预警机制。这个系统还包含分布式构想，阿连德试图发挥地方自治优势，以更好地调控物价以及分配物资。科技史学家梅迪纳将阿连德定义为“控制论革命者”。

如此，民主政治与计划经济神奇地走在了一起。人类历史上仅此一例，这就是阿连德时代的特殊性。“二战”后，欧美一些国家的左翼政党通过民主方式掌权，如英国的工党执政，也采取了部分国有化政策，但顶多是搞福利国家建设，均未像阿连德一样全盘推翻自由经济，实施计划主义。

另外，阿连德公开宣布要在智利建立一个像古巴一样的政权。阿连德与古巴的卡斯特罗交往甚密。这让美国人感到恐惧。要知道，就在1962年，苏联在古巴部署导弹，差点将世界推向核战争。从此之后，任何一届美国总统如果放任美洲再次出现类似古巴这样的政权，都很可能遭到国会的弹劾。

在弗雷时代，智利与美国关系友好，是拉丁美洲中获得美国经济支持最多的国家，而阿连德上台后硬生生地为智利制造了一个强大的敌人。

不过，这时最大的危险来自国内。阿连德的极端政策助长了极左势力的政治野心，他们对智利的国家军队极为不信任，发动革命左翼运动，开始囤积武器，试图跳过阿连德发动暴力革命，彻底控制智利的国家政权。执政不到三年的阿连德面临一触即发的政治危机。但是，阿连德选择信任军队，任命皮诺切特为陆军总司令，试图拉拢军方进入内阁。同时，阿连德试图以公民投票的方式决定他的去留，但为时已晚。

1973年9月11日凌晨1时半，军人发动政变。早在十天前，海陆空三股势力就已达成共识，身为陆军总司令的皮诺切特在最后时刻加入了这场政变。当天午夜，原本在太平洋参加演习的海军舰艇突然返港，陆军迅速控制各大城市的警察局、政府、银行、广播台及要害部门。

阿连德早上6时多在私人寓所中获知政变消息。他拒绝出国避难，带着总统卫队前往总统府。阿连德头戴钢盔，手握AK47自动步枪进入了总统府办公室。接着，皮诺切特领导的军政府委员会发布公告，勒令阿连德立即辞去总统职务。但是，阿连德拒绝了。他在宪法广场上做了最后的演讲，痛斥政变军队，坚持抗争到底。当天中午，政变军队攻陷了总统府。悲愤的阿连德在总统府办公室用那把AK47自杀了。枪托上镶嵌有黄金，上刻“送给我战斗中的朋友和同志，菲德尔·卡斯特罗赠”。

阿连德的政治乌托邦以这种悲壮的方式崩塌了，那个超级信息网络Cybersyn也随之覆灭。归根结底，这一政治与技术试验失败的原因在于对经济规律的错误认知。

当新制度经济学家科斯、威廉姆森肯定计划调节时，经济学家们颇为担心大型企业以及超级计算机会以计划的方式接管经济。其实，政府、企业、家庭等组织都采用计划调节资源，但此计划与计划经济是两个概念。米塞斯对货币计算的解释是技术性的，更为根本的是计划经济是统治经济，消灭自由与竞争，也就消灭或抑制了人类最为本源的创造力。政府、企业、家庭等组织的计划效率根本上来自外部竞争，如果外部竞争消失，计划效率也会消失。今天学界讨论的量子计算机的计划经济，与阿连德的乌托邦试验，都是对人类创造源头的毁灭。

之后，军人政府接管了智利，智利开始进入皮诺切特时代。在这场政变之前，智利的国家军队从来没有插手过政治事务。当时，中间派、右翼以及大部分市民渴望这场政变终结阿连德带来的经济灾难与社会混乱。不夸张地说，这场政变拯救了智利，避免了智利滑向古巴式的国家，也避免了一触即发的内战。

当时，绝大多数智利人认为，军人政府不过是一个过渡政府，最多等两三年时间军人政府就会主动将政权还给民选政府，毕竟智利是一个拥有民主传统与自治文化的国家。

但是，令智利民众没有想到的是，这一等就是17年。

02
皮诺切特时代 军人政府与自由市场的结合

如何评价这场政变？

阿连德在执政时昏招频频，导致国家陷入混乱。但是，阿连德毕竟是民选总统。这时，到底是通过民主的手段终结阿连德政府，还是发动军事政变？军队在什么情况下可以接管政府？这是宪政主义的一个难题。皮诺切特最初有点犹豫，但最后他选择了后者。皮诺切特自辩要以摧毁民主的方式来挽救这个国家。这是洛克政治理论中的民众革命权，还是军事强人的狡辩？

对皮诺切特更大的争议，来自长达17年的军人政府执政。

军人政府掌权后禁止一切政治活动，关闭议会，取缔左翼政治党派，甚至解散了中立派基督教民主党，接管了阿连德读过的智利大学，任命军官担任大学校长。皮诺切特大规模逮捕左翼分子，10万人仓皇出逃，一些人逃到南美邻国与欧洲仍被追杀。到1976年，皮诺切特囚禁了13万人，相当于智利总人口的1%。虽然其中绝大多数被释放，但仍有数千人被杀害。有人甚至将皮诺切特形容为智利的希特勒。

这是皮诺切特专制与威权的一面，而他的另一面又是自由主义。

皮诺切特必须面对一个严峻的难题，即经济系统崩溃。如何快速降低通胀率？如何解决物资短缺难题？如何促进经济复苏？

1975年下半年开始，皮诺切特雇佣了一批年轻的经济学家，让他们提供经济改革政策。这群经济学家后来被称为“芝加哥男孩”，他们中多数曾在1955—1964年到芝加哥大学受过系统的经济学训练，并深受弗里德曼自由主义的影响。

弗里德曼在这一年出访过智利，与皮诺切特进行了45分钟的谈话。他回到美国后还写了一封很长的信给皮诺切特，内容主要是对经济改革的建议。

皮诺切特政府否定了阿连德时代的计划经济，推行自由市场改革。他对大批被阿连德国有化的企业实行私有化；停止对物价、工资与物资分配的管控，开放了2000多种商品的价格；停止印刷货币来支持政府财政，将政府预算压缩20%~25%，裁撤数万公务员；开放自由市场，解除资本管制，吸纳国际投资，将进口关税从之前的120%降到10%；将阿连德时代被没收的财产物归原主。这一系列方法被称为“休克疗法”，弗里德曼的价格理论足以对此作出解释。

“芝加哥男孩”的政策颇为有效，在短短几年内，智利的年通胀率从阿连德时期的600%骤降到6%，物资短缺问题彻底解决。物价平稳后，经济秩序恢复，价格机制奏效，私人投资增加，经济快速复苏。从1978年至1981年，经济增长了32%。皮诺切特还改善了智利与美国的关系，外资投资猛涨，出口也增加，制造业因此得以发展。

继阿连德时代之后，智利出现了第二个奇特现象：军人政府与自由市场神奇地走在了一起。在南美、非洲、西亚、中亚一些国家，军人政府、独裁政府都选择经济控制与资源垄断，以巩固统治的经济基础。那么，皮诺切特为何要发展自由市场？军人政府中也有强烈的反对者，比如空军总司令古斯塔沃·利，但是皮诺切特还是强势地推动自由市场改革。这或许与他代表的右翼势力有关。皮诺切特被认为是典型的右翼独裁者，政治上独裁，经济上自由。这种政治人物，有一个专有称呼，叫威权市场主义者。

这一矛盾也影响了弗里德曼的个人声誉。美国一些学者抨击弗里德曼支持独裁者，要求芝加哥大学将其除名。1976年，弗里德曼获得诺贝尔经济学奖，在颁奖典礼上，有人高呼“打倒智利的资本主义与自由”。

然而，皮诺切特时代的前十年，智利洋溢着繁荣与和平的气氛。很多人已不再提起阿连德，转而支持皮诺切特政府，尽管它是一个军人政府。皮诺切特也趁机巩固政权的合法性。1980年，军人政府修改宪法，由选民投票决定皮诺切特的总统任期是否延长八年。据说，军人政府严控了这次投票，结果大多数选民支持修宪，同意皮诺切特继续执政到1988年。

但是，1982年，智利爆发了经济危机。皮诺切特政府实施了大部分自由化改革，但是唯独保留了固定汇率（需要说明的是，弗里德曼主张自由汇率）。与多数拉美国家类似，当时智利的比索钉住美元。这一年，美联储主席沃尔克大幅提高利率，美元迅速升值，拉爆了钉住美元的他国货币，墨西哥、阿根廷等拉美国家无力偿还外债，爆发债务危机，外汇动荡，货币贬值。智利的情况稍微好一点，政府赤字相对较低，但比索跟随美元快速升值，贸易赤字扩大，农业及制造业出口遭遇重创。这时，一些支持者站到了皮诺切特的对立面。

不过，皮诺切特政府向国际货币基金组织求援，并推行浮动汇率改革，经济快速复苏。1982年的拉美债务危机终结了墨西哥、阿根廷、巴西的增长奇迹，智利是个例外。1984年，智利经济迅速反弹，此后延续强劲增长态势，1989年增长率高达9.92%。这就是皮诺切特时代的智利经济奇迹。

皮诺切特面临的另一大挑战来自美国。美国尼克松、福特、卡特三位总统都支持皮诺切特。但是，到了里根时代，皮诺切特追杀左翼分子的证据被媒体曝光，其中还有一名智利裔美国合法居民被烧死，美国政府对皮诺切特的态度转向避嫌、施压与反目。

1988年皮诺切特再次面临去留的信任投票。美国政府很早就成立了一个“争取进步联盟”，支持拉美国家的中间派，以推动民主化与自由化改革。这时，这个联盟发挥了作用。中间派举办了大规模的竞选宣传，口号简单粗暴——“No!”。这场运动被称为“否决运动”。为了避免像上一次一样被皮诺切特操纵选举，反对派们号召了92%的潜在投票者进行登记，大大提高了投票透明度。

结果，58%的选民给皮诺切特投了否决票，皮诺切特无缘再次延长八年任期。但他接受了这一投票结果，并承诺用一年的时间将政权过渡给民选政府。

1990年大选，大量左翼人士时隔17年从欧美、南美重返智利，他们与中间派联手，联合17个大小政党，成功拿下总统大位，帕特里西奥 · 艾尔文成为后皮诺切特时代的首位民选总统。

后皮诺切特时代，左翼与中间派可谓大获全胜。继1990年后，他们在1993年、2000年和2006年连续拿下三场大选。其中，2006年大选中获胜的总统是社会党的巴切莱特——智利首位女性总统。

她的父亲是一位将军，曾被皮诺切特的军人政府囚禁，所以，她的角色有点像缅甸的昂山素季。

夺得政权后，他们会复仇吗？

03
全民智利时代　政治自由与经济寡头的斗争

后皮诺切特时代，智利是否会重回阿连德时代，重回那个意识形态激烈斗争的动荡时代？

在整个20世纪90年代，这种担忧就像一种政治阴霾一直笼罩着智利社会。

民选政府执政后不得不面对两大皮氏遗产：一是经济遗产，主要是经济寡头与贫富悬殊；二是政治遗产。如何处理这两大遗产，决定着智利的国家前途。

我们先看经济遗产。是否全面否定皮诺切特的自由经济？是否重新回到阿连德的计划模式？是否中断智利与美国的经贸关系？

1982年经济危机时，智利各界对这些问题还存在相当的争议，但到了1990年，民选政府已有明确的答案。这是由当时的国际局势决定的。

1990年前后，苏联解体，东欧剧变，一个巨大的阵营瓦解。政治学家弗朗西斯·福山宣告“历史的终结”，智利已经没有选边站的机会了，重掌政权的左翼政党不得不放弃阿连德时代及激进派的极端意识形态斗争。同时，大量从东欧返回智利的左翼亲眼看到了极端政治路线的国家命运，而另外一些从英国回来的左翼看到了工党在英国执政的成功经验——费边主义主张以民主获取政权，进而建设福利国家。

民选政府的压力来自国内严重的贫富悬殊。在一些人看来，贫富悬殊是皮氏失败的证据，他们以此来讽刺“芝加哥男孩”，否定自由经济，甚至将智利贴上自由主义的标签，与失败的南美自由主义画等号。

问题是：贫富悬殊是怎么造成的？是自由经济造成的，还是军人政府制造的？

自由经济之下是看得见的贫富差距，人们常以贫富差距来攻击或否定自由经济。自由市场主张以机会公平的方式激发人的才能，而人的才能存有差异，由此导致出不均等的财富结果。但是，财富不均等不一定是不公平。机会公平即结果公平，尽管结果是财富不均等。反过来说，财富均等是不是一种公平？财富均等是不是一种更有效率的制度？

但是，皮诺切特治下的智利经济确实存在问题，主要是寡头经济与法治不公。军人政府保护寡头经济，官商勾结，政治腐败；对劳动者的权益缺乏保护，公共资源短缺，社会福利不足，导致劳资收入差距扩大化。智利的贫富差距主要来自军人政府时代的制度问题。

民选政府比一些经济学家更加明智，他们坚持维护能为社会与民众创造财富的自由市场，同时效仿英国的工党，改革军人政府时代的制度，保护劳动者权益，提高国家福利水平。数据显示，智利贫困人口比例在皮诺切特执政最后一年是24%，到2003年下降到5%。

另一大皮诺切特时代的遗产是政治遗产。是否清算皮诺切特，审判军人政府时代的暴行？

民选政府并非不想清算皮诺切特，事实上他们也有所行动。皮诺切特下台后先后遭到了300多次起诉，甚至被剥夺作为终身参议员所享有的豁免权。民选政府组织了一个“国家真相与和解委员会”调查军人政府的暴行，公开了3200人被杀害或“被消失”的事实。当年的施暴者，有数十人被审判，其中军人政府的情报局局长被判处526年监禁。皮诺切特的妻子和4个女儿也遭到调查。

1998年，皮诺切特以私人身份出访英国，被英国警方拘禁，理由是西班牙法官指控他在执政期间涉嫌杀害西班牙人和西班牙后裔，希望英国警方将其引渡到西班牙受审。此后，皮诺切特被软禁在伦敦一个寓所长达一年多，最终英国政府以健康为由将其释放。直到2006年去世，皮诺切特也未真正受到任何审判。

实际上，左翼与中间派势力长期忌惮皮诺切特，担心军队二次政变。

在1988年那场选举中，皮诺切特虽然失利了，但是依然有42%的支持者。老辣的皮诺切特留下了一些“政治遗产”保护自己平安“落地”。他保留了陆军总司令的职位，保持着对军队的控制权，并将铜矿公司每年10%的销售额充当军费。1998年，皮诺切特卸任陆军总司令后，获得了终身参议员的身份。皮诺切特还在下台前提高了修宪的难度，民选政府难以修订宪法彻底消除皮诺切特政治遗产。

这种权力的博弈，影响了民选政府推进公平性改革，但也推进了政权的平稳过渡，延续了经济高增长。从1984年到2007年，智利经济与美国经济一样维持了长达10多年的景气周期。智利没有陷入拉美式危机和中等收入陷阱。

2010年大选，右翼政党才赢得执政机会，2014年左翼的巴切莱特再度掌权，2018年政权再度回到右翼政党。左右翼政党交替执政，逐渐走出阿连德与皮诺切特的政治阴影。民选政府打出的口号是“全民的智利”，不是阿连德的智利，也不是皮诺切特的智利。

2019年10月，智利决定将早晚高峰期地铁票价由800智利比索涨至830智利比索(约合人民币8.27元)，价格涨幅相当于人民币0.3元。智利随即爆发大规模示威，骚乱持续数日。

这场骚乱说明智利并不完美（公共福利不足），但足够幸运（政治自由）。拥有政治自由的智利人在政治博弈中逐渐向公民国家回归。

如何评价皮诺切特？

皮诺切特在卸任时说过：“我接手的是一个满目疮痍的国家，而移交的是一个具有坚实基础、旺盛未来的国家。”

如今，智利依然是南美发展最好的经济体、人均收入最高的国家，也是经济最稳定的国家。智利经济奇迹是对皮诺切特的肯定，但是军人政府的残暴又是其不可抹去的另一面。时至今日，智利人对皮诺切特的评价依然是两极化的。人们将皮诺切特式人物定义为威权市场主义者。

一个威权市场主义者，是不是一个国家通向自由市场与民主政治的过渡方案？

对皮诺切特的支持，被认为是弗里德曼职业生涯的污点。弗里德曼试图辩解，认为皮诺切特避免了智利滑向国家悲剧——极权主义与饥荒灾难，而支持皮诺切特的逻辑是他在1962年《资本主义与自由》中探讨的“经济自由与政治自由的关系”，即“经济自由本身是一个目的。其次，经济自由也是达到政治自由的一个不可缺少的手段”。也就是说，只要持续开放经济，推动经济自由，增强市场力量，包括大量企业主与日渐壮大的中产，进而推动法治进步，最终就能达成政治民主。这就是卡尔多—希克斯效率向帕累托效率递进的过程。

哈耶克是以威权市场主义者作为过渡方案的更为激进的支持者。与欧洲传统贵族学者（托克维尔等）的思想类似，哈耶克忌惮民主，崇尚自由，反对民粹主义与极权主义，主张自由民主制，即受法律制约的民主。

1977年，皮诺切特邀请哈耶克前往智利，在20分钟的会晤中，哈耶克强调了强有力领导的必要性，尤其是在危急时刻。哈耶克当然不会支持独裁统治，但他认为一个国家在向自由经济过渡时期实施“临时”独裁可能是有必要的。他对媒体说：“我们将目睹从独裁政府到自由政府的过渡，这对南美，如智利是有效的。”

除了皮诺切特，哈耶克还列举了一些威权市场主义者的名字，如葡萄牙的安东尼·萨拉萨尔、英格兰的克伦威尔、西德的阿登纳尔和艾哈德。类似的人物，还有英格兰的伊丽莎白一世、德意志的德皇威廉一世与俾斯麦、新加坡的李光耀、西班牙的弗朗哥与韩国的朴正熙。

智利的皮诺切特与韩国的朴正熙具有诸多相似之处，他们都是依靠政变上台的军事强人。他们都推行经济改革，发展自由市场与对外贸易，创造了经济奇迹。几乎在同一时期，即1988年，这两国的军人政府都失去了政权。从军人政府过渡到民选政府后，两国的经济依然维持着持续的增长，民选总统与寡头势力持续斗争。

但是，将一个国家的前途寄托于威权市场主义者，在政治上是不成熟的，在逻辑上是不可靠的。威权市场主义者，作为转轨型国家的过渡方案，只是经验之谈，并不是一种经济学或政治学理论。

经验并非没有参考价值，只是具有偶然性、不确定性与不可靠性。威权市场主义者的成功，依赖于诸多不可复制的条件，如国际时局、地缘政治、领导意志、本国与美国的关系等。即便如此，威权市场主义者千人千面，李光耀、朴正熙与皮诺切特最终的命运均不一样，他们的国家前途与民众福祉也差异巨大。

更糟糕的是，人们根本无法定义与识别真正的威权市场主义者，这些政治强人以经济服务于政治，并且半途而废。远一点的，德皇威廉一世与俾斯麦发动了三次王朝战争，德皇二世开动国家机器发动了"一战"，德国希特勒与日本王室则发动了"二战"。近一点的，白俄罗斯的卢卡申科、俄罗斯的普京、泰国的王室与军人集团、沙特的王室与石油集团，以及印度尼西亚和缅甸的军人政府，他们使国家与民众的命运搁浅在江河之中。

皮诺切特亲手毁了民主与宪政，17年后又将国家的命运交还给了民主与宪政。这是智利这个国家的皮诺切特的时代遗产，但不是国家转型的政治遗产。推崇威权市场主义者，与盲目否定智利的自由经济一样，都是危险的。

后来，弗里德曼在其回忆录《两个幸运的人》第24章"智利"中指出："智利的情况是一个例外而不是遵从规律的产物。"他预言：

“自由市场经济不可能持久，除非军政府被一个信奉自由的民选政府所替代……”

智利，是幸运的。

参考文献

[1] 贾雷德 · 戴蒙德.剧变[M].曾楚媛，译.北京：中信出版社，2020.

[2] 伊登 · 梅迪纳.控制论革命者[M].熊节，译.上海：华东师范大学出版社，2020.

[3] 米尔顿 · 弗里德曼.资本主义与自由[M].张瑞玉，译.北京：商务印书馆，2004.

[4] 米尔顿 · 弗里德曼，罗斯 · 弗里德曼.两个幸运的人[M].韩莉，韩晓雯，译.北京：中信出版社，2004.

泰王的新衣

“我们不需要一个留在德国的国王！”

在曼谷街头，泰国学生军团高举三指手势，与身穿黄色衣服的保王派激烈斗争，甚至爆发流血冲突。总理巴育借疫情顺势推出集会禁令，同时禁止媒体发布威胁言论。此举激起群众愤怒，引发了更大规模的游行示威。

这一画面，在泰国过去80多年的街头政治剧幕上反复出现。但是，这次或许不一样。

学生军团将斗争矛头从政府转向国王。抗议人群发出反国王言论：“泰国不属于国王。”当皇家轿车前往曼谷大皇宫时，示威群众不但不行跪拜礼，还大声辱骂王后。

这是老国王时代从未有过的。

泰国一直保留着《亵渎王室法》，辱骂国王及王室成员将被判处最高15年的徒刑。在每一个泰国人心中，老国王普密蓬·阿杜德是君主立宪制下勤政爱民的“圣君”，保王派及黄衫军团誓死捍卫王室威严及利益。

然而，新国王玛哈·哇集拉隆功继位以来，比起他的政治作为，国民更关注他风流的私生活。他还贪恋钱财，扩张王权，干预大选，甚至将宠物狗封为泰国的“空军元帅”。

2021年新冠肺炎疫情重创泰国旅游业，哇集拉隆功居然长居德国躲避，组建20人“后宫团”，这一度成为泰国王室最大的丑闻。

“这样的国王，留着何用？”

示威者改喊“人民万岁”，提出解散国会、限制王权、修改宪法、取消君主免控权、分解王室财产等政治诉求。

80多年前，大萧条终结了曼谷王朝的绝对王权；大疫之年，十世而亡？

本节以近80年泰国政治史为主线，探讨泰国国家现代化进程。

01
平静的革命

1932年6月24日早晨，在华欣的海滨圣地，泰王巴差提步（拉玛七世）与王后拉拜以及两名政府官员正在打高尔夫球。这时，一名宫廷官员行色匆匆，穿越球场向他们走来。拉玛七世在这个皇家高尔夫球场第八洞，意识到他的王朝即将崩塌。

曼谷爆发革命！叛党已经占领了首都的部分地区，将大部分亲王扣为人质。叛党由军官及改革派官员组成，他们发表了一篇声明，谴责泰王专制暴政：

“国王的政府将人民视为奴隶与猪狗，没有将他们视为人类。也因此，政府没有帮助人民，只知欺压人民。大家都看得到，国王每年从人民身上榨取数以百万计的钱，供他个人挥霍……

“国王一直谎称国家是他的，但全国的人们，你们应该知道我们的国家是人民的，不是国王的。”

得知叛乱消息，拉玛七世显得异常淡定，他转身对拉拜王后说：“你看吧，我早就告诉你了。”并让她打完这一洞再走。

其实，叛党只有70个骨干和几百名士兵，他们只是控制了几座重要的大楼和约40名人质。整个过程中，没有人员伤亡，没有流血事件，但却“使一个建了一百五十年的王朝在短短几小时之间就面临土崩瓦解的厄运”。

这其实是一场典型的泰式革命。“在整个暹罗（泰国旧称）史上，统治者一般不靠蛮力，而是用建立较优越法统的方式取得象征性胜利，从而解决冲突。”几百年来，泰国的政治冲突一直保留这种传统，即法统性的竞争甚于残暴的白刃战。

泰王为何丧失法统性？

19世纪，与东亚诸国的命运类似，暹罗面临西方列强的入侵。西方殖民主义裹挟的民主政治，对王权的法统性构成了威胁。

泰国王室的求生欲极强，拉玛四世开始穿着西式服饰，在国际外交上行西方礼仪，以示王室开明、开放、与国际接轨的姿态。为了打消西方对独裁王权的担忧，拉玛四世甚至杜撰了一块神秘的石碑。这块石碑将泰王朝描述成一个民主政体，人民只要摇一下宫外的铃，国王就会出来替他们解决问题。在1855年的自由贸易谈判中，他将这一石碑的译本交给英国驻香港总督，以博好感。

但是，“国王的新衣”还是被拆穿，1870年拉玛五世不得不推行现代化改革，史称朱拉隆功改革。他割让马来半岛四个邦给英国，放弃边疆统治权，以确保王权的独立。1885年，日人村岛奏请泰王推行立宪改革，内容包括“将绝对王权改为立宪王权”“建立内阁系统”“提倡法律面前人人平等”“提倡言论自由”等九条。

拉玛五世大力推行改革，包括废除食田制度和奴隶制度，发展资本主义经济，同时他还将子女及官员送往西方国家接受教育。但是，拉玛五世拒绝王权改革。朱拉隆功改革足够伟大，在很大程度上阻止了西方列强殖民泰国。泰国是中南半岛唯一未被殖民的国家。这被认为是泰国王室的卓越功绩——保卫战争（力量）是君权法统性来源之一。但朱拉隆功改革本质依然是以西方之器巩固暹罗之本，“改变是为了阻止改变”。

朱拉隆功的继承人拉玛六世，曾在英国皇家军事学院和牛津大学接受教育。他一副英国绅士形象，大谈言论自由，但极力维护王权。拉玛六世领悟了王权统治的最高灵魂，那就是神秘主义。他在炮制的理论中将国王等同于国家，以混淆视听，维护王权的法统性。

拉玛六世还是一个不错的演员，他在曼谷北部建设了一个巨大的“玩具城”。这其实是一个政治剧场，里面有国会、法院、银行、宫殿、运河等。他还在剧中扮演了一名平凡的政治人物。如此，王室钱财也被这位业余演员挥霍一空。这印证了思想家托克维尔那句话：“对于一个坏政府来说,最危险的时刻通常就是它开始改革的时刻。”

等到拉玛七世接手泰国时，泰国已是一个烂摊子。拉玛七世以现代政治人物自居，穿着西服，平时打高尔夫球，不谈王权神秘主义。不幸的是，他上台没几年，欧美世界就爆发了大萧条，泰国遭受波及，民众处境堪忧，精英阶层反叛。

主导政变的政治精英，组建了一个党派叫人民党。当时人民党的成员大多数是泰王在1920年资助留学巴黎的学生。这群学生接受了新思想，回国后担任军官及政府官员。当时的王权统治已经岌岌可危，年轻军官们揭竿而起，曼谷王朝大势已去。

这次革命直接挑战了王权的法统性，他们声称国家主权来自人民，而不是王室。

拉玛七世为了保留最后的法统性，发表声明称："事实上，我们早就在计划建立君主立宪，人民党这次的作为非常正确，也获得我们的支持。"

国王与人民党开始合作，建立君主立宪制。

1932年颁布的临时宪法明确泰王是"世界上最伟大的权"，是"是声名远播的神的转世"，而且声称"这块土地的最高权力为全民所有"，但人民党却狡辩说，为了有时间让人民接受教育，以做好民主政治的准备，全面民选的政府要等十年以后才能建立。

这是不是泰国的格林威治时间？

人类社会可以分为前格林威治时间和后格林威治时间，前是指自然状态，后是指法治状态。王在法下，是现代国家进入格林威治时间的标志。英国在1689年通过《权利法案》，限制王权，实施君主立宪制。英国历史学家托马斯·麦考莱在其《麦考莱英国史》一书中盛赞光荣革命是最成功的妥协，是一次幸福革命，而且是最后一次革命。

不过，泰国显然没有这么幸运。这是一场未完成的革命。泰国虽有宪法，但没有真正的宪政。泰国宪法没有真正解决权力来源的根本性问题。泰王丢了江山，但是人民并未主导政权。其中，最大的漏洞是泰国的军队非国家化。军人集团夺走了国王的政权，但并未将其交给人民，这是泰国国家现代化进程中一道极难逾越的坎。

此后，国王（保王党）、军人集团（寡头）与民选政府（人民）三股势力来回争夺政权的法统性。这是泰国80多年国家现代化的主线。

《曼谷每日邮报》这样描述这场革命："曼谷今早晨起，发现立国一百五十年来最重大的一次政治事件，已经毫无预警地在黎明前几小时悄然发生……除了五世宫殿与大皇宫附近有零星人群以外，一切仿佛风平浪静，不见半点骚动……”

02
强人的冲击

拉玛七世曾密谋反击，计划在人民党革命一周年当天逮捕所有成员。但是，因消息泄露，人民党在4天前率先动手，与保王派发生军事冲突。反击失败后，拉玛七世以治疗眼疾为由前往英国，两年后在暹罗驻伦敦大使馆宣布退位。

1946年6月9日上午，曼谷大皇宫的国王寝宫传出一声枪声，年仅20岁的拉玛八世头部中弹身亡。拉玛八世的死，一直是泰国政治史上的一个谜团。泰国政府对外称，拉玛八世把玩手枪时不慎射杀自己。

拉玛八世9岁继位，其在位11年间，泰国政权被以銮披汶·颂堪为首的军人集团把持。銮披汶是一名华裔，祖籍广东潮汕，是泰国史上颇有争议的政治人物。他出身贫寒，但勤奋好学，在1924年以第一名的成绩获得了去法国枫丹白露军事学院学习的机会。銮披汶回国后创立了人民党，成为该党六大元老之一。

在1932年的军事政变成功后，他先后担任了国防部长、陆军总司令，并在1938年以压倒性的选票优势成为泰国总理。但是，銮披汶组建的是军人政府，25个内阁成员中有15名是军人。同时，他上台第一个月就逮捕了40位政敌，并通过国会投票处死了18人。保王党四次刺杀銮披汶都未能成功。

銮披汶是一个民族主义者，他在1939年废除了古老的国号暹罗，改为泰国。“泰”在泰语中的意思是自由、独立。但是，銮披汶的本意是试图建立大泰族主义，将“3000万有泰族血统的人”全都联合在“大泰国”之内。虽然銮披汶是华裔，但他打压华人，推行民族主义。

1941年12月7日晚上（夏威夷时间为6日），日本大使坪上在使馆内设宴邀请泰国政商名流，泰国内阁及国会要员到场，但銮披汶不在其中。宴会举行到半夜时，坪上突然关闭使馆大门，将泰国的达官显要全都扣留在使馆内，逼迫泰国政府允许其军队进驻本土。

第二天清晨，日本海军偷袭珍珠港，向美国宣战。几乎在同一时间，日军第15军团主力越过法属印度与泰国的边境，旨在于中南半岛打开一条陆路通道。

銮披汶闻讯赶回曼谷，答应日方要求。銮披汶与日本大使签署了攻守同盟协定。日泰结盟一个月后，泰国对英、美宣战。

泰国为何会倒向日本？

这与銮披汶长期贯彻的民族主义直接相关。泰国是东南亚唯一一个没有被西方殖民的国家。但是，长期以来，上至国王下至民众都对西方殖民心怀恐惧，对西方技术及文化警惕且敬畏。如今，泰国与日本结盟，痛击英美，收复被割让的四个邦，主动征战缅甸，这些让泰国民族情绪爆棚，銮披汶声望鼎盛。

但是两年后，日本战局不利，銮披汶本打算“狡兔三窟”，他跟参谋部长说：“哪一方在战争中溃败，哪一方就是我们的敌人。”

1944年7月，日本东条英机下台。十多天后，銮披汶被迫辞去了泰国总理和陆军司令职位。国会重新选举了宽·阿派旺担任总理。日本投降后，銮披汶被捕，被列为甲级战犯。

“二战”结束后，泰国人极为担忧泰国的命运。最大的恐惧来自盟军的制裁。英国是否会像美国接管日本一样接管泰国？

有趣的是，这时的泰国政府正处在一个权力真空期。

1946年4月，泰国最高法院将銮披汶无罪释放。6月，拉玛八世意外死亡，年仅19岁的普密蓬·阿杜德继位。这时，自由泰政府把持着泰国的政权，是自由泰政府在关键时刻挽救了泰国。

当泰国向美国宣战时，社尼·巴莫等民主党人在美国、英国建立自由泰政府，比里·帕侬荣则与国外的自由泰人运动联合，在国内组织地下抗日运动。“二战”结束后，社尼、比里等控制了泰国政权，博取了美英的同情。

但是，自由泰政府缺乏政治经验，刚继位的国王又过于年轻，这给了銮披汶卷土重来的机会。

1947年11月，銮披汶与沙立·他那叻等组织的军人集团政变成功。为了降低阻力，军人集团开始只让銮披汶担任国防部长，继续让宽担任总理。1948年春，宽试图修改宪法，以限制军人的权力。这时，军人集团又发动政变，宽下台，銮披汶再次出任总理。

英国原本想严惩泰国和銮披汶，但是冷战救了泰国。冷战爆发后，美国需要一个稳定的泰国和政治强人，稳住中南半岛，以抵制苏联集团南下。銮披汶因此得以重回政治中心。

但是，军人集团内部出现严重分裂，政变频发。最凶猛的一次是1951年的海军政变。海军利用一次庆祝活动扣留了銮披汶，以此逼迫銮披汶集团交出权力。但是，海军这招“挟天子”失败了。

第二天，沙立不顾銮披汶安全，调集陆军、空军与警察同海军作战。空军甚至击沉了囚禁銮披汶的“室利 · 阿育陀耶”号旗舰，銮披汶泅水而逃。这是泰国历史上极为罕见的流血政变，造成了1200多人死亡。

此次政变后，銮披汶逐渐丧失了政治权力。但是，不甘失败的銮披汶试图另起炉灶重新夺权。他在1955年推动国会开放党禁，并组建了玛兰卡西自由党。他还在第二年推动国会通过《选举法》，以加强国会权威。

銮披汶试图通过玛兰卡西自由党控制下议院。但是，在1957年的大选中，銮披汶默许玛兰卡西自由党舞弊和篡改选票，“肮脏的选举”引发了国内骚乱，而负责维持秩序的沙立纵容了骚乱。无奈之下，銮披汶扶持海军及左翼军人，并试图与苏联集团联合。这导致美国彻底放弃了銮披汶，转而扶持沙立。沙立成立极右翼联盟党，发动了一场政变，銮披汶被迫逃亡日本，从此退出了历史舞台。

在泰国走马灯式的政变史上，銮披汶是鲜有能够留下历史印记的政治强人。这位政治强人最大的作用是冲击了曼谷王朝的绝对王权。政治强人倒下后，泰王逐渐回归。

03
国王的新衣

普密蓬 · 阿杜德（拉玛九世）在继位后返回瑞士继续完成他的学业。这位年轻的新王刚继位就参与了一次重要的政变。

拉玛八世意外死亡，保王派指责民选政府隐瞒国王的死因，在国内掀起风浪。1947年，军人集团乘机发动政变，銮披汶重回政治舞台。这场政变是军人集团与拉玛九世的首次合作。普密蓬在洛桑发电，表示支持这次政变。此次政变摧毁了民选政府，相当于否定了“权力来自人民”的法统性，代表民众利益的自由派势力从此一蹶不振。

普密蓬的第一次出手，是其70年行使王权的一个缩影。民选政府的法统性，是泰王和军人集团的共同威胁。因此，一旦自由派和民选政府抬头，二者便联合打压。而在自由派和民选政府被打趴下后，二者便相互争斗。

1949年，保王派率先动手，其成立的民主党控制着上议院，并通过国会颁布了新宪法。这个宪法规定上议院议员由国王任命，还赋予了上议院拖延立法的权力。国王还有权直接颁布法律，再交由国会讨论。这部宪法被认为是保王宪法。

1951年11月，就在普密蓬国王重返泰国正式亲政的前几天，銮披汶突然下令解散国会，并且废止了保王宪法。

銮披汶过于老辣，而普密蓬过于稚嫩，国王不是军人的对手。但是，1957年沙令政变给了普密蓬国王机会。沙立的政变计划预先获得了保王派的赞同，普密蓬国王迅速表态支持沙令。政治观察家沙克·恰拉提那指出：“普密蓬与军方的伙伴关系，就从这时起成为二次大战后泰国历史的主轴。”

沙立及其继任者主导的军政府极为昏庸腐败。沙立在1963年去世后，家族遗产争斗导致他的贪腐账单曝光。他侵吞国有资产超过1.4亿美元，控制至少四五家大型公司，还养了几十个情妇。

从20世纪60年代开始，政治腐败严重侵蚀了泰国社会，黑帮、毒品、色情、污染泛滥，城市乌烟瘴气，农村极度贫困。但这些给了普密蓬国王翻身的机会。普密蓬国王没有了军权、政权，其唯一可用的便是曼谷王朝延续下来的国王威望。跪久了的泰国民众有一种期盼明君的思想。经济学家托马斯·索维尔戳中了其中的要害："如果世上的任何不便，都成为向某些'救世主'让渡更多权力的理由，那么，自由就会被侵蚀殆尽。"

这时，泰王就是苦难民众心中的救世主。从60年代到80年代，普密蓬国王几乎走遍了泰国的乡野。有些年份，他在乡下待的时间长达半年之久。普密蓬国王跋涉乡野，穿越田间，帮助村民解决问题，这些早已是泰国电视上、报纸上的常见画面。泰王俨然成为泰国民众心中勤政爱民的"明君"。

但是，这位"明君"似乎没能阻止泰国社会沉沦。

1971年，军政府在博他仑省制造了"红桶大屠杀"。军政府逮捕了数以千计的村民，经拷问处死，放进装满汽油的大油桶中焚烧，许多村民还没死就被丢了进去。

1973年10月，军政府逮捕了十三名学运分子，彻底引爆了泰国民主浪潮。10月13日，走上曼谷街头的示威群众多达50万——这是泰国史上规模最大的示威游行，他们强烈要求军政府下台。

第二天，普密蓬国王出面调解，军政府迫于压力下台。这是泰国历史上极为重要的民主事件。普密蓬国王的威望也因此达到巅峰，泰王成了真正拯救民众于水火的明君。

不过，令泰王感到担忧的是，民众的胜利很大程度上壮大了自由派和民选政府的力量。学运、民运人士组成的自由派的政治诉求突破了泰王的底线。他们与保王派、军人集团展开激烈角逐，造成了20世纪70年代泰国政局的混乱。1976年，泰国政法大学学生公然辱骂泰王。而泰国保留了《亵渎王室法》，亵渎国王及王室成员者将遭严惩。当局随即以某党分子之名制造了大屠杀事件。

大屠杀事件导致民选政府下台，保王派扶持的政权很快又被军人集团发动政变推翻。经过了混乱的70年代，到了80年代，保王派“首席军师”普瑞姆·延素拉暖掌控了局面，执政长达八年。

这时的泰王不再是英式君主立宪制下的国王——那个威而不强的国家吉祥物。泰王有三大力量：一是《亵渎王室法》保护的“明君”威望；二是保王党控制的上议院以及扶持的亲王政府；三是数以亿计的王室资产。王室财团是泰国最大的公司集团，资产包括大量的土地所有权、泰国商业银行及几百家公司。在80年代泰国政治力量中，泰王及保王党第一，军人集团第二，自由派第三。

从80年代开始，伴随着欧美技术迁移，以出口为导向的泰国经济迎来了持续高速增长。旅游、农产品出口、电子工业及汽车产业快速兴起，泰国也被誉为“亚洲四小虎”之首。但这波经济繁荣的背后是一个个官僚资本主义集团。

普瑞姆因官僚巨额贪腐案频发引发民众不满，不得不在1988年辞去总理职务。他的继任者依然未能改变国内的官僚贪腐状况。

1991年，苏钦达领导军人集团发动政变，并草拟了新宪法，试图以宪法巩固军人政治。11月19日，7万多民众走上街头抗议新宪法。这次运动的主力军是中产阶级。当时的民调显示，在31万受访者中，98.8%的人反对新宪法。

但是在第二年的国会大选中，军人集团获得多数席位，苏钦达出任总理，并将一些“问题官员”纳入内阁。泰国中产阶级极为愤怒，20万人涌上街头，并与警方发生正面冲突。警方甚至开枪，打死了几名示威者。这让示威群众更加愤怒，他们点燃了公共汽车和政府大楼。军队向3万多群众开火，造成30人死亡，并逮捕了几千名群众。

泰国陷入“黑色五月风暴”，这时很多人都在等待一位扭转乾坤的人出手。

1992年5月20日上午9时30分，泰国电视播出一则新闻。画面中，普密蓬国王身穿暗色西装，坐在一张沙发上，两个人先匍匐在国王脚边，之后毕恭毕敬地跪在地上，听国王说教。其中一个是苏钦达，另一个是群众示威的领袖占隆。

这则新闻很快被世界各国电视台转播，而泰国的政局危机也就此化解。

泰王第二次挽救国家于危难，就连西方媒体也对普密蓬国王的政治威望及公正无私的立场赞不绝口。

危急之时，国王是政治的最后仲裁者，似乎成了泰国社会约定俗成的规则。此事件发生后，不仅是农民、底层民众，就连城市中产阶级也将普密蓬国王视为泰国的守护神，视为对抗军人和大资本家的民主象征。

神话又一次战胜了现实，也又一次掩盖了问题、拖延了矛盾。泰国民众很清楚，如果不能维护国会的法统性，泰国的政变永远不会停歇。但是，泰王的干预与调停，压制了民众宪政改革的期望。普密蓬国王对此事件发表演说称：“妥协与团结，比运用从外国进口的民主观念、创一部理想的宪法更为重要。”

作为泰国政治的最后仲裁者，普密蓬国王已经将国家的法统性据为己有。在君权学说中，国王法统性最高源于神秘主义，即君权神授。在这个信奉佛教的国度，几乎每个家庭都将普密蓬国王奉为神明。国王等同于国家，等同于民族，等同于神明。反对保王派，就等于反对国王，就等于反对泰国。这就是神秘主义的统治力，也是国王的新衣。

《亵渎王室法》是国王法统性的一面保护盾。它给泰国社会制造了一个沉默的黑洞和聒噪的舞台，扭曲了泰国的历史叙事和现实政治。国王对“亵渎”的理解囊括三个层次：含沙射影、腹诽和不鼓掌。一位专栏作家写了一句“在这块盲人的土地，独眼人是国王”，结果被判刑四年（普密蓬国王因车祸右眼失明）。泰国的小学教科书教导每个学生：“自古以来，泰国国王就都是忧国忧民、爱民如子的贤君……我们因此应该永远崇敬王室。”

普密蓬勤政近七十载，可谓盛装加身，他给国王确立了一个圣君神明的法统性。继承人能否延续这一法统性？

04 泰国的前途

事实上，普密蓬国王一直为继承人问题苦恼。老国王唯一的儿子玛哈·哇集拉隆功是王储，但他的政治才能极为平庸。老国王的女儿玛哈·扎克里·诗琳通公主精明能干，是女王储，也有王位继承权。在普密蓬晚年，几乎所有的泰国政治力量都卷入了继承人争夺战中。这也导致了泰国王室的分化。保王派的旧部支持女王储，国王分居20年的王后及新势力则支持王储。老国王内心里支持王储，但恨其不成器，担心十世而亡，迟迟不敢退位。

他信也加入了这场继承人争夺战。他信出身于华裔富商家庭，成立了泰爱泰党，并在2001年国会大选中大获全胜。他信是泰国史上最深得民心的民选总统。

如何理解他信的崛起？

其实，他信的成功，是泰国王权政治“苟延残喘”的结果。

自1992年普密蓬国王调停后，泰国十多年没有发生军事政变。在国王的权力平衡下，军人集团与保王派达成了持久的默契。经济延续着80年代的涨势，但没有人意识到泰国经济正处于崩溃的边缘。

1997年7月，泰铢暴跌，金融危机爆发。很多人将这场经济危机归咎于泰国过度开放的金融政策，但极少有人关注到真正的原因，那就是保王派控制的商业银行创造了过度泛滥的信贷，透支泰铢信用，最终引爆了货币危机。

这场危机终结了泰国乃至亚洲的增长奇迹。它几乎导致王室的商业银行破产，王室资产遭重创，泰国贫困的农民、失业工人怨声载道，渴望改变现状。他信领导的泰爱泰党抓住了这一机会，获得了为数众多的农民的支持。另外，为了获得保王派支持，他信通过保王党华裔商人给王储哇集拉隆功大肆捐钱。2005年，他信的泰爱泰党再次在国会中横扫民主党，他信连任总理。

但这股突然崛起的势力，打破了国王的政治平衡。他信与哇集拉隆功的联合，让老国王、民主党以及保王派的旧部极为担心。普密蓬国王深刻地意识到他信的威胁，民选总理他信的强势存在意味着泰国政权的法统性从王室转移到了人民。

普密蓬国王的权力平衡抑制了泰国的法统性进步。历史学家高卡·苏文纳潘指出："谈到泰国的民主，从1932年到1990年间，若往好处看，充其量也只能算是仁慈君主的专政，若往坏处看，根本就是一群贪婪、妄自尊大、厚颜无耻的政客与官僚的权力分赃系统。"普密蓬国王这样的明君，对普通民众来说，到底意味着什么？

2005年12月，以林明达为首的保王派旧部开始攻击他信贪腐，试图打击他信以阻止哇集拉隆功继任。林明达还身穿黄色T恤现身街头，T恤上面印着"我要为国王而战"。"黄衫军"由此诞生。而他信的支持者身穿红色T恤，也就是"红衫军"。

在这个关键时刻，他信犯了一个致命错误。他将其家族控股的企业以18.8亿美元的价格出售给新加坡淡马锡。这桩交易是泰国有史以来涉及外资最大规模的企业并购案。"黄衫军"借此大做文章，指责他信利用政治权力为家族牟利，要求他信下台。

他信对外称："只有一个人能让我下台……那就是国王陛下。"保王派借这句话攻击他信侮辱王室，掀起声势浩大的黄衫军运动。

2006年4月4日，他信觐见普密蓬国王，他接受了国王的建议，宣布辞职。但是，由于他信深得民心，泰爱泰党在国会大选中再次获得大多数席位。因此，即使他信辞职，保王党也无法推举新总理和组建新内阁。陷入僵局后，泰国法院宣布选举无效。

9月19日深夜，泰国陆军总司令颂提突然发动政变，战车停在政府大楼外面，没有爆发流血冲突。这次政变获得了普密蓬国王的支持。民选政府再次被"军王"联合推翻，他信政权垮台，他信被迫流亡。

很多泰国人以为，泰国早已结束了军人接管政治的历史，毕竟距离上次军事政变已经过去了15年。但是，令泰国人没有想到的是，这只是个开始。此后十余年，泰国街头政治上演了旷日持久的“黄红”大战。他信集团借助民意支持、国会及“红衫军”，大战保王派控制的民主党、司法势力及“黄衫军”。

保王派通过法庭指控他信贪腐，解散了他领导的泰爱泰党。泰爱泰党被解散后，大批党员加入了各小党派。他信在国外遥控指挥，支持人民力量党赢得国会大选，党魁沙马于2008年1月出任总理。保王派立即反扑，再次通过法庭驱赶沙马下台，只是这次的理由令人啼笑皆非：泰国宪法法院判决沙马主持烹饪电视节目违反宪法，要求沙马立即辞去总理职务。

2008年9月，沙马下台后，他信的妹夫颂猜在国会选举中当选了总理。保王党故伎重演，迫使颂猜下台。2011年，他信集团重返权力中心，他信的妹妹英拉领导泰党在国会中以压倒性优势赢得大选，并成为泰国史上首位女总理。但是，四年后，英拉因大米渎职案被国会弹劾。

持续多年的“黄红”大战改变了泰国的政治传统，法统性争夺不再是过去象征性的舞台剧，而是无止境的流血暴力冲突。

2014年5月20日深夜，军人集团通过电视声明宣布实施戒严。两天后，军人集团以召集政治人物和谈为由，将他们逮捕。军方的说辞是政治斗争把泰国搞坏了，军方不得不干预。随后陆军司令巴育担任总理。军人集团这么做的真正目的或许是为新泰王铺路。

2016年10月13日15时52分，普密蓬国王驾崩。

普密蓬国王走过了其漫长而波澜壮阔的一生。这位国王是泰国过去半个多世纪的“守护神”，他在无数次政变、街头暴力中，“充当好‘仲裁者’的角色，使泰国的政治之船安然驶过险滩。68年的历史经验似乎说明，泰国不能没有拉玛九世。”

普密蓬国王赢得了所有泰国民众的敬仰，以及全世界人的赞誉。泰国学者葛潘·纳卜帕赞美国王："他（普密蓬）是为了每一个子民而呼吸的国王。"为了悼念普密蓬，苹果将其泰国官网的颜色变为黑白。

然而，"当神一样的泰王亡故时，一切都会崩溃"。

2016年12月1日，哇集拉隆功成功继位，成为拉玛十世。

新国王早已与军人集团达成合作。军人集团倾向于支持一个更容易掌控的国王，新国王则借军人集团扩张王权。

上任一个月后，哇集拉隆功向军人集团提出修宪。2017年1月，国会以无反对票通过了修宪草案。宪法草案规定，国王是紧急状态下的最终决策者。这是老国王时代约定俗成的规则，如今被新王以宪法方式确立。宪法还赋予了国王新的权力，国王可以直接控制监督王室事务与王宫安全的5个国家机构，先前是由政府或军方控制。同时，哇集拉隆功还直接掌控了两支精锐的皇家部队。同年7月，国会通过法令，宣布将王室掌控的数十亿美元的资产划入国王名下，并且国王直接掌控王室资产管理局。目前，泰国王室资产达到430亿美元，相当于英国王室的80倍。

军方投桃，国王报李。2019年泰国国会大选，乌汶叻公主决定代表泰爱泰党参选首相，哇集拉隆功迅速以"国王与王室成员应凌驾于政治"为由，否决了长公主的参政资格。此举可谓一箭三雕：一是使刚重建的泰爱泰党遭遇灭顶之灾；二是打击了保王派旧部；三是帮助军人集团的巴育再次担任总理。

泰国的国家现代化历程走过了80多年，关于法统性的争夺依然在延续。

托克维尔将法国大革命的根源归于路易十四的成功集权。如果底层社会正在走向开放，而王权却持续走向集中，这个国家将走向不稳定状态。一旦强势的国王驾崩，新王将陷入非常权力的另一面——非常风险。

1950年，普密蓬回国参加登基加冕典礼的旅途中，其岳父纳卡拉·曼加拉亲王曾给这位年轻的国王一句忠告："一旦神话破产，一切随之崩溃。吴哥窟曾是一个伟大帝国的心脏，而今已经爬满了猴子。"

参考文献

[1] 安德鲁 · 麦格里高 · 马歇尔. 泰王的新衣[M]. 谭天，译. 台北：麦田出版社，2015.

[2] 托克维尔. 旧制度与大革命[M]. 冯棠，译. 北京：商务印书馆，2013.

[3] 段立生. 泰国通史[M]. 上海：上海社会科学院出版社，2014.

土耳其危机

2021年12月17日，土耳其股市崩盘了。当天下午，土耳其伊斯坦布尔交易所触发第二次熔断，主要股指收跌8.5%，为3月以来的最大单日跌幅。

这一切似乎都在预料之中。2021年，全球主要国家央行试图用紧缩政策来抗击通胀，土耳其央行则反其道而行之。当地时间12月16日，土耳其央行宣布下调基准利率100个基点至14%。消息一出，土耳其里拉立即崩溃。2021年以来，里拉对美元累计贬值超过50%。如今，里拉危机正在冲击金融系统，通胀率飙升至21.31%（11月），债券市场摇摇欲坠，“汇股债”三杀惨剧似乎将上演。

这种货币危机就是我们熟知的新兴国家货币危机（债务危机）。过去是墨西哥、巴西、阿根廷，后来是泰国、印度尼西亚、俄罗斯，如今是土耳其。而土耳其可能是最值得警惕的一个国家。

在应对这场危机时，土耳其央行持续大规模降息，总统埃尔多安宣称“降息抗通胀”。这种奇葩操作让人怀疑人生：经济学是不是搞错了？更值得警惕的是：埃尔多安经济学背后暗藏着哪些宗教野心与帝国迷梦？

本节从土耳其货币危机出发，分析从干预主义到国家战争的危险道路。

01
埃尔多安经济学

通胀，是土耳其的经济顽疾。

疫情暴发后，土耳其通胀率进一步上升。2020年下半年，土耳其DPPI同比增速已从5.5%抬升至27.1%。紧接着，CPI同比增速从2020年11月的11.9%迅速上升到2021年2月的15.6%。

为了抑制通胀攀升，土耳其央行从2020年9月开始连续4次加息，回购利率从8%上升到2021年初的21%。

这时，土耳其经济进入“沃尔克时刻”：利率高达21%，通胀率依然在15%以上。1980年，美国的通胀率高达14%，时任美联储主席沃尔克将联邦基金利率提高到20%以上。接下来该怎么办？美国总统里根只能忍着，沃尔克死扛硬打，到1982年底，通胀率降下来了。

但是，土耳其总统埃尔多安忍不了，他在最关键时刻（3月19日）撤掉了央行行长阿巴尔，该行长上任仅四个月。这是埃尔多安在过去两年时间里第三次撤换央行行长。埃尔多安对央行加息非常不满，他认为恰恰是加息导致了通胀，要求央行实施低利率刺激经济增长。

紧接着，3月22日，资本市场遭遇“股汇债”三杀。土耳其里拉盘中一度暴跌17%；基准股指伊斯坦堡100指数下跌9.8%，股市连续两日两度熔断；主权债券创下最大单日跌幅，10年期国债收益率上升4.5%至18.0%。

然而，这只是个开始。埃尔多安任命沙哈普·卡夫奇奥卢为新的央行行长。卡夫奇奥卢是“埃尔多安经济学”的忠实拥趸，他掉转船头，迅速降息，实施宽松的货币政策。之后，埃尔多安撤换了一批财政官员，全面实施扩张性的财政政策。

2021年9月以来，土耳其央行连续三个月降息，回购利率降到12月的14%。央行连续降息直接导致土耳其里拉再次崩盘，通胀失控。9月之后，土耳其里拉直线跳水，贬值幅度高达55%，11月就贬值了28%。通胀率火速上蹿，11月CPI和DPPI分别同比增长21%和55%，创下了近20年来的新高；同时，土耳其房价2021年暴涨29.2%，涨幅全球第一。

里拉贬值和物价上涨的真实情况要严峻得多。土耳其西部边境城市埃迪尔内与保加利亚接壤，里拉贬值吸引保加利亚人来该市购物。一个月前，1保加利亚列弗只能兑换5.7土耳其里拉，现在几乎相当于8土耳其里拉。也就是说，一个月时间，土耳其里拉对保加利亚列弗贬值了40%。

物价上涨重创土耳其普通民众的生活，直接剥夺了他们的财富。土耳其国内的生产能力不足，粮食、药品等大量商品、油气能源及原料依赖进口。2021年里拉贬值了一半，相当于家庭进口购买力削减了一半。治疗癌症、糖尿病的进口药物纷纷涨价，加重了患者的经济负担。进口化肥涨价70%，打击了农业生产。土耳其是世界第二大小麦进口国，小麦进口价格上涨直接推高了粮食价格。由于通胀加剧，民众消费降级，普通面包需求量增加，面包价格进一步上涨。土耳其93%的原油和99%的天然气依赖进口，里拉贬值大幅度抬高了油气价格，进一步推动了交通运输及消费品价格上涨。由于物价上涨太快，苹果公司在11月24日暂停了公司商品在土耳其的销售。苹果公司决定将商品价格调整到适当价位后再恢复当地的销售。

实际上，一些食品、生活用品价格在最近三个月上涨了90%。

毫无疑问，土耳其货币危机引发的通胀危机，是对普通家庭的一次赤裸裸的掠夺。而更大的危机还在后面，那就是主权债务危机。1982年开启的拉美债务危机是一场主权债务危机，如今土耳其也面临类似的境况。土耳其的主权债务规模不算大，但是外债占比高、外汇储备不足。

目前，土耳其政府外币债务已占全部债务的60%，远远高于2017年的39%。美元相对里拉大幅度升值，大大增加了土耳其的债务负担，容易引发外债危机。同时，土耳其央行仅在2021年12月就连续五次干预外汇市场，试图缓解里拉贬值，这又进一步削减其本就不多的外汇储备。根据土耳其央行的数据，截止到2021年9月，土耳其银行约有830亿美元外债将在未来12个月内到期。市场预测，未来债权人将不得不与土耳其银行协商展期。12月11日，标准普尔将土耳其主权信用评级前景展望下调至“负面”，土耳其主权债券价格下跌压力持续增大。国际评级机构预计，土耳其的通胀率还将上升，这将进一步威胁其主权债务信用。

但是，土耳其总统埃尔多安对实行低利率政策非常坚决，将其视为一场“经济独立战争”。他的逻辑是，高利率打击生产与就业，引发供应紧缺，导致通胀高企。所以，高利率是高通胀的原因。他认为，低利率可以刺激投资和生产，增加出口和就业。可以通过降息来扩大生产，供应更多的商品，进而降低物价。这就是埃尔多安“降息抗通胀”的逻辑。埃尔多安反复强调他懂经济，他学过经济学，但是主流经济学家不懂土耳其经济。

埃尔多安不仅有一套自己的说辞，还有一些拿得出手的经济数据。12月，刚刚上任的财长努尔丁·内巴蒂就迫不及待地发推特赞扬总统的“业绩”：“我们的出口在11月同比增长了33.44%……我们会努力工作！生产更多！增长更多！”“我们的目标是达到持续的繁荣！而不是一两年的暂时稳定！”

确实，土耳其央行降低利率，里拉对美元贬值，大大刺激了出口增长。土耳其出口协会（TIM）的数据显示，2021年10月，土耳其的出口额相比上年同期增长20%，为历史最高增速；其中汽车和化工产品出口分别增长24%和39%。

欧洲复兴开发银行近期上调对土耳其2021年增长预测至9%，高于多数新兴国家。同时，2021年上半年土耳其失业率为13%——土耳其失业率长期维持在10%左右，第四季度还有所下降。

而最令人担心的“王炸”——主权债务危机，表现甚至好于市场预期。2021年1月，土耳其外汇储备只有531亿美元，市场预测外汇储备将在下半年耗光，但是年底土耳其银行系统的外汇总量反而增加。更为“神奇”的是，土耳其财政在10月出现了31.6亿美元盈余，而上年同期为9300万美元赤字。在过去12个月，土耳其的财政赤字在收敛，减少到了154亿美元。

埃尔多安经济学见奇效了吗?

02

土耳其干预主义

埃尔多安经济学并不神奇，也不罕见。如果把“降息抗击通胀”的疯狂表述拿掉，埃尔多安经济学就是土耳其版本的凯恩斯主义。

通胀是土耳其经济的长期顽疾。20世纪90年代，土耳其的通货膨胀率一度达到104%。2001年，土耳其陷入危机，通胀率高达40%。土耳其向国际货币基金组织求援，获得了110亿美元的救助金。作为援助条件，土耳其同意私有化改革、紧缩财政和减少军方干政。2003年埃尔多安担任总理后实施了有效的改革，土耳其经济开始腾飞，通胀率控制在5%~8%。很多人都称土耳其为中东版的中国。

不过，2008年金融危机爆发后，埃尔多安抓住全球货币放水的机会，大举外债搞经济刺激。后危机时代，土耳其的经济表现虽然看起来还不错，但其实隐患重重，其中最危险的是外债。2010年初，土耳其的私有和上市银行总计有1750亿美元外债，几乎全部都是美元或者欧元债务。2018年第一季度，这一数字已经达到了3750亿美元，而且其中1250亿美元还是短期债务。以当时的汇率计算，这些债务的规模就已经相当于土耳其年度经济产出的大约44%，而以2018年汇率计算，这一比例更是接近80%。

埃尔多安的经济政策一直是高货币、强刺激。从2003年到2020年，土耳其的M2增加了20多倍。但是，大规模的货币超发推动土耳其房价和物价疯涨。2008年之后，土耳其的通胀率长期维持在8%以上。

土耳其这种外债型经济是非常脆弱的。2018年，美元进入加速升值通道，土耳其里拉贬值，土耳其债务负担加剧，爆发货币危机和债务危机。最开始，美联储加息，土耳其也连续加息，将回购利率拉升到23%，但是经济却掉入负增长。埃尔多安暴跳如雷，撤换了央行行长，新行长转而迅速降低利率以刺激增长，也因此迅速触发了系统性金融危机。

2021年第一季度，土耳其再现“沃尔克时刻”，但是，埃尔多安又撤换了央行行长，决心将降息刺激的凯恩斯学说进行到底。这次，埃尔多安的低息刺激政策很简单，可以概括为“命悬于出口”。商品和服务（旅游）出口在土耳其经济中占有相当的比重。埃尔多安通过降低利息，主动让里拉贬值，吸引外国人购买土耳其商品，到土耳其旅游，从而刺激出口制造业和旅游业发展。

土耳其旅游业占国内生产总值的比例超过10%，在2019年达到12.7%。疫情期间，土耳其没有实施禁足和封关政策，而是开放国门，吸引国外游客。数据显示，2021年前七个月，土耳其接待了超过1000万人次游客，比2020全年增加了85%。里拉贬值刺激了国际旅游，吸引俄罗斯人、德国人来土耳其消费，增加了其旅游业收入和外汇收入。

里拉贬值还刺激了伊朗人、俄罗斯人、伊拉克人来土耳其购买资产，主要是房产。数据显示，11月外国人在土耳其购买的房屋数量为7363套，同比增加了50%，创下自2003年有数据以来的最高历史纪录。这进一步推动了土耳其房价暴涨，同时土耳其也赚取了更多的外汇。另外，土耳其在欧洲有几百万劳工，里拉大幅贬值，吸引劳工往土耳其回寄更多的外汇。

随着商品、服务、资产和劳务出口的增加，大量外汇流入土耳其银行系统，土耳其人将更多里拉换成美元或欧元存入银行。如今，土耳其银行系统中的外币存款占存款总额的55%，高于2018年的49%。银行发放外汇贷款，政府发行美元计价的债券，如此，政府可以获得更多的外汇和外债收入。短期的外汇增加，似乎缓解了土耳其的主权债务危机。这就可以看出，埃尔多安为什么实施低利率政策——为了获取更多的外汇收入。

对埃尔多安来说，降息是一场政治斗争。经济问题是埃尔多安在2023年土耳其大选中面临的最大挑战。他决心“一条道走到黑”，试图通过降息来保住土耳其经济不崩盘。反对党则不断地组织游行，要求埃尔多安引咎辞职。但是，如今里拉崩盘、通胀高企，埃尔多安还能“连庄”吗？

土耳其民调公司Metropoll在2021年10月的民调结果显示，土耳其民众对埃尔多安的认可比例从2015年的超过58%下降到了如今的41%。如果这一民调是真实的，说明他的支持率在下降，但也有相当一部分人支持他。

实际上，“放水”本身就是一种选票收买方式。埃尔多安依靠财团上台，他上台后实施了大规模的私有化改革，土耳其出现了大量的企业。埃尔多安长期给企业提供财政补贴，提供贷款担保，企业群体成了他的铁盘。埃尔多安实施降息政策，正是给企业输血，稳定自己的企业票仓。

为了保住选票，埃尔多安不断地提高最低工资标准。他在2021年12月16日宣布，2022年土耳其月最低工资标准为4253里拉。按照土耳其货币里拉计算，土耳其2022年月最低工资标准比2021年月最低工资标准上调了约50%。

但是，如果经济持续恶化，里拉危机和通胀危机无法消除，那么埃尔多安的政治前途将趋于不确定。实际上，埃尔多安经济学、土耳其干预主义正在破产。

首先，如果弗里德曼在世，定然会写一篇文章教训埃尔多安的“降息抗通胀”。通胀就是货币现象。价格是一种比例关系，任何一种商品供应量大增，对比其他商品的价格都会下跌。埃尔多安大规模超发里拉，里拉相对于商品、房产、美元定然下跌。所以，埃尔多安超发的里拉越多，土耳其的通胀越严重。

其次，货币幻觉正在破灭，土耳其濒临债务—通缩螺旋。降息刺激出口，出口制造企业扩大生产，但是出口制造企业的大量原料依赖进口，里拉贬值导致进口价格暴涨，推高企业的生产成本，最终削减了里拉贬值的成本优势。在出口和外汇短时间增加后，人们将倾向于按实际工资和货币购买力来决策，土耳其的经济产出、出口产能和外汇收入将回落，只留下剧烈的通胀和惨不忍睹的里拉。随着里拉继续贬值，债务负担加剧，土耳其政府、银行及企业面临巨大的外债风险。

再次，埃尔多安的干预主义将带来更糟糕的后果。埃尔多安将最低工资上调到4253里拉，这个水平明显高于土耳其工人的工资中位数（土耳其工人工资在3000~5000里拉）。如果严格执行最新最低工资标准，那么企业将解雇更多的工人，尤其是在最低工资线以下的工人。这将加剧工人的失业和普通家庭的贫困。最近几个月，面包价格从1.5里拉涨到3.5里拉，埃尔多安出台抑制价格政策，导致面包供应更少，有时民众需要排队购买普通面包。

最后，2022年全球主要央行将走向紧缩，美联储计划加快缩减购债规模，暗示明年三次加息，英格兰银行已加息，新西兰、韩国已提前加息，墨西哥、俄罗斯、巴西已多次加息，如果土耳其继续逆向而行，明年里拉大概率会掉入深渊。

03
奥斯曼帝国美梦

如果仅仅是金融危机，或许还不是最糟糕的。我们真正要提防的是干预主义托举的埃尔多安的政治野心——复兴奥斯曼帝国。

20世纪的惨痛历史，留给世人一个深刻的教训：什么样的道路是通往奴役之路。从干预主义到统制经济、极权主义，再到国家战争，德国法西斯、日本军国主义开启了这条奴役之路。米塞斯在《人的行为》中直言："干涉主义孕育出国家主义，经济国家主义孕育出黩武精神。"

"二战"后，欧美世界的民主制度和经济全球化给干预主义设置了通往奴役之路的障碍，而干预主义走上了国家福利主义和统制货币之路。但是，在一些新兴国家，比如土耳其这种民主正在倒退、魂牵帝国旧梦的国家，以及非完全开放经济体，对干预主义可能引发的任何灾难都要保持足够的警惕。

埃尔多安为何要大举外债？为何持续刺激经济？

埃尔多安是一个政治强人。这位掌舵土耳其接近20年的铁腕总统，在国际政治、宗教输出和突厥民族主义事业上颇具野心。

他对当今联合国确定的国际规则非常不满，他说："世界不该由5个国家（即联合国5个常任理事国）说了算，应该轮流坐庄。"他认为，当今世界秩序的不公平，主要是因为国际社会被当年赢得"二战"的少数国家主导着。当然，近些年崛起的一些新兴国家，都有与埃尔多安类似的想法，要求在联合国有更多的话语权。

但是，埃尔多安的"奥斯曼帝国美梦"值得我们警惕。土耳其的前身是奥斯曼帝国，这个帝国曾经长期雄霸亚欧非三陆，但在“一战”后解体。后来，土耳其领导人凯末尔赢得了民族独立，并且实施了有效的改革，将土耳其变成了一个世俗国家。过去，伊斯兰国家的现代化改革领导人都崇拜凯末尔，但是如今逆流渐甚。可能是帝国旧梦的原因，土耳其人有着强烈的民族意识，他们身上有一种天生的民族傲气，跟美欧俄都敢杠。埃尔多安打出复兴奥斯曼帝国荣光的旗号，这在土耳其很有市场。

土耳其的地缘政治非常微妙，自古就是不安定之地。埃尔多安宣称罗马是欧洲文化的父亲，伊斯坦布尔是母亲。土耳其凭地缘优势向欧洲输送了大量难民，同时，在德国、法国等欧洲国家建设大量的清真寺。土耳其宗教事务局的数据显示，仅2021年土耳其在全球兴建清真寺的预算就达到7000多万美元。这些行动也引发了欧美国家的警惕，他们怀疑土耳其资助清真寺有收集情报的目的。

早在20世纪90年代，土耳其就开始与一些突厥语国家讨论成立突厥联盟。2021年11月，这事被埃尔多安促成了。土耳其、哈萨克斯坦等六个国家组成了“突厥国家组织”。埃尔多安大打民族主义旗号，宣称六个国家是一个民族。

战争、宗教和民族国家扩张，不仅需要大量的美元，还需要经济控制。埃尔多安需要不断地降息刺激经济，赚取外汇，大举外债。这是他实行干预主义的原因。反过来说，为了给干预主义更多的合法性，他将干预主义上升到政治正确的高度。

埃尔多安曾说道：“提高利率就是叛国。”在批判货币政策错误时，埃尔多安刻意将政治、国家、民族与宗教结合起来：“我们还没有精神独立，没有政治独立，没有经济独立，没有军事独立。”

然后，他指责反对者："加息使我们的国家收缩，使我们的人民陷入失业、饥饿和贫困"。

哈耶克一句话就揭示了真相：通往地狱的道路，通常是由人们善良的意愿铺就的。除了人们不理智的善良，还有"埃尔多安们"的野心。从干预主义到统制经济、极权政治，再到国家战争，要避免走上这条不归路，就必须从干预主义的源头抓起。其实，遏制干预主义思想不是功利主义，也不是民主制度，而是个人自由主义不可侵犯的合法性——不论埃尔多安的政策怎么利于出口经济与国家安全，但个人的财富不允许被掠夺。

"二战"时期，哈耶克与凯恩斯在剑桥可谓并肩作战，他们共同的敌人是极权主义。但是，关于奴役之路的起点，哈凯二人主张不一。凯恩斯不认同干预主义导致极权主义，他认为是大萧条促使很多德国人拥抱了极权主义。哈耶克认为，干预主义破坏了个人自由，导致集权政治和统制经济，使国家沦为战争机器。

凯恩斯更务实，哈耶克更睿智。哈耶克意识到，干预主义对个人自由的破坏带来灾难是必然的，只是灾难大小有别，小则经济危机，大则国家战争。

最近50年的欧美世界中，经济全球化和政治制度阻止了干预主义走向奴役之路，但是走向了统制货币、福利主义之路。1974年，欧美世界正在爆发大通胀，记者问哈耶克："我好奇的是，你是怎么看到自由在我们这个时代或在未来的前景的？"哈耶克回答说："我曾经预言，通货膨胀将会导致所有西方国家实行对价格的控制，从而演变为计划经济。没有人胆敢终止通货膨胀政策，因为不搞通货膨胀，就不可避免地会导致失业……他们会通过控制价格来控制通货膨胀，当然，这就意味着市场体系的终结，意味着自由的政治秩序的终结。”

然而，很多新兴国家并不是完全开放型经济体，缺乏抑制政治激情的自发秩序与制度。土耳其是一个金融与推特开放的国家，这有助于抑制其内部冲动。但是，大疫之下，土耳其正遭遇货币危机，我们依然需要防止土耳其干预主义晋升为统制经济与极权政治，警惕埃尔多安经济学包藏的奥斯曼帝国旧梦。

参考文献

[1] 路德维希 · 冯 · 米塞斯. 人的行为[M]. 夏道平，译. 上海：上海社会科学院出版社，2015.

[2] 艾伦 · 埃博斯坦. 哈耶克传[M]. 秋风，译. 北京：中信出版社，2014.

震荡之地

当世界沿着和平的轨道行进，中东、中亚等地区成了唯二的那几个不安定因素。

这几个地区矿产资源丰富，财富触手可及，却总是在世界大战、两极风云、全球多元化之时，沦为大国对峙下的棋子、地缘政治的受害者。

战火、焦土与改革、繁荣交错，国家冲突内生化，加剧了国内政权合法性困境。

现代化，道阻且长。

阿富汗的风筝

2021年，美军撤退，阿富汗局势风云突变。塔利班迅速掌控政权，宣布成立“阿富汗伊斯兰酋长国”。

阿富汗，何去何从？

阿富汗是一个饱受战乱之苦的国家。它纠缠着太多矛盾，宗教、民族、部落、恐怖分子、世俗政权、外国势力，但我们可以从中抽出一条主线——“新阿富汗”与“旧阿富汗”的百年冲突，以此为纲，透视阿富汗的国家进程。

01
新阿富汗与旧阿富汗

1880年7月27日，穆罕默德家族率领的一支8000人部落武装与英国军队在坎大哈以西平原迈万德相遇，血洗了2万英国人侵者。

迈万德败北后，英国人意识到阿富汗部落武装众多、民风彪悍，自身似乎陷入了后人所称的“帝国的坟场”。于是，英军决定撤离阿富汗，同时将政权交给穆罕默德家族的阿卜杜尔·拉赫曼。如此，阿富汗得以独立成国。

不过，此时的阿富汗，还不是一个完整意义上的世俗国家——当然，现在也不是。

阿富汗，位于中亚内陆，山地居多，地形复杂，深藏着形形色色的伊斯兰主义力量与各种部落势力。自穆罕默德家族统治以来，一直有两个阿富汗：一个是旧阿富汗——广大山区农村，大大小小的部落首领、封建地主与伊斯兰宗教势力实施农村自治；另一个是新阿富汗，以喀布尔为代表的城市，由政府、城市精英、富商管理。

阿富汗的百年历史，可以浓缩为旧阿富汗与新阿富汗之间的斗争史。在这片土地上，新阿富汗的家族王权、君主立宪政权、左翼政府、民主政府以及帝国势力，都试图推动世俗政府改革以及国家现代化。但是，作为保守派的旧阿富汗，是一群沉睡的猛兽。新阿富汗的每一次改革都被猛兽反噬，直到猛兽之王——伊斯兰极端势力崛起，彻底将阿富汗世俗政府及国家现代化吞噬。

拉赫曼是一位铁腕君王，人称“铁腕埃米尔”。他答应英国人提出的“杜兰德线”，将普什图人一分为二，彻底清除了外来势力的干扰，旨在构建一个完整的阿富汗。接着，“铁腕埃米尔”残酷地清剿各部落武装，强行在旧阿富汗建立基层世俗政府。他设计了一套细分到地方的政治管理制度，将地方部落长老的权力转移给地方官员。

拉赫曼是阿富汗历史上所有改革者中最铁血且最富有智慧的一个。他很清楚，旧阿富汗的伊斯兰宗教势力只能智取。拉赫曼善于利用宗教名义获得正当性。在他统治之下，一边实施严格的宗教律令，又同时打压宗教长老、神职人员这些在地方民众心中极具威望的传统势力。

二十余年的雷霆手段促使新旧阿富汗的力量此消彼长，国家现代化的因子才得以生根发芽。一些从小就被送去西方接受教育的王室成员开始向往现代化，他们归国后，便成为改革的领头人。

阿曼努拉便是这样一位国王。然而，这位接受西方教育的继承人对现代国家抱持理想主义有余，而对政治斗争的残酷性估计不足。

1919年，新登王位的阿曼努拉意气风发。对外，率先向英国、美国、法国、波斯、日本致信阿富汗的存在，恢复邦交，与欧洲多国还签订了贸易协定友好条约。对内，阿曼努拉效仿土耳其凯末尔的世俗化改革，于1923年推出新宪法，即“秩序之书”。新宪法赋予公民检举权，废除奴隶制，甚至提到了“宗教信仰自由”。这一点使教士阶层极为不满。伊斯兰信徒认为，法律早已由真主颁布，那就是沙里亚法；人没有制定法律的权力。新宪法还禁止童婚，主张保护儿童与女性。阿曼努拉自己做表率，要求阿富汗男性只娶一位妻子（按伊斯兰教义，可娶四位妻子）。

阿曼努拉急于求成，他试图用现代化的教育及法律直接替代伊斯兰体系。他还要求女性外出时不穿着罩袍，男性刮脸修面，官员上班穿着西服系领带。有一次，国王在街上看到一个妇女身穿罩袍恼羞成怒，当即要求她脱去罩袍，赤身裸体地离开。年轻气盛的国王没有理会民众的讨论，他继续在全国建设学校，鼓励男女同校，还将世俗化课程、欧洲语言引入教育体系中。

1927年，阿曼努拉带着王后以私人身份出访埃及和欧洲。这对来自神秘东方的王室，受到了各国的优待。在各国晚宴上，国王穿着帅气的西服，王后更是身着露肩晚礼服，轻薄的面纱只遮着下半脸。这位带着异域风情的王后，美丽又摩登，倾倒了所有人。这次出访令阿曼努拉受宠若惊，也大大激发了他的改革决心。

然而，国王和王后在欧洲的照片传回国内，完全是另外一种反应。在伊斯兰世界，阿富汗的罩袍令是最为严苛的，阿富汗女性对丈夫以外的男性露出面孔，就相当于赤裸身体，而且这还是王后！法国总统对王后的吻手礼更是让他们深为震惊：阿曼努拉如何能让妻子如此丢脸？ 国丈提醒阿曼努拉，必须先掌握军权，不要让改革先于军事准备。不过，这时的阿曼努拉已走得太远，他的改革直接触犯了广大农村伊斯兰势力，而且国王一动军权引发连锁反应。1928年，旧阿富汗的猛兽惊醒，南部部落武装突然发难，地方势力蜂拥起兵。国王派军镇压，倾巢出动，喀布尔沦为不设防的空城，结果被一个土匪头子攻陷了，阿曼努拉流亡海外。

经过一段时间的混乱后，穆萨希班家族中的纳迪尔·沙阿继承王位。纳迪尔也曾接受过现代化教育、崇尚改革，但手段极为谨慎。因为他对阿富汗的基因十分清楚："农村、封建世界是那只狗，而城市不过是尾巴。"

接下来的40年里，阿富汗的政权都被穆萨希班家族控制。他们推行着温和的改革，与旧阿富汗之间保持着距离，部落内的事宜尽量少干涉。

在这个持续的和平时期，新旧阿富汗开始严重分化，走向了两个完全不同的世界，也为后面的激烈对抗埋下伏笔。在广大农村，旧阿富汗还是那个伊斯兰主义力量与部落政权、封建地主共治的社会。而在喀布尔等城市，阿富汗逐渐走上世俗化、现代化之路。公立学校越来越多，市民接受现代化教育。阿富汗有了第一所成熟大学，城市内部的私人企业进一步壮大。政治上，现代化的制度结构被采纳，不过这些官僚系统的位置仍然被王室家族把控。

“二战”让世界陷入混乱，而阿富汗却成了少数的幸运国。严守中立的阿富汗，通过向邻国出口粮食、物资，政府财政暴增，国家实力壮大。但是，战后，大英帝国衰落，世界很快进入美苏两极对抗状态。此后几十年，夹在两极中间的国家是不幸的，比如韩国与朝鲜、东德与西德以及越南。

在地缘政治上，阿富汗正属于不幸中的一个。阿富汗南边的巴基斯坦倒向美国阵营，北边的几个斯坦属于苏联阵营。阿富汗如何自处?

最开始，阿富汗坚持不结盟，两边捞好处。20世纪50年代，美苏两派竞相向阿富汗投来大量的“糖衣炮弹”。这些援助确实帮助了阿富汗向一个现代化国家行进：苏联提供了1亿美元支持修建公路、空军基地；美国帮助阿富汗修建航空公司，修筑赫尔曼德水坝。两国总统——赫鲁晓夫和艾森豪威尔也先后拜访阿富汗。

在城市，贸易往来，信息流动，民智渐开。美国人、欧洲人大量涌入阿富汗，他们带来了西方的流行音乐、服饰、餐饮。新式的茶馆、咖啡馆、书店和餐厅也如雨后春笋般涌现。王室女性带头不穿着罩袍，放开对女性约束。到20世纪60年代，女性接受高等教育，在政府、企业、银行与男性一样上班。这时期的阿富汗，是历史上相对自由的新阿富汗。但这一切仅止步于城市。

与此同时，政府需要更庞大的系统支撑，技术人才进入官僚系统，新的阶层力量渐渐壮大。查尔西国王甚至还实施了激进的政治改革，任命一位技术官僚为首相；颁布新宪法，规定“议会是阿富汗的立法机关”，“王室成员不得在议会、内阁和最高法院任职”。这时，阿富汗的政治正在向君主立宪制前进。

20世纪60年代，世界左翼革命浪潮风起云涌，阿富汗知识精英以及农村学生开始传播苏联主义。1965年，仅由30个学生成立的阿富汗人民民主党参选国民议会，一举当选。此后，这股左翼势力与其他政治派系角逐政权，终结了阿富汗的君主制。

左翼政党巩固政权后开始实施激进的改革，而且瞄准的是旧阿富汗。从意识形态上，左翼思想与伊斯兰主义水火不容。新法律保障女性权利，禁止父亲支配女儿、丈夫支配妻子，禁止童婚和礼金。这些都是当年阿曼努拉“秩序之书”里的措施。

轰轰烈烈的运动，惊醒了旧阿富汗猛兽。不过，让猛兽真正失控的，其实是苏联人。

1978年，霍梅尼在伊朗领导的伊斯兰革命获得胜利，美国失去了一个重要盟友。于是，美国加大了对阿富汗的渗透，努力争取苏联扶持的左翼政府。这导致了左翼政府严重内斗，最终美国的代理人阿明胜出。这让苏联人极为恼火。

当时，苏联高层认为，有必要像1956年军事介入匈牙利局势、1968年挺进捷克斯洛伐克一样解决阿富汗问题。

1979年10月，一个由60多人组成的苏联代表团造访阿富汗，他们的目的是侦察阿富汗地形。12月，在圣诞节前一天，一支空降部队在喀布尔附近的巴格拉姆空军基地着陆，军队悄无声息地进入城市，在街上呈扇形排列，城中的军事要塞与政府机关都被占领。随后，一支8万多人组成的苏联部队，号称“第四十军”，全面进军阿富汗。几天后，喀布尔被苏军完全占领，阿明死于非命。而苏联人对外称，阿富汗首相阿明邀请苏军进入阿富汗。

苏联人，能征服“帝国的坟场”吗？

02
世俗国家与伊斯兰化

1980年2月22日晚上，喀布尔的居民在院子里、屋顶上高喊“真主伟大”。喀布尔的每个角落都在发出这样的呼喊。苏联军队试图通过发射火箭弹来掩盖鼎沸的人声，但是火箭弹的爆炸声被呼喊所淹没。

苏联人的入侵，激起了积怨已久的旧阿富汗部落的反抗——反侵略者以及左翼政府。在广大农村，他们自称“穆贾希丁”，即“圣战者”，化整为零，兵民融合，藏匿深山，跟苏联人打游击战。圣战组织袭击，最大不过百人作战，最小是单人与苏联军队同归于尽。他们没有一个系统的指挥，只有一种至高无上的信仰——“真主伟大”。

封建地主、部落首领以及圣战武装联合，煽动农民一起反抗苏联入侵者和傀儡政府。在广大山区，苏联空有精良的飞机坦克，但无处施展。这些圣战者平日里是当地的村民。他们时不时突袭一把苏联军队或政府工作队，然后迅速躲进村庄和亲戚朋友家，消失得无影无踪。

苏联人重新扶持的左翼政府派出工作队深入农村，在每个村都建立委员会，手举着“伟大的导师”的画像给农民做思想政治工作。然而，左翼政府的政委遇到了真正的对手，他们干宣传干不过伊斯兰神职人员。

遭遇挫败后，苏联军队开始对农村实施疯狂的扫荡，把村民与圣战者分开，将大量村民赶出农村，他们好控制逃往城市的村民。

苏联军队派飞机对农村、耕地及山地狂轰滥炸，散布地雷，破坏农业生产，试图废除圣战者的后勤供给。

1985年，战争到了最血腥的时候，大约100万阿富汗人丧生，另有600万阿富汗人逃往巴基斯坦或伊朗沦为难民。不过，依然有数以百万计的阿富汗男性返回农村继续战斗。他们重要的军援一部分来自英国、美国等西方国家，另一部分来自伊朗、沙特阿拉伯、印度等。来自西方国家的军援，主要由巴基斯坦三军情报局分配给聚集在白沙瓦的80多个抵抗组织手上。其他国家的军援，直接交给自己扶持的武装力量。

这场血腥的农村清剿造成了极恶劣的后果：打击了阿富汗农村的世俗力量，扭曲了阿富汗的民族性格，彻底激发了宗教激进主义。原本有封建地主与部落首领这股世俗力量对神权进行抑制与平衡。如今，乡村世俗力量在轰炸中土崩瓦解，伊斯兰极端主义彻底崛起。

在苏联强大的战争机器面前，只有一种力量尚在抵抗，那就是遵循宗教激进主义的圣战者。正如阿富汗裔美国历史学家塔米姆·安萨利在《无规则游戏》中所说："战火中走出了一个全新的精英阶层，他们的权力建立在战争技能上，而不是部落关系、血统等。"到战争的后期，在众多抵抗运动的领袖中，著名的十多个人，如马苏德、希克马蒂亚尔等，均是激进派。其中，希克马蒂亚尔将三军情报局3/4的援助装入自己口袋，他利用剩下的1/4的钱在巴基斯坦招兵买马、训练圣战者。

在国际上，全世界左翼大革命，激发了伊斯兰革命高潮。伊斯兰革命在伊朗、巴基斯坦均取得胜利，阿拉伯世界的反政府的伊斯兰革命组织崛起，他们纷纷在阿富汗及中东点起革命之火。

1985年，戈尔巴乔夫执掌苏联。这时的苏联已摇摇欲坠，戈尔巴乔夫希望尽快结束这场战争——当然是以胜利者的姿态，于是加大了对阿富汗的空袭强度。在美国，里根上台后加大了对阿富汗的援助，到1987年，圣战武装每年从美国方面获得的援助达10亿美元。此外，还有沙特阿拉伯的10亿美元。美国、以色列联合为圣战武装提供了一种便携式防空导弹“毒刺”。这种造价低廉的导弹，几乎每天都能够命中一两架苏联战机。

1987年，戈尔巴乔夫宣布，苏军将在来年从阿富汗撤军。当然，战争走向的决定性因素还是苏联内部的快速瓦解。

苏军撤走后，没有了靠山的傀儡政府，拾起苏军留下的一批精良的武器坚守喀布尔。1992年4月底，政府军队倒戈，喀布尔沦陷。

傀儡政权崩溃后，阿富汗却陷入了持续内战。马苏德、希克马蒂亚尔、伊斯兰统一党等各派圣战武装为夺取政权而混战。这些圣战者在阿富汗城市与农村随意杀戮、劫掠、强暴，阿富汗人对他们深恶痛绝。

改变内战局势的还是外部力量。1994年，巴基斯坦三军情报局意识到长期合作伙伴希克马蒂亚尔不堪大任，只能另觅人选。而这个对象，就是“塔利班”。

苏联的入侵和左翼政权彻底激活了阿富汗的宗教激进主义，而其中最为纯粹的激进分子非塔利班莫属。

塔利班，起源于一群难民营的学生军。在战争期间，近350万阿富汗人流亡巴基斯坦，蜷缩在白沙瓦附近的沙姆沙图和奎达附近的哈扎拉镇。巴基斯坦政府不允许难民找工作和做生意，难民营中生活着大量的孩子，他们虽无战火之忧，但也无生活之希望。他们饥饿、沉闷、迷茫、自卑，甚至不知何为绝望。

宗教学校，成了孩子们唯一的“庇护所”。在巴基斯坦边境的难民营，建立了2000多所宗教学校，招生人数接近22万人。对难民来说，宗教学校最大的好处是免费提供食宿。

但是，这些学校并不是普通学校，而是由“伊斯兰神学者协会”等宗教组织控制，由巴基斯坦神职人员充当老师。沙特阿拉伯政府投入巨额资金，在宗教学校推广瓦哈比教义。瓦哈比教义被认为是“最纯净的伊斯兰”。进入宗教学校后，孩子们便和外界断了联系，他们获取不了新闻和资讯。老师反复给他们灌输：先知穆罕默德的世界是唯一完美的世界，整个社会都严格遵守安拉的法律。安拉的法律让他们战无不胜，没有什么力量能与安拉抗衡。战斗一旦开启，一个完美的世界就会到来。另外，宗教学校还训练孩子们如何实施“圣战”，鼓动他们勇敢战斗，拯救世界。

塔利班学生军中有一位年龄稍大一点的领袖，叫毛拉·奥马尔。奥马尔十几岁就加入了伊斯兰党的一个组织，在与苏联的战斗中失去了左眼。苏联撤军后，他进入了宗教学校学习，学生们对奥马尔敬佩得五体投地。塔利班善于宣传和包装自己，他们杜撰传奇故事给了奥马尔一个侠士人设。

战争时期出生和成长起来的一代孩子，成了一股最疯狂的力量。

三军情报局注意到了这股力量，在提供一些军援后，便给他们安排了一个任务：护送一支满载商品的车队穿行阿富汗。车队行至中途遭遇一群装备精良的劫匪，塔利班激战两天，击溃了对方，得以扬名。

此后，三军情报局大力扶持，塔利班势力急速膨胀。在不到两个月时间，塔利班成了一支拥有飞机、直升机、坦克、大炮、汽车、无线电通信设备、大规模枪支弹药和金钱的虎狼之师。

1994年11月，奥马尔打着安拉的旗号，率领这支虎狼之师开启征伐，宣称要扫荡一切军阀势力，建立沙里亚法的统治。这时的阿富汗民众对以圣战者为名的军阀深恶痛绝，而奉行“纯净的伊斯兰”的学生军出现，犹如救世主降临。

塔利班，攻掠速度很快，只用了几个月时间就拿下了9个省。1996年9月26日，塔利班占领喀布尔。对喀布尔市民来说，塔利班是陌生的——一群来自贫苦农村的难民营学生军，甚至比俄罗斯人更陌生。

接下来，阿富汗的命运会如何？

塔利班打败了世俗政权，他们迅速实施沙里亚法，阿富汗成为一个政教合一的国家。

阿富汗裔美国历史学家塔米姆·安萨利在《无规则游戏》中如此评价：“有了这场胜利，旧的阿富汗似乎决定性地打败了新的阿富汗，农村部队打败了城市，阿富汗妇女解放被赋予的权利被永久剥夺，阿曼努拉的革命性改革走到了尽头。”

过去半个多世纪，各类政府在城市实施世俗化改革，阿富汗市民也曾经获得了一些自由与色彩。如今，旧阿富汗猛兽将其付之一炬。城市的女性又回到了过去，比任何时候都更加彻底。她们重新穿回了罩袍，把自己裹得严严实实，只露出网纱遮挡下的眼睛。她们不能外出工作和上学，没有亲人陪同不能上街。

塔利班禁止音乐、电影、摄影以及一切艺术表演，甚至不能放风筝。任何人庆祝非伊斯兰节日、穿着西式服装、饲养宠物都是违法的。另外，塔利班还对哈扎拉人实施种族清洗。

1999年，已移居美国的卡勒德·胡赛尼看到塔利班禁止放风筝比赛，他回忆童年往事：在喀布尔色彩纷呈的屋顶上举办的风筝节，孩子们追着风筝奔跑。他写了一本小说《追风筝的人》。当这本书风靡世界时，喀布尔那群追风筝的孩子，消失了。

美国政府阿富汗事务顾问哈利勒扎德（阿富汗裔）天真地认为，塔利班将会发展成沙特阿拉伯那样的政权，而不会成为另一个伊朗，不会成为美国的敌人。哈利勒扎德错了，美国为此付出了“二战”以来最惨痛的代价。

到这里，该轮到奥萨马·本·拉登登场了。拉登家族是沙特阿拉伯的富商，与王室关系密切。拉登是一个极端狂热分子，他志不在商业，而在谋求武装力量和发动圣战。拉登加入了阿富汗的反苏联战争，在白沙瓦建立了一处基地，大力支持圣战，并与塔利班建立了关系。

战争结束后，拉登回到沙特阿拉伯。又赶上萨达姆入侵科威特（威胁到沙特阿拉伯安全），拉登主动向沙特阿拉伯王室请缨打击萨达姆，但遭拒绝。沙特阿拉伯向美国求援，拉登大骂王室，沙特阿拉伯将其驱逐出境。此后，拉登在苏丹组建基地，以自杀式袭击的极端方式，报复沙特阿拉伯人与美国人。

1995年11月，拉登在沙特阿拉伯首都炸死了十多名美国工程师。事后，美国锁定拉登，拉登折回阿富汗。拉登拿出300万美元支持塔利班收买喀布尔以南的军阀，成为塔利班最喜欢的“合伙人”。拉登称赞阿富汗是世界上唯一真正的穆斯林政权。塔利班为拉登提供了一块地盘，拉登在此建成了圣战者的“西点军校”。

拉登的特工在1998年袭击了美国驻肯尼亚内罗毕大使馆，造成200多人当场死亡；还袭击了美国驻坦桑尼亚的大使馆，导致11人死亡。但是，当时的克林顿政府都没能对拉登实施有效的打击。

美国对塔利班施压，要求逮捕拉登，但是塔利班的态度极为轻蔑。美国又要求巴基斯坦逮捕拉登，但是巴基斯坦不敢得罪塔利班。巴基斯坦发现，他们已经养出了一只不可控的猛兽。结果，拉登在伊斯兰世界名声大噪，更加肆无忌惮。

疯狂，还是毁灭？

2001年3月12日，塔利班一意孤行轰炸了巴米扬大佛。此举遭到世界谴责，被称为人类文明的一场浩劫，奥马尔却不屑地说："我们不过就是在炸石头。"

6个月后的9月11日，拉登组织了22个基地成员，劫持了4架民航飞机，其中两架撞向了纽约世贸中心双子塔。得手的消息传回阿富汗，塔利班高层欢呼雀跃。他们没有意识到，大难即将临头。美国迅速将目标指向拉登及庇护拉登的塔利班。

10月7日，美国大军空袭塔利班，阿富汗再次陷入战争。一个月后，塔利班领导人出逃喀布尔，又回到了阿富汗与巴基斯坦边界的难民营——他们从小长大的地方，融入群众，彻底消失了。喀布尔成了"无主之城"，市民们涌上街头，疯狂欢呼。

美国，真的拯救了阿富汗吗？

03

反恐战争与国家坟场

2001年12月，联合国在德国波恩召开阿富汗问题特别会议。美国人主持了这次会议，当年参加过反苏战争后来又被塔利班打败的各路军阀都来了，支持塔利班的普什图普人被排除在外。会议决定，在阿富汗组建一个两年的临时政府，起草新宪法，实施代议制民主政体。

波恩会议推动阿富汗向世俗化国家回归。这次，有美国这一强大外力介入，阿富汗能否完成现代化国家的彻底转型？

很多人认为，阿富汗人拒绝美国植入的现代民主政府。其实并非如此，阿富汗人饱受战乱之苦，如今人心思定，重建家园，他们对新的政府表达了极大的热情和期待。2004年总统大选，登记选民超过1200万人，其中75万人来自巴基斯坦难民营。要知道，当时的阿富汗人口不过3000万，排除57%的未成年人——按照选举法不能投票，这一选民登记率极高。最终，900万人参加了这次投票，投票率远远超过了当年的美国总统大选。

新的宪法出台，旧阿富汗势力与新阿富汗势力展开了激烈斗争。最终，新宪法宣布，阿富汗是一个伊斯兰共和国，保障民众自由，女性享有平等的选举权、工作权和受教育权。

新的政府和新的宪法，给阿富汗带来了什么？

几乎和之前所有的政权一样，新的政权只改变了城市，没有触及农村。

喀布尔的上空，又飘起了风筝。城市再次响起了流行音乐，电影院兴起，施瓦辛格的影片和詹姆斯·卡梅隆的《泰坦尼克号》最受欢迎。女孩子们开始脱下罩袍，穿上漂亮的裙子和牛仔裤。一些印度、中国商人进入阿富汗开办化妆品工厂和商店，他们意识到，塔利班下台后，被关在家里的女人们定然会上街购买美容品。

而广大山区农村的旧阿富汗，还是传统的阿富汗，甚至比之前更加糟糕。新政权的思想教育、军队控制以及经济生产三大关键能力，完全不能渗透到农村。

在旧阿富汗，人们更加认同的是沙里亚法，而不是宪法。电影制作人塔玛拉·古尔德拍摄纪录片《国家的地狱》期间，曾就宪法问题采访当地一名男子。对方笑道："我们已经有了，我们的基本法就是沙里亚法。"政府、议会及教育系统没能在乡村普及法治及现代国家的观念。

大量阿富汗难民回到了旧阿富汗，那个破碎的家园。但是，他们连赖以生存的耕种都没法维持。荒废的农田遍布当年苏联人埋下的地雷，重要的水利设施被毁。农民的生计没有保障，新政权与旧阿富汗又有何关系？

阿富汗政府的羸弱，与美国发动这场战争的目的是分不开的。其实，美国并不是想重建阿富汗，只是为了剿灭拉登基地组织及其庇护者塔利班。当时的小布什是这么考虑的，如今的拜登也是这么想的。小布什打算迅速肃清塔利班残余，然后撤军，将阿富汗的国防任务交给土耳其和德国组建的国际维和部队。

我们看一组数据就能明白：2002—2003年，美国在阿富汗战争的开支达到350亿美元。其中，用于重建项目的资金只有6400万美元，用于人道主义和紧急援助的规划资金仅有8亿美元，其余的绝大部分用于军事开支。

美国无意建立一个有效的阿富汗政府。美国人对伊斯兰主义不够信任，他们担心如果扶植一个强大的新代理人，哪一天又会成为如塔利班一样的对手。

阿富汗的重建资金，更多来自自由市场和国际社会组织。2006年，喀布尔的非政府组织雇员达到1.6万人。77%的重建资金完全绕开了阿富汗政府，阿富汗政府就像一个局外人，没能在重建中树立威信。更重要的是，再多的援助跟旧阿富汗也没有任何关系。

阿富汗政府疏于监管，腐败成了一种流行病。在喀布尔街头，交通极为混乱，阿富汗交警以换零钱为由向车主索贿。不管是市民，还是农民，对阿富汗政府的腐败都极为痛恨。

2006年是阿富汗的一个转折点。市民的耐心被消耗光，农民在农村挣扎，塔利班抓住机会行动，依然是农村包围城市，阿富汗混乱局面迅速恶化。

塔利班用鸦片"拯救"旧阿富汗的农民，其主要财源就是鸦片贸易，他们指导农民在荒地里种植鸦片。与其他农作物不同，鸦片耐旱，不需要水利设施；同时，鸦片售价高，只需要种植一小块就可以养活一家人，这大大降低了踩雷风险。另外，塔利班还负责鸦片收购。如此，阿富汗农民的生计与塔利班紧紧捆绑在一起。另一边，毒品腐蚀了阿富汗整个政府系统。为了避免打击，毒枭、商人向政府官员行贿，上至内阁下至警察，无不沾染"毒金"。

要彻底改变阿富汗，必须从教育开始，培养下一代阿富汗人。但是，塔利班最痛恨的是学校。思想控制（伊斯兰教义）是塔利班起家、看家的"核武器"。2006年开始，塔利班大规模袭击学校，将老师斩首示众，将学校设施烧毁。塔利班成功地制造了"学校恐惧症"，一年之内，南部和东南部就有200多所学校被迫关闭，很多家长不敢送孩子去学校。

摧毁学校后，塔利班在农村掌握了舆论，制造了各种谎言和谣言。他们向家长传播：孩子如果进入了学校，就会背弃伊斯兰信仰，就像当年左翼的人民党学生，领着苏联人来侵略我们。

美军为何不加大对塔利班的打击？

这时的美军，似乎也与当年的苏联、英国一样，陷入了"帝国的坟场”。塔利班隐藏在山区、农村与居民家，跟美军打游击战，搞自杀式袭击。2007年，仅赫尔曼德省，塔利班就发起了751起袭击、谋杀等暴力事件。

在广大山区的“帝国的坟场”，美军反而有些缩手缩脚。美军在一次空袭中，袭击了塔利班领导人的藏身之所。但是，屋内居然有9个小孩死于非命。塔利班在农村和媒体上大肆传播美军袭击阿富汗儿童和居民。每次误杀、误伤一些居民，美军都要与阿富汗政府一起处理，给受害者提供赔偿。这给塔利班留下了极大的舆论造势空间。

2008年，隐藏在巴基斯坦的奥马尔组建了“影子政府”，在各地任命了“影子”省长、市长、警长，负责地下宣传活动，以及策划恐怖袭击。这时，空袭已经蔓延到城市，阿富汗局势失控在即。

另一边，奥巴马上台后，针对阿富汗的局势，美国内部决策存在分歧。军方认为，应该加大军力，迅速剿灭塔利班和拉登基地组织。但是，副总统拜登反对，他希望撤出大部分战斗部队，留下精锐部队和使用精准制导武器，追踪并灵活地消灭恐怖分子。

奥巴马采纳了两方的意见，美军开始加大对阿富汗兵力的投入，到2009年，北约各国驻阿富汗的作战人数已经达到10万人。美军对塔利班实施大规模空袭，塔利班遭遇重创，实际领导人被炸死。同时，空袭也造成了大量的平民伤亡。其中一次空袭，39名死者中，多数是妇女和儿童。这大大加大了阿富汗普通民众对美军和阿富汗政府的仇恨。

2011年5月2日，美国海军的一支海豹突击队驾驶两架直升机从航母上起飞，趁着夜色悄悄进入巴基斯坦，在军事院校附近的一个大院内击毙了拉登。

拉登被击毙，是阿富汗局势的转折点。这是美军撤出阿富汗的最佳机会。这时，塔利班和基地组织的势力被大大削弱，他们更可能与阿富汗政府妥协达成停战协议。

但是，犹豫的奥巴马受到国内政治压力而错过了最佳时机。这就导致美国在阿富汗陷入一种合法性困境：美国发动这场反恐战争的目的是打击基地组织，如今拉登被击毙，目的达到了，这场战争应该结束了，之后的阿富汗应该交给阿富汗人民去处理。美国撤军拖得越久，美军在阿富汗的合法性就越弱。

此后，美国一拖就是十年。这十年，美军在阿富汗陷入了一场漫无目的的治安战。除了大规模烧钱，美军什么也做不了。相反，塔利班与旧阿富汗的农民、部落首领、军阀以及宗教势力联系更加紧密，塔利班逐渐成为旧阿富汗的实际掌控者。他们策划的恐怖袭击遍地开花，美军被动地反击行动，进一步加深了旧阿富汗人对美军以及阿富汗政府的仇恨。

特朗普政府在2020年2月开始与塔利班就结束阿富汗战争进行谈判。最后双方达成协议：美军于2021年5月1日前从阿富汗全面撤军。阿富汗政府连上桌谈判的机会都没有，所有人都意识到，美军撤退后，阿富汗要变天了。

但是，很少人预料到这一天来得这么快。短短几个月，阿富汗局势急转直下。8月，旧阿富汗全面合围阿富汗城市，塔利班联合各部落及军阀势力迅速接管喀布尔，阿富汗总统逃亡国外。当地时间8月19日，塔利班宣布成立“阿富汗伊斯兰酋长国”，发布新的阿富汗“国旗”。

阿富汗机场，完全是一处可怕的绝望的逃难现场。数千名阿富汗人，其中不少是与美军打交道的政府人士，疯狂地涌向正在起飞的美军飞机。飞机起飞后，几个机舱外的阿富汗人从高空中坠落，惨烈的画面震惊世人。

美国共和党人大骂拜登政府：这是“西贡时刻”，是人类文明的耻辱。拜登发表电视讲话甩锅特朗普，并强调：“我们在阿富汗的任务本来就不应该是国家建设……我们在阿富汗的唯一重要的国家利益到今天仍然没变，就是防止对美国本土的恐怖袭击。”

美国就像是迈克尔·桑德尔《公正》书中那个改变火车轨道的人。美军的进入与撤退，改变了阿富汗的局势，也改变了很多人的命运——死亡，还是生存，抑或是奴役。如果这不是国家的问题，至少也是两个总统分别在战略和战术上犯下的严重的错误。奥巴马错过撤军时机以及拜登无条件仓促撤军，制造了这场人道主义灾难。

在喀布尔，女性又穿起了罩袍，再次把自己裹得严严实实，然后躲在家里不敢出门。街上关于女性的广告被刷去，很多商店关闭了。美国政治学教授哈德森曾提出，唯一可以预测某个国家政治稳定度的指标，就是该国女性的待遇。

与上次执政不同，这次，塔利班试图向外界释放最大的善意。塔利班向世界宣称将组建一个包容性政府，大赦所有对手，允许女性工作。但是，纯洁神圣的沙里亚法允许吗？

阿富汗的命运犹如喀布尔的风筝。

参考文献

[1] 塔米姆 · 安萨利.无规则游戏[M].钟鹰翔，译.浙江：浙江人民出版社，2018.

[2] 艾哈迈德 · 拉希德.塔利班[M].钟鹰翔，译.重庆：重庆出版社，2015.

伊朗，何以至此？

2020年开年，特朗普突然命美军成功“斩首”伊朗军中一号人物苏莱曼尼，引发国际舆论哗然。

在这一事件中，国家利益、宗教冲突、历史仇恨、国际势力深度纠缠，我们该如何理性认识？

本节剖析伊朗百年历史，思考巴列维王朝为何在现代化改革中突然崩塌，霍梅尼如何建立政教合一的国家，美国在伊朗历史中扮演了何种角色，这次“斩首”行动给伊朗局势带来哪些影响。

01

巴列维王朝：合法性困境

1921年2月18日，礼萨·汗·巴列维率三千哥萨克兵进军首都德黑兰，逮捕大批官员，国王闻讯出逃。礼萨以兵不血刃的方式夺取了政权，伊朗从此进入了巴列维王朝时代。

1919年，英国试图将伊朗变为保护国，迫使伊朗国王签订英伊协定。这一奴役性协定遭到了伊朗民众的反对，引发反英潮。英国担心伊朗国王难以控制局面，遂扶植实权派礼萨取而代之。

礼萨政变被认为是伊朗现代化的开端，但其政权合法性，尤其是依靠英国势力夺取政权，一直困扰着巴列维王朝。

礼萨是一个强硬派，他出身贫寒，十四岁从军，从士兵一步步爬到中校。在俄国十月革命后，他趁机赶走了俄籍军官，掌控了哥萨克师，成为军中实权派。

在登基加冕后，为了维护政权合法性，礼萨一方面实行君主立宪制，推动雄心勃勃的现代化计划；另一方面尽量远离英国与苏联，收复被苏联占领的领土与主权，试图夺回被英国控制的石油资源。

礼萨崇拜土耳其总统凯末尔，决心仿效土耳其，通过精英治理的方式富国强兵。礼萨将政权与教权分离，以法国法典为蓝本，制定了刑法、商法与民法，以取代《古兰经》和伊斯兰教法，剥夺和限制教士对行政及司法的干预权。

这一改革遭到了教会势力的强烈反对，礼萨建立了一支强大的军队，对反对者予以镇压。他在北部消灭了苏联人支持的军队，在南部平定了库尔德人的叛乱，在西南镇压了英国人支持的反抗势力，在中部扫荡了分裂活动。礼萨的改革强硬、镇压血腥，但不乏进步意义。

他还建立学校，推行世俗教育，打击教会对学校的控制。他下令允许妇女参加工作，废除教义对女性的不平等限制。

1929年礼萨颁布法令废除了头巾，男女皆可穿着欧式衣服；1935年颁布法令禁止强制妇女戴面纱。这项法令遭到了马什哈德市宗教势力的反对，礼萨果断出兵镇压。

礼萨展现了开国者（王朝开创者）想要快速富国强兵的雄心与

魄力。他努力学习西方强国，派遣自己的儿子穆罕默德·礼萨·巴列维及百余人到欧洲留学。礼萨的强势手腕推动着这个波斯古国向现代化国家演进，工厂兴建，城市兴起，工人及中产阶级涌现，公共教育出现。

礼萨对英国人也持强硬态度，他废止了议会尚未通过的英伊协定，将英国人从伊朗政府及军队中赶走，解散了英国在伊朗的武装力量，遣散了宪兵部队中的瑞典军官。

当时，英国通过英伊石油公司控制着英国的石油资源。这家公司是现在的英国石油公司的前身。1930年这家公司的采油量在西方世界高居第三位，利润极其丰厚，但是伊朗政府获得的利润分成不及6.5%。第二年，利润分成降到1.6%，这一举动引发了伊朗上下的不满。

礼萨下令取消了这家公司的租让权，因此获得民众拥戴，被赞为民族英雄。后来，英国政府对礼萨施压，两国重新谈判，并在1933年签订了为期60年的新租让协议。新租让的面积要比之前少了一半（1938年以后只有原来的20%），礼萨政府每年可以从英伊石油公司获取丰厚的租让费和石油税。

在关键的石油领域掌控更多的支配权后，礼萨拒绝从英国、苏联引进技术，选择与德国、法国、意大利合作。

不幸的是，1939年“二战”爆发了。两年后，德军入侵苏联，英国与苏联成了盟友。更重要的是，德军闪袭苏军，快速切断了苏军的补给线。苏联亟须开辟新的补给线，英国则渴望重新夺回在伊朗的石油控制权，于是两国计划兵分两路入侵伊朗，南北夹击，最终会师德黑兰。

这时，礼萨作出了战略性误判。他认为，伊朗只要不倒向轴心国，就不会卷入这场战争，于是礼萨宣布伊朗是中立国。他甚至认为，英国只谋求南部石油资源，苏联不可能入侵伊朗北部。老国王没想到，苏联企图生吞了伊朗。

英国找了一个发动战争的理由，认为伊朗为敌国德国提供便利，放任德国工程师在伊朗从事间谍活动，以破坏英伊石油公司的设施。

这场战争仅持续了4天，英苏会师德黑兰，逮捕了礼萨将他流放。伊朗的铁路、通信与石油被英苏控制。盟军美国则源源不断地通过伊朗补给线投放战略物资，北运给苏军，南运给英法联军。

1943年11月，美英苏在伊朗首都召开了著名的德黑兰会议。可见，伊朗的地理位置对同盟国来说有多重要。这次会议确定了美英开辟西欧第二战场，与苏军东西夹击德军。

不过，同盟国的目的并不是占领伊朗，德黑兰会议对伊朗承诺，战争结束六个月内便撤军。

礼萨政权突然倒台，对巴列维王朝的权威打击很大。在美英苏的支持下，礼萨的儿子巴列维继位。

年纪轻轻的巴列维属于典型的“君主二代”，以理想主义治国，妄自尊大，但关键时刻又软弱无力，缺乏其父亲的手腕及政治家的睿智。

“二战”结束后，苏联违背承诺拒绝撤军，并在伊朗北部省份扶持左翼政党。这股势力此后虽遭遇打压，却成为推翻巴列维王朝的重要力量。

1949年，苏联扶持的左翼政党刺杀巴列维未遂，伊朗政府取缔了左翼政党。两年后，巴列维又遭遇了来自民族主义势力的挑战。老练的摩萨台在议会投票中获胜，被任命为伊朗总理。摩萨台上台后架空了国王，并推动石油国有化。这让英国极为不满，于是英美联合策动了一场政变，推翻摩萨台，巴列维重掌大权。

没有部族基础的巴列维王朝，其命运始终与英美势力交织，两任国王都是依靠外国势力策动的政变上台或立住脚跟。巴列维与其父亲一样，面临政权合法性的困扰。

此次政变后，巴列维与美国达成了交易。巴列维掌控的扎赫迪政府与英美重新签署石油协议，美国石油资本成了最大的赢家。美国为巴列维提供4500万美元的紧急贷款，帮助伊朗政府解决财政危机。

1960年，伊朗财政再次恶化，经济危机爆发，不少企业倒闭，失业率超过20%。这一年，伊朗爆发了100多次罢工和反政府示威。

1960年底，年轻的肯尼迪当选了美国总统，他调整了对伊朗的政策。肯尼迪上任不久，美国国务院给新总统递交了一份关于伊朗政策的报告。报告指出，需要提供足够的援助以防止伊朗经济崩溃及财政破产，但是国王（巴列维）必须采取一系列政策，比如满足中产阶级的政治要求。同时，这份报告提醒肯尼迪密切关注伊朗局势，并物色替代人选。

从1954年到1962年，美国一共向伊朗提供6.81亿美元的经济援助和5亿美元的军事援助。但是，巴列维依然难以控制局面。1960年巴列维承诺自由选举，但选举时舞弊风行，因此遭到更多人的反对。

面对糟糕的局势，巴列维再次向美国政府求助。肯尼迪同意继续提供巨额贷款，但条件是巴列维必须启用自由派人士进行社会改革。巴列维后来回忆说：“美国人想要石油和它的人担任首相。这个人就是阿米尼。最终压力太大，我无法抗拒，尤其是肯尼迪当选总统之后。”

阿米尼上台后强行解散议会，以“毫无阻碍地进行至关重要的改革”。但是，阿米尼仅执政14个月就被迫辞职。有学者猜测，1962年春夏之交，巴列维访美与肯尼迪达成默契：美国抛弃阿米尼，巴列维亲自主持社会改革。

1963年1月，巴列维颁布了六大改革计划。这就是今日人们津津乐道的“白色革命”。

这六项计划包括土地改革，森林国有化，出售国企，工人参与公司分红，让妇女享有选举权，农村“扫盲”。

这些改革被认为是自由主义或西方式改革，其实是继承了巴列维父亲的改革思路，本质上是通过国家现代化来强化巴列维王朝的合法性。

当时议会被解散，巴列维为了获得民众支持，采取全民公投的方式决定是否改革。结果，赞成票达99.9%，绝大部分农民和市民都支持巴列维的改革。

巴列维的改革成果是显著的。伊朗的工业化、城市化程度大幅度提升，从1963年到1976年，伊朗GDP增速大部分年份都超过11%。到1976年，将近一半的人口居住在城市，将近一半的人口摆脱了“文盲”的标签。社会风尚焕然一新，女性打扮像欧美国家一样紧跟潮流，可自由恋爱，言论开放，且拥有选举权。

但是，令世人感到困惑的是，巴列维王朝却在经济持续繁荣、社会持续开放十余年之际突然倒台。

02
伊斯兰革命：现代化悖论

有人将巴列维王朝的失败归因于自由主义改革，认为资本主义带来的贫富差距激化了社会矛盾。

巴列维王朝的崩溃其实是独裁政府现代化改革的经典案例。

美国社会学家戴维斯在1962年提出关于“革命何时爆发”的“戴维斯J曲线”。戴维斯认为，贫穷本身不足以引发革命。最容易爆发革命的国家不是封闭国家，也不是开放国家，而是处于现代化进程中的国家。

随着改革开放，国家社会稳定性降低，经济持续增长，一旦经济失速，可能导致现实与期望的失调。这种心理挫折感及开放后对公平的低容忍度，是滋生革命的土壤。

法国历史学家在研究法国大革命后，提出了革命爆发的“悖论”：

“革命的发生并非总因为人们的处境越来越坏。最经常的情况是，一向毫无怨言仿佛若无其事地忍受着最难以忍受的法律的人们，一旦法律的压力减轻，他们就将它猛力抛弃。被革命摧毁的政权几乎总是比它前面的那个政权更好，而且经验告诉我们，对于一个坏政府来说，最危险的时刻通常就是它开始改革的时刻。”

但是，令人不解的是，巴列维掌控着强大的军队及国家机器，还有美国撑腰，却在伊朗伊斯兰革命中轻率地缴械投降。

其实，巴列维王朝陷入了独裁君主的国家现代化改革“悖论”。独裁君主推行国家现代化改革，是一条自毁“江山”的道路。改革中的独裁君主制，只是国家现代化进程中的临时制度。只要继续推进现代化，独裁君主终会失去政权，最好的结局便是如英国女王、日本天皇一般并无实权却依然享有作为国家象征的至高荣耀。

巴列维王朝的两任国王不得不大力推行国家现代化以强化王朝的合法性，但是现代化改革必然导致其失去政治势力，削弱其政权的合法性。与多数力推改革的君主一样，巴列维一边大力推动经济及社会改革，一边又努力捞取经济利益，强化政治统治。

巴列维修改宪法，国王拥有搁置议会通过的任何财政议案的权力，组建了针对反对势力的情报部门“萨瓦克”，还下令废除了两党制，实行一党制。为了打压伊斯兰教什叶派势力，巴列维刻意强化伊朗的雅利安血统，以及波斯帝国的君主制传统。同时，巴列维对内镇压一切反对势力。

不过，巴列维改革促进经济快速增长，创富效应压制了人们的不满，教会、农民及中产都对巴列维保持一定的容忍度。但是，经济改革的成就冲昏了巴列维的头脑，从20世纪70年代开始大搞树立国威的全国性活动。

1971年，庆祝波斯帝国成立2500周年；

1974年，举办亚运会；

1976年，废除伊斯兰教历，采用以25世纪前波斯帝国成立开始计算的皇历——旨在去伊斯兰化。

20世纪70年代，伊朗经济快速增长很大程度上依赖于石油出口，但王室把持了石油资源，出口创汇利润无法惠及国民。

1973年10月，为了打击西方国家对以色列的支持，伊朗与阿拉伯国家联合大幅度提高石油价格，并对西方国家实行石油禁运，第一次石油危机爆发。

石油价格短时间内翻倍，巴列维被巨额的美元外汇冲昏了头脑，忘记了自己手上的钱是从哪里赚来的，自己手上的政权是怎么来的。

巴列维高调宣布，将伊朗建设成为世界第五大工业国及中东军事强国，复兴波斯帝国的“伟大文明”。当时，整个伊朗的信心指数爆棚，期望值拉升，街道上弥漫着石油、美元与航母的味道。

巴列维拿着大把美元去购买美国的武器，大规模武装军队，设立监控组织萨克瓦以强化统治。从1972年到1976年，美伊的军火合同价值高达104亿美元。

但是，从1974年开始，伊朗经济开始失速，通胀率快速上升，1975年经济陷入负增长，1976年反弹，1977年又是负增长，1978—1979年增速跌破-10%。

经济一旦失衡，海面之下涌动的不满、愤怒与仇恨就喷涌而出。巴列维推行的不少改革忽视了伊斯兰教的传统，严重伤害了伊斯兰教会的经济利益及信徒的情感。

巴列维采用合作社的方式推行土地改革，剥夺了大地主和教会的土地，将土地折合为合作社的股票分配给农民。农民手握股票心中不安，感觉被欺骗了。同时，大批的农民流向城市，经济失速时，大批失业的农民工又无法回农村耕地。

20世纪70年代，伊朗人口快速增加，到1976年，伊朗人口超过3300万，其中接近一半居住在城市，超过一半不到20岁。他们成了一股难以控制的革命洪流。

另外，曾经被巴列维镇压的民族主义势力、宪政自由派、左翼政党、工会势力及失业工人也开始蠢蠢欲动。

从1977年开始，伊朗逐渐爆发大规模的反政府、反国王运动。1978年，各城市游行示威不断升级，游行群众高呼“打倒国王”“西方傀儡”“建立伊斯兰教国家”。不少游行队伍都高举着一位老者的画像，他就是霍梅尼。

霍梅尼是伊朗伊斯兰教什叶派的领袖，他是巴列维白色革命的主要反对者。他曾经公开辱骂巴列维为“卑鄙可耻的人”“美国的走狗”。霍梅尼大肆抨击巴列维的政策破坏了伊斯兰的传统，让伊朗沦为一个毒品、酒肉、妓女泛滥的国家。

伊朗政府多次逮捕霍梅尼，并将其流放海外长达14年。霍梅尼大多数时间都在伊拉克圣城纳杰夫，他坚持斗争在伊朗及伊拉克什叶派中赢得了威望。

很多人不解，巴列维怎么会坐视示威升级，以至于最终被手无寸铁的霍梅尼推翻，难道靠嘴巴也能说出个政权来？

当时，几乎所有的必然与巧合都凑在了一起。在这个节骨眼上，历史打了个盹，就变成了今天这样的伊朗。

首先美国的态度极为关键。当时美国总统卡特对巴列维的支持态度并不坚决、明确，甚至犹豫不决。

1974年石油危机重创美国经济，导致美国陷入了“二战”以来最为严重、持久的一次滞胀危机。卡特政府短暂的四年执政生涯都在疲于应付高通胀、高失业、工会谈判及物价管控。卡特因此极为痛恨中东石油商，他呼吁美国民众节省石油消费，不要上阿拉伯人和石油商的当。

另外，卡特当年标榜国际人权外交，获得不少民众支持。他上台后实行“隐忍外交”，不支持政府以国家力量打击民众。而当时，伊朗的人权记录并不埋想，这让卡特政府内部产生了意见分歧，因此卡特对是否支持巴列维镇压反对派显得犹豫不决。

卡特政府的犹豫态度，让巴列维等来了灾难性的后果。到了1978年，伊朗反对运动遍布全国，巴列维已陷入群众的汪洋大海。

这时，巴列维因一直得不到美国政府明确的指示，决策左右摇摆，军队犹豫不决，官僚队伍人心涣散。

1978年9月8日，在德黑兰的一场示威中，军队鸣枪示警无效，终于朝继续前行的人群开火，造成89人死亡。已经流亡国外的霍梅尼开始大肆对外宣传政府屠杀了4000名平民。

在关键时刻，卡特政府派遣特使到伊朗军中，强调要避免伊朗爆发内战。军队因此不敢轻举妄动，采取中立态度。

11月6日，巴列维在伊朗电视台发表讲话，为统治期间犯下的错误道歉，并保证开放党禁、打击腐败、创建民主联合政府。

霍梅尼趁机鼓动群众，宣称美国政府不再支持巴列维这个“软蛋”。这时，巴列维患癌的消息被曝光，群众更加相信，美国人不可能支持这个不久于人世的国王，巴列维的支持者也纷纷倒戈。

1979年1月巴列维以“休长假”为由被迫逃离伊朗。这时伊朗出现权力真空，几十万装备精良的军队群龙无首，一些军队及官员立即倒戈。

有人认为，癌症打击了巴列维的斗争意志。流亡海外的巴列维辗转多国治病，但心中依然保持着天真乐观的想法。他认为，这是1953年政变的重演，美国会拥立他儿子为新的国王。

但是，他没有想到的是，1979年第二次石油危机爆发，美国再次陷入滞胀，卡特总统无暇顾及伊朗问题，更紧迫的任务是尽快提高就业率，促进经济复苏，以争取连任。

另外，欧美国家太清楚独裁君主的现代化宿命。早在100多年前，法国经济学家巴斯夏到英国与科布登、布赖特一起推动反谷物法运动时就预言，曼彻斯特主义（经济自由主义）将终结殖民主义。

以自由交易为生的市场经济需要一套保护公正、自由及私有权的制度。国家现代化是目的而不是手段，但是独裁君主却将其视为强化统治的手段。最终，国家现代化改革催生的自由思想、个人势力及权力诉求，不断地挑战独裁君主的势力范围。

20世纪60年代，美国政治学家亨廷顿在《变化社会中的政治秩序》中更加明确地指出了这个问题。他认为，现代化的传统君主制国家的政治体制会陷入一种“根本性的困境”：一方面，传统君主为了追求合法性不得不进行现代化改革；另一方面，现代化的成功又削弱了君主制的合法性。

当巴列维陷入这种困境时，他采用的自保手段几乎是自我毁灭式的：一方面进一步推行自由化政策，另一方面又死死控制着政治权力和石油利益不放。

巴列维临终前忏悔地说：“我的致命错误之一是盲目追随西方，相信美国的友谊。我让国家以超出他所能接受的程度实行民主和现代化。”

其实，巴列维王朝的倒台是国家现代化的必然结局，只是巴列维的愚蠢加速了这一进程。欧美国家看过太多君主（专政）政府倒台，他们通常选择顺势而为，另选更有实力的政治势力合作。前有国民政府倒台，今有巴列维王朝倒台，后面还有阿根廷和韩国军政府倒台。

不过，这次美国人大意了，伊朗人也疏忽了，他们没想到的是：革命送走了一位君主，却迎来了一尊“神”。

03
霍梅尼时代：法基赫监护

革命进步与否，不能只看过程，还要看结果。因为过程总是充满血腥、暴力与谎言。

1979年伊朗伊斯兰革命给伊朗人和世界一个错觉：这是一场进步的革命。

当时参加革命的派别众多、人群复杂，有左翼政党、民族主义者、宪政自由派、中产阶级、农民及乌合之众，并不仅仅是霍梅尼领导的什叶派。但是，各派领导人都高喊自由、平等的口号。

很多参与革命的伊朗人认为，伊朗只要终结了君主制，不管采用西方道路还是组建伊斯兰共和国，都会比现在更好。英美国家的政要与精英很可能也产生了“进步意义的革命”的错觉。

巴列维流亡后，宪政自由派领导人巴赫蒂亚尔组建了临时政府。他对外宣称，要以民主的方式选举国家领导人，并实施宪政。几乎所有人都认为，霍梅尼不会介入政治，对政权不感兴趣。

事实上，多数伊拉克什叶派及传统伊朗什叶派几乎不干预世俗政府事务。霍梅尼多次通过西方媒体表示：“什叶派宗教领袖不是要去统治别人。”

1978年11月，霍梅尼在接受美联社、联合新闻社、英国卫报采访时都明确表示，“个人愿望、年龄及我的健康，都不允许我执政”，“我不想拥有权力或政府的掌控权，我对权力不感兴趣”。一些西方媒体甚至将霍梅尼吹捧为为伊朗争取自由又淡泊名利的“华盛顿式英雄”。

1979年2月1日，霍梅尼结束了14年的流亡返回伊朗，法航机长亲自搀扶霍梅尼下机，当时数万信众前来迎接。霍梅尼发表讲话，向伊朗人承诺，伊朗将迎来一个民选政府，教士不干政，人人享有免费电话、电力、暖气及巴士，“没有人会在这个国家无家可归”。

但是，一回到伊朗，霍梅尼的言行即发生变化。首先公开反对巴赫蒂亚尔之前组建的临时政府。

然后，霍梅尼发起了宗教激进主义运动，将伊朗全面伊斯兰化。

霍梅尼废除了巴列维王朝颁布的《女性家庭保护法》，强制要求妇女必须遮掩头发，严禁抽烟喝酒、男女游泳；要求中小学及大学停课，对教材、教师队伍进行整顿，所有课程都由“伊斯兰大学委员会”编写，查处一切西方书籍及电影；将女孩的法定结婚年龄降到9岁，已婚妇女则不允许在普通学校上课。

一两个月前还欢呼雀跃的革命女性，这时目瞪口呆了。在3月8日国际妇女节这一天，德黑兰妇女爆发了大规模示威活动，她们高举着诉求标语，用波斯语和英语写着：“我们要平等”，“女性解放才是社会的解放”。

当时，游行的女性依然面带笑容，丝毫并未感觉到，她们将长期头戴黑纱，身穿长袍，巴列维时代的开放已一去不复返。

1979年3月31日，伊斯兰共和国以公投的方式成立。从巴列维流亡到伊斯兰共和国成立，不过短短两个半月，西方人、伊朗人、全世界都还没反应过来，伊朗已经彻底进入了政教合一的霍梅尼时代。

霍梅尼将美国和以色列列为伊朗的头号敌人，他号召革命卫队及教徒打砸一切带有西方文化色彩的可口可乐、麦当劳、酒吧、咖啡馆、赌场及娱乐场所。

10月，流亡的巴列维前往美国治疗癌症，这事激怒了伊朗信徒。11月4日，数万信徒冲入美国大使馆，将66名工作人员扣为人质。这就是震惊世界的伊朗人质事件。

事件发生后，美国朝野哗然，卡特总统立即制裁伊朗，终止了从伊朗进口石油，冻结了80亿美元的伊朗人在美资产。伊朗提出释放人质的条件，包括遣返流亡美国的巴列维，就1953年策动政变向伊朗道歉。

当两国外交陷入僵局时，卡特总统命令美国特种部队发起人质营救行动。1980年4月24日22时，美国尼米兹号核动力航母逼近伊朗海域，8架直升机搭载180名突击队员，直奔德黑兰营救人质。

然而，在飞行途中，3架直升机因沙漠暴发沙尘暴而掉队，卡特总统当即取消了营救任务。更糟糕的是，在撤离过程中，直升机与运输机相撞。第二天，美国政府向外界公开营救计划失败。

人质营救失败直接导致卡特连任大选失利。里根总统刚上台，便与伊朗达成了协议。1981年1月20日，美使馆人员被挟持了444天后终于获释。

伊朗人质事件对美国来说是奇耻大辱，从此美伊两国成了冤家仇敌。霍梅尼在这起事件中获取了不菲的政治资本，国内威望爆棚。不过，霍梅尼的野心远不仅此，他试图超越国家概念统一穆斯林，声称："在世界各地建立伊斯兰国家是革命的伟大目标。"

霍梅尼选择伊拉克作为第一个目标。伊拉克是什叶派的发源地，什叶派占当地人口的55%，但是多数信徒不参与政治，当时的伊拉克由逊尼派萨达姆·侯赛因掌控政权。霍梅尼在伊拉克流放十余年，拥有不少信徒，更有机会发动伊斯兰革命。而萨达姆则企图趁霍梅尼立足未稳之际打击伊朗。

1980年9月22日，两伊战争爆发。两国都未曾想到，这场战争一打就是八年。苏联、美国、英国、法国都纷纷向两国出售武器。这场战争被认为是“用最先进的武器打了一场最原始的战争”。因为两国士兵素质偏低，基本上不会使用美苏提供的先进武器，有时只能陷入惨烈的肉搏战。

令所有人没有想到的是，美国里根总统在出售武器给伊拉克的同时，还暗中向伊朗输送。1986年11月4日，在伊朗人质事件七周年集会上，伊朗议长拉夫桑尼宣布，美国总统国家安全事务助理麦克法兰曾密访德黑兰，双方达成了交易，美国向伊朗提供军火，美国要求伊朗帮助释放在黎巴嫩被劫持的美国人质。

令美国人无法接受的是，里根总统主动向伊朗示好，给伊朗官员赠送了一本里根亲笔签名的圣经和一块象征打开美伊关系的钥匙型蛋糕。

这就是著名的“伊朗门”事件。这一事件给里根的执政生涯几乎带来毁灭性打击。里根辩解称，改善与伊朗关系主要是为了预防伊朗在两伊战争中倒向苏联阵营。不过，里根在戴维营向全国发表电视讲话承认：“在执行对伊朗的政策中有缺陷，犯了错误。”

此后，美国国会出具了一份长达690页的调查报告，调查费用近800万美元。报告指出联邦高官欺骗公众、藐视法律程序。这一案件随后转移到美国司法机关审理，最终，主要负责人、国家安全事务总统顾问约翰·波因德克斯特被华盛顿联邦地方法院判处6个月的监禁。

“伊朗门”对美国政界影响巨大，从此，对伊朗的强硬态度成为美国两党的“政治正确”，没有任何一位总统敢触碰这一雷区。

两伊战争最终在联合国的调停下于1988年8月结束。这是一场两败俱伤的战争，伊拉克死亡18万人，伊朗死亡35万人，两国经济被战争拖垮，社会陷入灾难性重建阶段。但是，两国领袖都各自宣布赢得了战争。

战争两败俱伤，萨达姆和霍梅尼却赢得了统治声望。在两伊战争中，霍梅尼大力推行法基赫体制[①]，在司法、议会、行政及经济领域全面实施伊斯兰化。伊朗表面上有总统、议会、法院，但神职最高领袖才是伊朗的掌控者，以法基赫监护的身份控制司法、行政、军队大权。

霍梅尼控制了宗教委员会和革命卫队，提拔哈梅内伊为阿亚图拉[②]，将其扶上总统席位。

霍梅尼在两伊战争期间，将大部分私人资产收归国有。伊朗经济的85%由官方及半官方掌控，伊朗伊斯兰基金会和革命卫队控制着大量经济利益。

这种结构性矛盾导致伊朗经济增长缓慢。伊朗人抱怨生活水平下降，霍梅尼则声称："经济是笨蛋的东西"，"宗教高于物质"。

霍梅尼去世后，哈梅内伊成了伊朗新的最高领袖，并成为大阿亚图拉。哈梅内伊基本上继承了霍梅尼的"宗教遗产"，国内社会结构固化，经济并无太大起色。近些年，在美国的封锁下，伊朗通胀率高企，经济陷入困境，不少城市爆发了游行示威。

---

① 法基赫体制指的是教法学家依据1979年12月生效的《伊朗伊斯兰共和国宪法》，通过担任革命最高领袖、司法总监等职务，参加专家议会、宪法监护委员会，确定国家利益委员会等机构对国家进行管理和监护。

② 什叶派的宗教学者等级制度，包括大阿亚图拉、阿亚图拉、霍贾特伊斯兰三个等级。阿亚图拉指的是伊斯兰什叶派十二伊玛目支派高级教职人员的职衔和荣誉称号。

不过，哈梅内伊比霍梅尼更擅长向伊斯兰国家输出革命。伊朗只支付了大概相当于每年0.5% GDP的费用，却扶持了10多万伊拉克什叶派民兵组织、7万黎巴嫩真主党以及也门25万胡塞武装。这些武装的规模相当于整个伊朗的军力。

伊斯兰革命快速繁殖，其实要感谢布什总统父子。老布什和小布什都曾对伊拉克发动军事打击，萨达姆被剿灭后，伊朗什叶派向伊拉克及周边大举渗透。其中，被特朗普“斩首”的苏莱曼尼就是主要负责人。

伊拉克的什叶派领袖是大阿亚图拉西斯塔尼，他是伊拉克1500万什叶派穆斯林的真正领袖，美国在伊拉克对其也需礼让三分。西斯塔尼是一个温和派，不主张什叶派干预世俗政权，同时看不上伊朗的哈梅内伊。

不过，伊朗向伊拉克及周边输出革命，带有强烈的利益驱动，少部分伊拉克什叶派愿意为苏莱曼尼卖命，并在2014年成立了亲伊朗的“人民动员力量”武装组。苏莱曼尼的策略是，利用伊拉克什叶派民兵武装、黎巴嫩真主党以及也门胡塞武装长期恐袭美军，伊朗从中谋求利益最大化。

苏莱曼尼被杀，与2019年10月伊拉克掀起的反伊朗行动有关。为了缓和两伊矛盾，将矛头一致对准美国，苏莱曼尼在伊拉克频繁活动，与“人民动员力量”武装、黎巴嫩真主党以及也门胡塞武装策划针对美国的恐袭活动。

特朗普认定，美国商人在伊拉克被炸死、美驻伊拉克大使馆被烧的幕后主使均为苏莱曼尼，随即发起刺杀行动。与苏莱曼尼一起被炸死的，还包括伊拉克“人民动员力量”创始人之一、副司令官穆罕迪斯。

这次攻击美国大使馆事件再次刺激了美国人的神经，让人联想到当年的伊朗人质事件。很多人称，刺杀苏莱曼尼是报了美国当年人质劫持之仇。

当年卡特总统谋求连任，惮于人权外交，坐视巴列维倒台，霍梅尼趁机夺权。特朗普当时谋求连任，民主党还批评特朗普在中东问题上过于软弱，这个不按常理出牌的总统用这次“冒险”行动暂时赢得了更多选票。

对伊朗来说，美国这种“百万军中取上将首级”的精准打击，可能正好打中了伊斯兰革命输出模式的七寸。

领袖将整个国家、整个伊斯兰世界、数千万穆斯林绑在一辆战车的意义已不大，因为对方可以越过“炮灰”精准打击战车发动机。如今伊拉克“人民动员力量”武装、黎巴嫩真主党以及也门胡塞武装领袖也可能会重新评估“炮灰”的价值及自我的风险。

苏莱曼尼之死，引发了巨大的意识形态争论。有人感叹，伊朗人今日留下的泪，其实是他们当年抛弃巴列维王朝时脑子进的水。有人为伊朗辩护称，伊朗在群雄逐鹿的中东立足不易，应该尊重每个国家的民族自决权及宗教信仰。

其实，一个国家尚未建立充分的思想市场之前，民众并不具备独立思考能力，没有能力作出理性的选择。在现代化国家尚未建立之前，历史并不是民众创造的，民众可以选择的机会与自由很少。

伊朗的出路，只能交给时间来回答；伊朗的未来，只能靠激荡中的觉醒。

若算上宗教改革，欧美国家现代化也经历了三四百年的艰难历程。自礼萨加冕登基推行君主立宪以来，伊朗现代化进程不到百年时间。就连德意志这个强悍的民族，也是经过炼狱般的洗礼，才最终明白了人类文明的真谛及民主的归宿。

这样一个宗教、种族及国际势力深度纠缠的国家，未来的路还很漫长、很艰辛。

参考文献

[1] 亨廷顿. 变化社会中的政治秩序[M]. 王冠华，刘为，译. 上海：上海人民出版社，2008.

[2] 李春放. 论伊朗巴列维王朝的覆灭[J]. 世界历史，2002（1）.

[3] 托克维尔. 旧制度与大革命[M]. 冯棠，译. 北京：商务印书馆，2013.

[4] 冀开运. 伊朗现代化历程[M].北京：人民出版社，2015.

[5] 威廉 · 波尔克. 伊朗[M]. 林佑柔，译. 台湾：光现出版，2017.

[6] 陈安全.伊朗伊斯兰革命及其世界影响[M].上海：复旦大学出版社，2007.

沙特百年往事：石油，斗争，帝国

80年前，沙特开国国王阿卜杜勒·阿齐兹怎么也想不到，这片沙漠底下的石油能够给沙特王室带来如此巨大的权力。

沙特，至今依然是世界上最为神秘、充满矛盾的国家。

这片土地上交织着美国人、犹太人与阿拉伯世界的矛盾，世俗社会与伊斯兰宗教的冲突，君主制与国家现代化的悖论，还有石油与国家利益之间的博弈。

本节从历史角度入手，观察沙特王室如何运用平衡术驾驭复杂局面；如何掌控全球石油金权，左右世界局势。

01
真主赐礼

“如果到明天中午仍然没有我的消息，你就迅速跟其他人汇合，然后一起逃往科威特。告诉父亲我死了或者被拉希德人俘虏了。”

阿卜杜勒·阿齐兹跟弟弟交代后，双手置于胸前祈祷：“唯有崇高的真主能给我勇气与力量。”

阿齐兹带领40名随从借助枣椰树翻越利雅得城墙，经过沙特家族的仆人家，潜入一宅邸，并亲手斩杀了归来的房屋主人——地方行政长官、拉希德家族的阿兹兰。

这座小城原本由沙特家族统治，后被拉希德家族夺走。阿齐兹率领沙特家族与贝都因人里应外合才使其得以光复，重新成为利雅得的统治者。

1902年，与麦加、伊斯坦布尔相比，这座面积不过1平方千米的小城极不起眼。阿齐兹光复利雅得，不过是一次沙漠部落之间的械斗。

此后20年，阿齐兹以利雅得为据点四处征战，抓住一战良机占领麦加。

1932年，阿齐兹控制整个阿拉伯半岛后，宣布建国称王，他用自己家族名称给这个国家命名为沙特阿拉伯。

当时的沙特阿拉伯穷困潦倒，国王财力羸弱。阿齐兹将财政权交给一位名叫阿卜杜拉·苏莱曼的长老。苏莱曼靠搜刮税赋及“买路钱”艰难地维持王室财政。

这位精明的财政大臣还是沙特的“央行行长”。苏莱曼向臣民发放代金券作为货币，他们可向其兑换金卢比。这是一种金本位制。

然而，当王室财政拮据时，苏莱曼就躲起来，阻止臣民兑换。

沙特国王和苏莱曼怎么也想不到，日后他们能够靠这片荒漠成为全世界最富有的家族；更想不到的是，他们在石油上动动手指，便可掀起全球金融市场的腥风血雨。

就在建国的第二年，沙特的国运来了。

美国加州标准石油公司一行人面见国王，提出在沙特开采石油的合作请求。当时，阿齐兹国王和苏莱曼一脸茫然，他们对美国一无所知。况且，他们压根儿就不相信这片沙漠底下会有石油。

其实，美国人对沙特也一无所知，但工程师十分坚持他们的判断。

在阿齐兹光复利雅得时，英国人在伊朗发现了石油。随后，英国、法国及荷兰控制了伊朗及伊拉克的石油资源。

美国加州标准石油公司决心进军中东，便在1928年从海湾石油手上买下了巴林岛的石油开采权。

两年后，加州标准石油公司的地质学家弗雷德·戴维斯在巴林岛上发现了石油。戴维斯推测波斯湾西岸的阿拉伯半岛连绵起伏的沙漠底下蕴藏着大量的石油。

虽然阿齐兹国王不关心石油，但是他缺钱。加州标准石油公司许诺，只要对方同意他们勘探，国王立即可获得3.5万英镑，18个月后还会得到2万英镑；如果真能找到石油，沙特还能获得石油销售分成。

苏莱曼看过特许权协议后，对唾手可得的5.5万英镑感到满意。阿齐兹国王指示苏莱曼："相信神明，签字吧。"

这份合约改变了沙特的国运，也改变了世界经济格局。

当时正处于大萧条时期，《纽约时报》用头版报道了此事："如果发现石油，相信会给整个阿拉伯地区带来变革，将沙漠国家转变为一个工业化国家。"

国王一再叮嘱加州标准石油公司的工程师："如果没找到石油，但找到了地下水，一定要告诉他。"

石油勘探开始困难重重，由于当时沙特连螺丝钉都无法生产，每一个技术工人、每一台设备、每一个配件，都要从美国或欧洲运送过来。

更要命的是，工程师花了几年时间，连续打了几口井，开采出来的石油不过寥寥数千桶。

为了解决硫黄处理问题，加州标准石油公司不得不引入德士古公司作为股东一起开采。

1938年1月，地质学家及工程师们开挖第七口油井。这口井的深度达1300多米时，仍一滴石油都没有冒出来。

这时，公司做出决定，缩减在沙特的投资，不再钻探新油井。

3月，工程师只能死马当活马医，打完这最后一口井。于是，又往下打了60米，他们发现了石油。

令人欣喜的是，七号油井的产量每天可达4000桶。半个月后，石油还源源不断地涌出来。不久，工程师们又发现几个大油田，一直延伸到波斯湾。

这时，国王意识到，沙漠下面的石油是“真主的恩赐”。

1939年5月1日，加州标准石油公司决定把项目公司总部设在沙特小城达兰。阿齐兹国王及王室成员前来庆贺，国王亲自扭动了石油管道的开关。

这标志着沙特阿拉伯的石油工业起步，也标志着沙特开始以特殊的方式影响世界。

阿齐兹国王正准备借助石油大干一场时，“二战”爆发了。

石油需求日渐扩大，1940年沙特每天向世界输出2万桶石油，但是意大利的墨索里尼给阿齐兹添了一把堵。

墨索里尼的轰炸机队经长途空袭，成功地炸毁了英国在巴林的油井，并创下了长途轰炸的纪录。

唯一的瑕疵是，飞行途中有一架飞机掉队，将炸弹误投到沙特的达兰，炸毁了一些设施。美方为保险起见，撤走了大部分美国工人，关闭了沙特油井。

战后，西欧各国重建及经济复兴，石油需求暴增，美方控股公司决定引进新泽西标准石油、纽约标准石油作为项目公司的股东，以获取更多资金开发沙特石油。

这四家美资控股公司将原项目公司更名为阿拉伯美国石油公司，简称“阿美石油”。

1947年，阿美石油的日产量高达20万桶。阿美石油开始大规模地兴建石油管道、深水港口、机场、宿舍及公司总部。

达兰几乎在一夜间从一个小镇变成了一个国际化都市。城内有淡水游泳池、高尔夫球场、网球场、别墅，大批美国工程师、机械工、管理人员及部分本土沙特工人过着美式生活。

沙特王室也一夜暴富，仅1946年国王就从阿美石油获得大约1500万美元的收入。

不过，阿齐兹是一位有忧患意识的君主。国王意识到三大国家隐患：

第一，墨索里尼误炸石油设施，让国王颜面无存，同时让他意识到，部落武装及土枪已无法保护石油财富及国家安全。

该如何解决石油财富给国家带来的安全问题？

第二，达兰的富有与美式生活，同沙特其他村镇的落后与伊斯兰生活格格不入。

该如何处理世俗社会与伊斯兰教的矛盾？

第三，当时冷战开始，美国在中东支持犹太人建立以色列，这让沙特颇为尴尬，周边阿拉伯国家给阿齐兹国王施压。

该如何处理美国与阿拉伯世界的矛盾？

这三个问题，任何一个问题处理不当，轻则王朝覆灭，重则国家灭亡。

其实，这三个问题一直伴随着这个石油国家，至今仍存。

02
平衡之术

阿齐兹国王很清楚，美国及阿美石油是他的钱袋子。

他向杜鲁门总统保证，无论如何也不会让中东的冲突影响到阿美石油的生产及供应。同时，他还请求美国帮助沙特巩固国防，组建空军，以防止其他阿拉伯国家对其的侵扰。

实际上，美国也不希望失去沙特这位盟友。

早在“二战”时期，罗斯福总统的内政部长哈罗德·伊克斯就派人去执行一项绝密任务：调查全世界的石油储量。

最终调查报告这样写道：“沙特阿拉伯的石油在未来将会成为美国国家安全的重要组成部分。”

1947年，美国向沙特派遣了第一任大使以强化美沙关系。

稳定沙美关系后，阿齐兹国王决心大兴土木，推动沙特现代化，巩固王室统治的政权合法性。

国王聘请了阿美石油的承建商——美国柏克德，为沙特修建机场、铁路、发电站、港口、公路、医院、学校等基础设施。柏克德还给王室建造了一批富丽堂皇的宫殿及宅邸。

利雅得，从土坯小城迅速变为一座现代化都市。

不过，美国大使、阿美石油及柏克德高层都对王室的财务状况感到担心。王室财政与国家财政不分，王室花钱无度，好大喜功。

1948年底，柏克德高层发现一笔100万美元的款项被沙特政府截留，其负责人便去拜访财政大臣。苏莱曼不紧不慢地解释说，国库把这笔钱留下了，作为柏克德向沙特政府支付的“所得税”。

无奈之下，柏克德高层向美国大使求助。在美国大使的调解下，美国进出口银行给沙特政府发放了1500万美元的贷款，用于支付宫殿建造费、豪华房车费、发电厂建造费等。

到了1951年，利雅得的基础设施基本建成，沙特政府开始引入多家建筑商与柏克德竞争，其中包括来自西德的高科文，还有本土的本·拉登集团。

本·拉登集团由“基地”组织头目奥萨马·本·拉登的父亲创立。这家公司依附于王室，在20世纪50年代成为沙特第三大公司，被沙特家族称为“国王的御用建筑师”。

其时，阿美石油、柏克德高层对沙特人缺乏了解，将其视为“土著的、部落的、落后的”。而国王、苏莱曼及沙特家族是所谓的真正的“老成谋国”。他们的套路是，引进美国资本与技术，王室有钱后再以软硬兼施之法占为己有。

苏莱曼给柏克德制造各种麻烦，然后逼迫后者退出沙特。沙特政府趁机买下其设备，然后租赁给本·拉登集团及本土公司。

如此便一举两得，既可培养自己的财阀，还可以更低的价格建造更多的宫殿与基础设施。

王室把这种谋略用在了阿美石油公司身上，蓄谋半个世纪，历经多代国王，步步为营，最终大功告成。

当时世界民族主义运动高潮迭起，阿美石油担心王室肆无忌惮地挪用、挥霍国家财政，引发财政危机，进而点燃民族怒火，威胁到阿美石油的利益。于是，阿美石油给沙特政府提供了一笔1500万美元的免息贷款，8个月内还清。

1950年5月，阿美石油却没有收到沙特政府的第一笔还款。苏莱曼主动找阿美石油负责人沟通。

令后者惊讶的是，这位财政大臣并不是跟他谈偿还贷款事宜或财政制度改革，而是提出了令人难以接受的要求："沙特政府要从公司业务中分得更多利益。"

苏莱曼的理由是"公司利益巨大，沙特政府分得太少"。

阿美石油担心沙特政府采取中东国家惯用伎俩：煽动民族主义引发骚乱、罢工，将公司国有化。于是，阿美石油作出让步，将沙特政府的还款期限延长一年。

但是，苏莱曼有备而战，他切断了阿美石油的无线电通信设施，还增加了阿美石油的隔离费、飞机降落费、输油管道安全费。

阿美石油无奈，只好与沙特政府谈判。

苏莱曼采取了以攻为守的谈判策略。谈判一开始，苏莱曼对还款事宜只字不提，直接向阿美石油索要一半的利润分成，并要求重新签署特许权协议。

待双方僵持不下时，苏莱曼提出一个"折中"方案：要求阿美石油向沙特政府缴纳"所得税"——就是缴纳给美国政府的那部分。

阿美公司的法律顾问确认这一诉求不会对阿美石油构成损失，因为在沙特纳税后可到美国申请外国税收抵免。

双方最终达成了"1950年12月协议"，沙特政府大赚，美国政府成了输家。

虽然阿美石油的控股公司仍然会向美国缴纳8%的红利税，但是联邦财政部的损失依然相当惨重。仅1949年，阿美石油支付给美国政府的税款就达4000多万美元。

新合约签署后，沙特政府每年可从阿美石油身上获取超过1亿美元的总收入。到1951年5月，阿美石油的日产量最高达85万桶，王室收入水涨船高。

但是，新合约签署后不到一个月，苏莱曼又向阿美石油发出了一份提前预支明年款项的要求。

阿美石油回绝了这一莫名的要求。

又过了一个月，阿齐兹国王向美国大使施压。他表示，一直以来都对阿美石油及管理层感到不满。理由是“阿美石油公司的官员对他和他的幕僚非常无礼”。

国王伸手做了一个割脖子的手势，对美国大使说：“在过去，这是要砍头的，为了维护我的尊严，而尊严只能通过流血来维护。”

为什么沙特国王在美国大使面前敢如此蛮横？

当时是1951年上半年，朝鲜战争正焦灼，美军在战场上使用的石油都来自沙特。沙特石油更是美国在欧洲与苏联对抗的战略性资源。

同时，中东地区民族主义运动愈演愈烈，伊朗摩萨台夺权，巴列维国王出逃，英国人的英伊石油被收归国有。

对阿齐兹国王来说，这无疑是天赐良机。

6月，国王软硬兼施，出面安抚美国人，希望阿美石油永远留在沙特。

阿美石油看到对岸伊朗事态的发展，并不希望上演被国有化的悲剧，便借国王的台阶，答应了苏莱曼提前付款的请求。

可是，刚刚支付完预付款，苏莱曼又委婉地向阿美石油提出了一个请求：王室对购买阿美石油的股票感兴趣。

阿美石油坚决否决了这一请求。不过，苏莱曼又提出，希望安排一位沙特阿拉伯人加入阿美石油董事会。当然，也遭到了对方的回绝。

其实，苏莱曼只不过是在测试对方的底线，他有足够的耐心与阿美石油博弈。

美国人没有真正了解这个国家以及苏莱曼。阿齐兹国王统治的沙特，表面上是一个政教合一的国家，但更接近君主制国家。这与巴列维王朝时期、霍梅尼时期的伊朗都全然不同。

沙特以《古兰经》和圣训为立法纲领，实行伊斯兰教法，沙特国王是虔诚的教徒，但不是宗教领袖。

当年阿齐兹利用沙特伊斯兰教瓦哈比派立国，瓦哈比派在王权的支持下，成为沙特居统治地位的教派。之后，二者达成默契，国王掌控军政大权，宗教领袖领导宗教事务，互不干涉。宗教领袖可批评国王的政策，但是信徒不得反对国王。

所以，沙特国王不会轻易煽动民族主义，更不会贸然借助宗教势力搞石油国有化运动。如果石油被国有化，阿美石油大概率落入瓦哈比派手中。这无疑是国王不愿意看到的，也打破了沙特长期以来的宗教不干政的平衡。

苏莱曼野心勃勃、深藏不露、精明狡猾，但他并不擅长蛊惑人心，更不愿意发动民族主义运动。

在收购股票和加入董事会这两项请求被搁置后，苏莱曼开始秘密调查阿美石油，并掌握了“实证”：

阿美石油对外出售的沙特原油，每桶的实际售价（1.73美元/桶、2.41美元/桶）与其用来计算支付给沙特的价格（1.43美元/桶）

严重不符。

据此判断，阿美石油通过假账隐瞒、侵占了本该属于沙特政府的巨额收入。

经过14个月的艰难谈判，双方最终确定，阿美石油向沙特政府支付7000万美元逾期费用。同时，双方将使用西半球市场价减去2%的价格来作为利润分成协议的基础。

沙特家族向控制阿美石油又进了一步。

03
王室宫斗

在这轮大获全胜的谈判中，阿齐兹的儿子费萨尔王子表现出色。

这时，阿齐兹国王的身体每况愈下，继承人问题日渐紧迫。

阿齐兹一共有37个儿子，还有众多女儿。其中，费萨尔处事沉稳老道，颇有老国王的风范。他是一位虔诚的教徒，生活自律，反对奢靡。

不过，费萨尔并非长子。长子萨乌德性格文弱，缺乏治国才能又挥霍无度。

阿齐兹卧病在床时将王子们叫到跟前安排继承人："费萨尔要尊重并支持萨乌德为王储和未来领袖，萨乌德要尊重并支持费萨尔为未来的王储和高级顾问。"

老国王要求儿子们发誓："你们会在我走后同心协力，互相尊重与支持，至死不渝。"王子们将誓言重复了7遍。

1953年11月9日，阿齐兹老国王去世，给沙特家族留下了一个正在兴起的石油帝国。

费萨尔从死去的老国王手上摘下一枚象征王权的戒指，递给新国王萨乌德。萨乌德接过戒指后，宣布弟弟费萨尔为王储和下一任王位继承人。

从此，沙特王室确立了兄终弟及的王位继承制度（非嫡长子）。

沙特和平地完成了权力交接，避免了流血事件。但是，萨乌德国王志大才疏，独断专横，铺张浪费。可以说是一个典型的"二代君主"。

1954年，萨乌德挥霍导致沙特财政不堪重负，老财政大臣苏莱曼与新国王就预算问题大吵一架后主动辞职。

逼走了这位为沙特王室筹谋一世的老臣后，萨乌德仅用四年便将沙特带向了债务危机的边缘。

1958年初，沙特财政已陷入亏空，军队和官员已经几个月没有领到薪水了。萨乌德国王只能靠多印钞票来支付政府大楼的欠款。对外拖欠的美资银行贷款高达9200多万美元。

沙特家族担心，政府债务及通胀危机可能诱发沙特的民族主义运动。最终，9位王子一起商议，成立舒拉委员会，让更多王室成员参与国家决策，避免萨乌德独揽大权。

所幸的是，萨乌德同意了这一解决方案，让费萨尔王储担任首相，全面负责政府事务。费萨尔亲自担任财政大臣，请求阿美石油做担保，让美资银行追加贷款，避免沙特国家破产。

交换条件是，费萨尔推动沙特财政改革，执行新的预算。

1958年底，费萨尔拿出了一份1959年的预算。这份严谨的预算，第一次将沙特王室与政府的预算进行了区分。

经过一年努力，费萨尔解决了沙特政府的债务危机。费萨尔将石油收入中分给王室的比例从60%大幅度地压缩到14%。这让沙特家族极为不满。

1960年底，费萨尔向国王萨乌德递交次年的年度预算。但萨乌德拒绝签字，费萨尔愤然辞职。

萨乌德夺回大权后，任命另一位王子塔拉勒担任财政大臣。当时的塔拉勒只有29岁，意气风发，与多位年轻王子一起制定了一个自由主义改革方案。这个方案包括：成立一个自由选举的立法机构，拟定一部宪法草案并限制王权。

几个月后，塔拉勒被国王训斥了一顿后，主动辞职。

不过，刚重掌大权的萨乌德因胃病被迫远赴欧美治疗，费萨尔再次主持国家事务。待国王重返沙特时，二人的权力争夺已到了你死我活的地步。

为了迫使萨乌德彻底交出权力，费萨尔求助于宗教，他请求乌里玛（伊斯兰教学者）发布一道法特瓦（宗教裁决书），永远剥夺萨乌德的行政权力，但保留萨乌德的君主头衔。

1964年3月，乌里玛发布了法特瓦，要求各部落领袖向费萨尔宣誓效忠。萨乌德被迫退位，并离开沙特，五年后死于希腊雅典。

11月，费萨尔成为沙特第三任国王，并宣布哈立德为王储。

这时，沙特家族确立了一套王位继承权规则：除了继承权顺序外，还要看谁最有助于国家的长期目标。

费萨尔和萨乌德的斗争，并未减缓沙特家族对阿美石油持续渗透的步伐。相反，在此期间，沙特家族赢得了一项关键性胜利：获得两个阿美石油董事会席位。

沙特家族成立了一家油轮运输公司，试图打破阿美石油独家运输权。后者将此事交由国际仲裁处理。

1959年，阿美石油赢得了仲裁，沙特家族极为愤怒，并向美国联邦政府施压。联邦政府出面调停，阿美石油被迫让出两个董事会席位给沙特人。

不过，阿美石油也留了一手，董事会将大部分决定权上交给了四家控股公司。沙特政府派石油部长阿卜杜拉·塔里基进驻董事会。

塔里基是最早一批在美国接受正规教育的沙特官员。不过，他是一位彻底的阿拉伯民族主义者，试图效仿伊朗的摩萨台，推动阿美石油国有化。

塔里基在石油史上最大的贡献是：他在1960年与委内瑞拉石油部长共同创立了石油输出国组织，即欧佩克（OPEC）。

塔里基赋予了欧佩克双重使命：一是价格联盟，通过控制石油产量来控制石油价格；二是石油国有化。

当时，沙特和委内瑞拉是世界最大的两个产油国，加上科威特、伊拉克、伊朗，欧佩克控制着80%的世界出口石油量。

欧佩克成立的最初十年，产油国羽翼未丰，还需依赖欧美技术，这个组织尚未发挥威力。

不过，费萨尔意识到塔里基鼓吹的石油国有化对王室构成威胁，于1962年将其解雇。费萨尔任命了温和的艾哈迈德·扎基·亚马尼取代了塔里基。

这位来自麦加显赫家族的石油部长年仅32岁，拥有哈佛大学法硕学位，是一位风度翩翩的律师。

与苏莱曼、塔里基相比，亚马尼显然更懂得如何与美国人打交道。

1968年，他向阿美石油董事会透露，沙特政府希望购买阿美石油50%的股份。亚马尼向董事解释，此举与石油国有化无关，而是确保美方股东维持长久利益的“最佳方式”。

当然，这一请求直接被美方股东忽略。

不过，亚马尼依然保持耐心，他坚信谁掌握石油资源谁就掌握真正的主动权。就在这一年，阿美石油在沙特发现了一个前所未有的大油田，预计石油储藏量高达140亿桶，天然气储藏量至少7000万立方米。

04
帝国博弈

1970年，美国得克萨斯州的油田产量开始下降，但石油需求却与日俱增。美国人开始意识到，世界石油产量大多数都将落入欧佩克之手。

1971年，亚马尼开始借助欧佩克，与美英法日等国际石油公司谈判，最终将每桶原油的价格提高了35美分。

就是这一次微小的提价，让亚马尼看出欧佩克组织作为价格联盟的威力。之后，亚马尼借助欧佩克，联合卡塔尔、科威特和阿布扎比，与国际石油公司争夺股权。

费萨尔国王通过沙特新闻社发布了一份声明：

“先生们，实施有效的参股是势在必行的，我们希望各公司能够与我们协作，以期达成双方都满意的解决方案。”

阿美石油的四家美资控股公司表示，愿意出售20%的股份给沙特政府。

1971年10月，经过几轮谈判，亚马尼说服了阿美石油的股东出售25%的股份给沙特政府，并另附条款，同意沙特政府在1981年前买下最多不超过51%的公司股份。

这次谈判似乎异常顺利，很多人对美方股东放弃阿美石油股权表示不解，外界也不清楚双方达成的具体价格。

当时，利比亚的穆阿迈尔·卡扎菲直接没收了英国石油公司的资产。伊拉克正准备将几家国际石油公司强行国有化。

阿美石油的美方股东在国会作证时表示，沙特政府是出钱购买我们的资产，这没有什么不妥。

其实，进入20世纪70年代，美国在冷战中且战且退。尼克松总统试图通过外交扭转局势，拉拢中国制衡苏联，尽量避免中东冲突。

另外，就在1971年，尼克松宣布放弃金本位，布雷顿森林体系崩溃，国际金融市场及美元遭遇巨大冲击。

美国不得不为美元找到新的“锚”——石油。美国与欧佩克达成协议，欧佩克石油交易以美元结算，此举有助于美元币值的稳定。

但反过来，美元容易受制于石油，如果石油价格大幅度波动，美元汇率将遭受冲击。

1973年，石油价格快速上涨。欧佩克与国际石油公司在维也纳召开会议，试图调整油价。但就在会议前两天，以色列与阿拉伯国家爆发了第四次中东战争。

会议开始时，埃克森和壳牌公司提价15%。但是，亚马尼说，欧佩克希望提高100%。双方未能达成共识。在战争中陷入被动的阿拉伯国家希望借助石油对以色列及美国施压。

最终，在谈判无果的情况下，欧佩克单方面决定将原油价格提高70%，达到每桶5.11美元。

宣布结果时，亚马尼兴奋地说："这是我期待已久的一个时刻。时机终于到了。我们是自有商品的主人。"

除了提价外，欧佩克宣布石油减产，每月减产5%，并对美国及其盟友实施石油禁运，直到战争达成满意的结局为止。

当时的沙特日产量达840万桶，占全球石油出口量的21%。但是，沙特并不希望对美实施石油禁运。沙特夹在美国、以色列与阿拉伯国家的冲突之中，因此沙特国王一直以来并不愿意将石油与战争混在一起。

1973年12月，欧佩克尝到了操纵石油的甜头，决定继续提价。伊朗试图将油价提高4倍，即每桶17～20美元。亚马尼认为提价幅度过大，将破坏全球经济稳定，不利于欧佩克的长远发展。

最终，欧佩克决定将油价提高到11.65美元一桶。

这两次大幅度提价，直接引爆了第一次世界石油危机，美国立即陷入滞胀危机，导致高通胀、高失业以及经济衰退。这场危机一直延续到1982年，是美国自大萧条以来最严重、持续时间最长的一次经济衰退。

费萨尔国王和亚马尼都认为，如此高的油价，不利于沙美关系的稳定。1974年3月，沙特政府取消了对美的石油禁运，条件是美国答应出售精密军事武器给沙特。

仅仅过了两个月，亚马尼向美国大使提出，考虑将阿美石油公司变为一家纯粹的沙特公司。美国联邦政府正被滞胀危机搞得焦头烂额，不希望欧佩克再次提价。美国大使向阿美石油的美方股东传达了联邦政府的态度。

这一次，双方很快就达成了协议，沙特政府的持股比例增加到60%，但具体收购价未公布。

不过，这似乎是美方股东的底线。之后，亚马尼几次试图扩大战果，但都无功而返。

1975年3月24日，费萨尔国王在私人办公室被自己的侄子连射三枪，随即身亡。亚马尼在场目睹了刺杀的整个过程。

国王侄子为何射杀国王，一直是一个巨大的谜团。

锐意图治的费萨尔去世后，哈立德王储继承王位，成为沙特第四任国王，其弟弟法赫德被立为新王储。

1975年12月，欧佩克会议在维也纳召开时，恐怖分子“胡狼卡洛斯”冲进会场，将亚马尼及各石油部长掳走。沙特向恐怖分子支付了数百万美元，才将亚马尼赎回。

大难不死的亚马尼，在1976年3月顺利地帮助沙特政府买下阿美石油剩余的全部股权，阿美石油最终完全成为一家沙特石油公司。

自1933年加州标准石油进入沙特勘探开始，这家石油巨头成为这个石油帝国崛起的最佳缔造者。沙特一代代国王及能臣，以谋略与耐心用了近半个世纪的时间，从美国人手上获取了完全控制权。

一直以来，沙特王室对美国及美方股东采取的张弛有度、软硬兼施的外交策略，堪称教科书级别。

不过，阿美石油的股东究竟是谁，似乎没有人愿意把这事说清楚。

外界对美资股东在此时放弃阿美石油的所有权感到意外。沙特与美资股东都坚称，此次收购是纯粹的商业性收购，与政治及石油国有化无关。

事实上，阿美石油的特许权协议将于1993年到期，美资股东希望落袋为安。或许，沙特王室的出价确实令美资股东感到满意。

美资股东长期形成的对中东地区的不安全感，令他们最终放弃了所有权。

在收购过程中，伊朗就爆发了伊斯兰革命，巴列维王朝倒台，霍梅尼控制了伊朗。

霍梅尼对外输出伊斯兰革命，引爆了沙特国内暴乱。一个名叫朱海曼·阿尔欧泰比的伊斯兰教徒，带领400人攻下了圣城麦加。沙特政府出动大批军队及重型武装，才夺回麦加并控制局势。

1980年两伊战争爆发，这场战火在中东燃烧了八年之久。霍梅尼和萨达姆将这两个原本相对富有的国家拖入死亡与贫穷之中。

1982年，哈立德国王因心脏病突发去世，法赫德继承王位，成为了第五位沙特国王。

与淡泊明志的哈立德不同，法赫德国王渴望建功立业、名留青史。不过，法赫德时运不济，刚执掌大权，国际油价便开始下跌。

或许，美资股东蒙对了。这一年冬天，美联储主席沃尔克成功控制通胀，美国从此走出了滞胀危机，美元走强，国际资本放弃石油及大宗商品，纷纷涌入美国购买金融资产。

此后，美国经济快速复苏、持续增长，但石油价格却快速下跌。

为了阻止油价下跌，欧佩克多次减产。1983年到1985年，沙特将石油产量从每天1050万桶的高点削减到每天220万桶。

不过，一些欧佩克国家为了获取更多收入，并未严格履行减产约定，偷偷增产。

1986年初，在欧佩克会议上抗议无果的亚马尼反向操作，宣布阿美石油无限量生产。

此举引发油价自由落体，短短四个月从每桶32美元下跌到不足10美元。亚马尼试图通过价格战逼迫欧佩克团结一致，限产提价。

不过，国王缺乏亚马尼的耐心，他在1986年10月的欧佩克会议前指示亚马尼结束价格战，把油价提高到18美元一桶。

这一指示让亚马尼感到难堪。在会上，亚马尼说，国王示意提高油价（而不是自己）。法赫德国王得知后勃然大怒，还没等亚马尼返回沙特便宣布将其解雇。

1988年，阿美石油最后一位美国首席执行官退休，董事会任命阿里·纳伊米担任首席执行官。他是阿美石油培养的第一批沙特石油人才。

纳伊米上台后不久便成立了沙特阿拉伯国家石油公司，以接管原阿美石油的所有资产及经营权。从此，阿美石油被称为沙特阿美。

沙特阿美几乎继承原董事会在内的所有制度，它依然是一家采取美式管理的国际石油公司。

这无疑是难能可贵的。沙特王室一直坚持利益至上，最大限度地避免被意识形态及政治姿态所羁绊。这值得中东及亚洲国家借鉴。

不过，沙特与美国的故事还没有结束……

05
石油金权

1990年8月2日，萨达姆·侯赛因率领20万伊拉克军队入侵并占领科威特。

海湾战争给中东国家带来恐慌，沙特政府向科威特王室及富商提供了保护，同时向美国求援。

萨达姆入侵科威特当天，老布什总统发布了“沙漠盾牌”行动，派遣20万美军进驻沙特。

1991年1月17日，美军领导的多国部队对伊拉克军队实施空袭。战斗只持续了100多小时，美军以极小的伤亡代价重创伊拉克军队。

海湾战争提振了持续低迷的油价。战争期间，欧佩克召开紧急会议，宣布取消产量限制。

由于沙特负责在沙美军的石油供应，阿美石油将产能扩大了三倍，在1991年初提升至每天1000万桶左右。

最后，苏联出面调停，萨达姆宣布撤军，海湾战争结束。

不过，这次沙美军事合作让沙特家族遭到了伊斯兰世界及本·拉登的攻击。

本·拉登家族与沙特家族私交甚笃，本·拉登的父亲靠王室发家。本·拉登没有继承家族事业，将巨额家族财富用于建立私人武装。

萨达姆入侵科威特时，本·拉登摩拳擦掌，渴望成为一方军阀。他向沙特国王申请，用其私人武装与萨达姆军队打游击。但国王以其实力不济为由拒绝了。

更令本·拉登绝望的是，国王请来了强大的美军入驻。愤怒的本·拉登公开批评王室，结果被驱逐出境。

后来，拉登在苏丹建立了基地组织，并在1995年对利雅得发动了一次炸弹袭击。

这时，法赫德国王突然中风，阿卜杜拉王储执掌政权，成为第六任沙特国王。

海湾战争后，沙特迫切想要扩张国家军队，持续向美国采购大规模的先进武器。

2001年9月11日，本·拉登领导基地组织袭击了美国双子塔及五角大楼。

小布什总统发动反恐战争，并在两年后对伊拉克宣战。虽然沙特国王不支持美国打击伊拉克，但因沙美关系，沙特与伊斯兰世界的关系恶化，常遭受基地组织袭击。

伊拉克战争后，沙特向美国购买武器的同时，开始购买俄罗斯的武器。需要注意的是，苏联已经解体十年有余，美国在中东的战略逐渐发生变化，美沙关系变得微妙。

21世纪以来，原油紧缺焦虑持续升温，油价不断上涨。2008年7月，国际油价达到峰值，从2002年的每桶19美元涨到了145美元。作为全球“唯一的石油超级大国”，沙特开足产能，沙特阿美的日产量达1250万桶以上。

这时，中国经济持续高增长，石油缺口巨大，一边向沙特扩大石油进口，另一边开始大搞新能源。

2008年全球金融危机，油价回落。不过，各国央行超发货币救市，基建狂魔启动，石油价格迅速反弹，并长期维持在每桶100美元以上的高位。

随着经济刺激减弱，国际油价开始下跌，到2014年11月每桶跌至73美元。

造成油价下跌的另外一个重要原因是，美国爆发了页岩气革命，实现了石油自给，从原来的进口国转变为出口国。

美国的页岩气革命和金融危机，改变了其国际战略，美国重返亚太，沙美竞争程度加剧。美国页岩气成了沙特提价的一道高压线。

这时，原阿美石油总裁纳伊米担任沙特石油部长，他试图让欧佩克限制产能，提高油价。

但是，他不想重复20世纪80年代让人“搭便车”的错误：沙特单独限产提价，其他国家扩张产能赚钱。

纳伊米试图说服委内瑞拉，拉拢欧佩克之外的石油国，与欧佩克一起减产提价。

但考虑到美国石油商受反垄断法的制约，他们决定邀请俄罗斯、墨西哥、哈萨克斯坦、挪威等石油国，一起参加欧佩克会议商讨。

但是，2014年底的欧佩克会议并未达成共识。俄罗斯、墨西哥都希望沙特减产提价，好让他们“搭便车”。

纳伊米使用了亚马尼当年反向操作的策略：取消产能限制，让油价暴跌，以逼迫俄罗斯就范。

纳伊米离开会场时笑着说：“这是一个伟大的决定。”

消息公布当天国际原油价格下跌7%。到2016年2月，国际油价降到了历史低点——27美元一桶。

这次油价下跌，重创世界产油国。经济早已不堪重负的委内瑞拉被击溃。俄罗斯因油价下跌，外汇亏空，卢布崩盘，经济陷入困境。

就在此轮油价下跌之前，中国与俄罗斯签署了一份4600万吨的石油大单，协议总价值高达2700亿美元，合同期为25年。当时，油价在100美元一桶左右，中国向俄罗斯支付了700亿美元的预付款。

国际石油的采购价通常随行就市，若按现在30美元一桶的油价来说，这笔700亿美元的预付款，基本可以抵扣全款。

这次油价下跌同样打击了美国石油商。由于页岩气成本比较高，油价下跌导致大批页岩气石油商破产。

但是，沙特确实有足够的底气，沙特阿美的开采成本最低，同时沙特王室还储备了8000多亿美元现金。

就在油价快速下跌的2015年，阿卜杜拉国王去世了，萨勒曼继承王位，成为沙特第七任国王。

不过，这次沙特家族宣布了下一代的两位王室成员（侄子）为王储和准王储。这一决定打破了兄终弟及的继承传统，引发了持续激烈的宫斗。

2017年，国王突然宣布免除其侄子的王储、副首相头衔，由自己的儿子取而代之。

油价下跌让产油国不堪重负，最终俄罗斯、哈萨克斯坦等石油国与沙特主导的欧佩克一起组成的“欧佩克+”，决定限产提振油价。

这是自2008年以来第一次减产提价，之后油价缓慢上涨。

到了2020年3月，这份限产协议到期，“欧佩克+”决定在维也纳开会商讨。

受新冠肺炎疫情冲击，全球经济悲观情绪蔓延，会议期间，国际油价下跌到41美元一桶，创下了限产以来的最低价格。

沙特希望在现有基础上再度大幅减产以拯救油价，但俄罗斯只能接受现有的减产力度。最终，“欧佩克+”谈崩，沙特再次祭出反向操作的杀招：增产降价，逼迫俄罗斯就范。

沙特阿美随即宣布，沙特将把原油极限产能从当前的1200万桶/日提升至1300万桶/日。4月起，沙特的原油供应量将大幅提高至1230万桶/日。

消息一出，引发国际原油闪崩，跌幅达30%左右，国际油价下挫到30美元一桶附近。

油价闪崩引发国际金融市场大地震，全球股市遭遇“黑色星期一”。

2020年3月8日，道指跌幅7.79%；标普500指数跌幅7.60%，触发熔断机制；纳斯达克跌幅7.29%。沙特阿美一天跌去1.2个中石油市值。

油价崩盘叠加疫情全球化蔓延加剧，全球资本市场在一周内再次暴跌，多国股市触发熔断机制，恐慌情绪蔓延，美股进入技术性熊市。

此次不合作博弈，是俄罗斯、沙特和美国上演的“三国杀”。

俄罗斯希望产能和油价维持在中位数，即在美国页岩气盈利之下，本国石油商盈利之上。沙特希望大幅度减产提价以获取最大收益。美国希望将价格提至页岩气的盈利线之上。

价位决定了三国的利益关系。沙特能否再次获胜，迫使他国在某一个价位上达成共识？当然，更多人关心的是，石油崩盘，是否会触发新一轮经济危机？

80多年前，阿齐兹国王怎么也没想到，这片寸草不生的沙漠地下，居然蕴藏着无尽的财富与权力。沙特王室用谋略与耐心，以资本主义的方式，将原本属于美国人的阿美石油据为己有。

最近百年，石油国家，如委内瑞拉、伊拉克、伊朗、科威特、利比亚，或陷入资源诅咒，或被战争拖垮，几乎没有一个善始善终，沙特算是个例外。

沙特王室在美国与阿拉伯世界、世俗政府与伊斯兰教、君主制与现代化之间，将平衡术玩转到了极致。

不过，这个国家依然充满神秘、矛盾与挑战。

伊斯兰与国家现代化的矛盾突出，女性问题在这个国家显得极为平常而又刺眼。这个国家按照伊斯兰传统实行男性监护制度，沙特妇女必须征得男性家人同意才能上学、上班，女性能从事的职业受到了极大的限制。

君主制与国家现代化的冲突不断，沙特国内贫富差距巨大，社会矛盾尖锐，改革呼声高涨。

王室成员如老国王的儿子们、被废王储，试图借助改革派的力量夺取王权。就在此轮油价暴跌前夕，沙特“80后王储”先下手为强，逮捕了国王兄弟、前王储、高级军官及大批沙特家族成员。

沙特王室的内外政治平衡术是一个石油帝国兴起的关键，但他们始终有一天将面临一个问题：沙特到底是王室的沙特，还是沙特人的沙特，正如沙特阿美石油的归属权一样。

参考文献

[1] 埃伦 · R.沃尔德. 沙特公司[M]. 尚晓蕾，译. 北京：中信出版社，2019.

[2] 菲利普 · 赛比耶 · 洛佩兹. 石油地缘政治[M]. 潘革平，译. 北京：社会科学文献出版社，2008.

[3] 马修 · R.西蒙斯. 沙漠黄昏[M]. 徐小杰，译. 上海：华东师范大学出版社，2006.

[4] 威廉 · 匡特. 石油巨人[M]. 李国富，伍永光，译. 北京：世界知识出版社，1986.

[5] 詹姆斯 · 温布兰特. 沙特阿拉伯史[M]. 韩志斌，王泽壮，尹斌，译. 北京：东方出版社，2009.

[6] 陈沫. 列国志：沙特阿拉伯[M]. 北京：社会科学文献出版社，2011.

[7] 林慧. 2009国际油市将从暴跌中复苏[J]. 经济，2009（1）.

[8] 郝坤. 沙特阿拉伯精英统治层探析[J]. 国际研究参考，2017（11）.

[9] 埃伦・R.沃尔德，尚晓蕾. 石油巨头的中东冒险[J]. 21世纪商业评论，2019（7）.

[10] 阿里・纳伊米，董功. 石油王国诞生记[J]. 石油知识，2020（1）.

德国三部曲

历经了战火淬炼，见识过魔鬼加身。这个国家和民族在百年后折戟沉思。

德国的历史引人深思，令人类经受灾难的是膨胀的国家主义，是历史学派鼓吹的“德国特殊论”，但燎原大火也是自一点火苗、一种微弱观念燃起的。

德国的历史也给人以希望，当文明撕裂、灵魂失落，社区和人民在废墟中苟活，这个国家重新审视法治、自由市场和尊重私产的价值。如今，沉默、沉稳的德国成了欧洲的压舱石、主心骨，多方的冲突继续考验着这个民族。

德国重剑：激情政治、统制经济与奴役之路

“历史证明，傲慢的权力本身也是脆弱的，俾斯麦被威廉二世羞辱，嚣张一时的威廉二世也最终因为战争失败，进入流放生活，只能在回忆录中继续诋毁俾斯麦。”

“在某种意义上，他们都是一种非自由文化的受害者。这种非自由文化，不会尊重个体价值，难以理解自由之意义，它崇拜权力、渴望强人，最终所有人都沦为牺牲品。”

许知远描述了俾斯麦、威廉二世及德意志的悲哀宿命。

从1871年德意志统一，到1945年德国战败投降，威廉一世、俾斯麦铸就了一把国家主义与统制经济的重剑；威廉二世及其传人希特勒则重剑出鞘，燃起政治激情，将德意志推入民族情绪的历史棘轮之中。

历经两次世界大战和一次历史罕见的恶性通胀，德意志迫使人类触及人性最为阴暗的一面。

德意志，经历了怎样的洗礼才得以重生？

01
铁血风云，张弛有度

1815年4月1日下午1时，普鲁士的勃兰登堡阿尔特马克区申豪森庄园诞生了一个男婴。

孩子的父亲费迪南德将军喜出望外，立即差遣一名仆人骑快马到柏林，让次日的几家报纸共同刊登一则短讯：

“我以万分兴奋的心情报告各位至爱亲朋，我的妻子昨日产一男孩，母子平安，谢绝贺喜。勃兰登堡申豪森费迪南德·冯·俾斯麦。”

费迪南德给儿子起名为奥托·冯·俾斯麦。

俾斯麦家族是普鲁士容克贵族地主。容克是一群“骂人可以骂得地动山摇”“恣意鞭笞狗和家仆”的贵族，他们的主要工作就是打猎和打仗。

俾斯麦继承了容克贵族的血统、胆识以及狂放。青少年时期的俾斯麦总是一副玩世不恭的姿态。就读格廷根大学时，他无心向学，在校时经常腰间佩剑，牵着一条大狼狗。他沾染各种恶习，曾与同学进行过27次决斗。

不过，俾斯麦并不像容克纨绔子弟一样保守、不知进取，得益于母亲家族良好的教育，他粗中有细，果敢有谋，见识广博。俾斯麦的母亲出身于萨克森莱比锡的资产阶级书香门第，她的祖父是法学教授，曾在弗里德里希政府担任内阁秘书。

大学毕业后，俾斯麦赌博欠下一屁股债，婚约因此被取消；后来他与一个牧师的女儿定了婚约，但对方又跟一个富有军人跑了。

带着一身债务，俾斯麦回到了老家，继承了家族的产业，做起了庄园主，过上了容克地主的逍遥生活。

但是，俾斯麦不甘于此。

1846年，易北河涨水漫过堤坝，俾斯麦指责堤坝管理员渎职，并自荐去接任。于是，俾斯麦如愿当上了堤坝管理员，从此开启了他近半个世纪的权力生涯。

容克贵族出身，加上见识及学识，让俾斯麦成为19世纪下半叶平衡德意志容克地主与大资本家利益的关键桥梁。

不过，德国历史中的另外一位重要人物——经济学家李斯特就没有那么幸运了。

就在俾斯麦当上堤坝管理员的那一年冬天，李斯特在一个小镇上开枪自杀，结束了他颠沛流离的一生。

俾斯麦与李斯特并无交集，但是二人都致力于德国的统一与强盛。李斯特的奋斗目标是推动德国在经济上统一，而俾斯麦则致力于德国在政治上统一。

德国是欧洲列强中“起床最晚”的一个。在法国大革命时期，德国还是一个农奴制国家。当英美爆发第二次工业革命时，德国才实现统一，成立真正意义上的国家。

在李斯特生活的时代，受拿破仑战争的冲击，德国几百个大小邦国被压缩为30多个，呈现四分五裂的格局。容克贵族掌控着这些邦国的自治权。

李斯特是一名经济学家，也是一位致力于德国统一的社会活动家。

不过，当时德意志的容克地主势力强大，政治上四分五裂，李斯特主导的经济统一定然会经历曲折与失败。

早在1819年，李斯特便组织成立了全德工商联盟，但他遭到反对势力的迫害，被迫辞去大学教授职务，其政府公职也被解除。

此后，李斯特过上了艰难的逃亡及斗争生活。他先因“煽动闹事，阴谋颠覆国家政权”被判处10个月监禁，后潜逃到法国、瑞士，而后又被逮捕。

1825年，李斯特远走欧洲大陆去了美国，担任过报社编辑，经营过农场，开办过一个大煤矿。

在美国，李斯特看到了铁路革命的力量。7年后，他又回到欧洲参与莱比锡—德累斯顿铁路建设工程，希望通过建设全国铁路系统实现德国经济统一。

李斯特试图终结德意志内部邦国的高关税，建立全国关税同盟，一致对外实施高关税，以保护德国经济。但是，李斯特建立关税同盟及全国铁路系统的计划都因容克地主的破坏而失败。

1837年，美国爆发金融恐慌，李斯特的大型矿山破产了。

李斯特从此陷入生活困境，他受到政府监视，无法找到一份固定的工作，先后流亡到法国、俄国，只能依靠撰稿及妻子变卖所有家产维持糟糕的生计。

1841年，李斯特被委任为《莱茵报》主编，但因健康状况恶化未能成行。不久后，马克思接任了这一职位。

李斯特是一个实干家，更是一个理论家。李斯特一生劳碌奔波，倡导建立关税联盟、修筑铁路，促进经济联合，他用毕生的行动，试图实现其学术理想。

在人生境遇最糟糕之际，李斯特写下了《政治经济学的国民体系》一书，这本书奠定了他作为德国历史学派鼻祖的地位。

李斯特的经济学说服务于国家利益，而不是探索经济规律。他

反对亚当 · 斯密开创的古典经济学，认为英国经济学是“世界主义”，忽略了各国的国情、民族、经济状况等特殊性。

李斯特深受美国亚历山大 · 汉密尔顿的影响。

汉密尔顿是美国开国者之一，担任第一任财长。他雄心勃勃，试图将美国建成一个工业强国。在他短暂的公职生涯中，汉密尔顿奠定了美国工业及金融体系的基础。

汉密尔顿曾经向国会递交了一份既宏伟又无比精细的《关于制造业的报告》。

在这份报告中，汉密尔顿从美国角度出发，提出了包含铜、煤、木材、谷物、丝绸、钢铁、玻璃在内的一系列产业政策，具体扶持方法包括发放津贴、奖励金，实行出口退税，提高关税等。

他极力主张补贴，从而降低成本，提高美国产品在国际上的竞争力；提高关税，避免他国产品的冲击。汉密尔顿认为，这些产业在美国还很稚嫩，需要“政府的特别援助和保护”。汉密尔顿的这一主张，被称为“幼稚产业保护理论”。

当时，杰斐逊等开国者及议员反对汉密尔顿这一保护主义的做法。

汉密尔顿的解释为:国外政府向本国的企业提供津贴，给他国企业设置障碍，美国的企业会处于不平等地位，企业主会因感到恐惧而放弃竞争。所以，美国也别无选择，必须与“稚嫩”的企业一起对抗强权国家和强大的外国企业。

其实，开国者们担心的并不是贸易保护主义，而是汉密尔顿的计划采用了国家干预的手段。他希望通过国家的力量快速壮大美国工业，主张效仿英国投资基础设施建设，构筑公路及运河网络。

汉密尔顿的制造业计划最终还是被国会搁置。不过，李斯特将汉密尔顿的一系列主张发扬光大。

李斯特完全继承了汉密尔顿的幼稚产业保护理论。他努力促成德国关税同盟，对外实行高关税，保护国内幼稚产业，试图建立全国铁路网络，发展工业强国。

李斯特手无大权，在行动上远不如汉密尔顿，但在理论上却更胜一筹。

他指出，英国早期亦通过《谷物法》、贸易保护、航海条例等保护本国产业。他还指责英国早在1624年就颁布了现代第一部专利法《垄断法规》，以保护其技术不被他国学习及购买。

在李斯特看来，英国近代这些技术都是欧洲大陆上的人带过去的。英国是一个岛国，一定程度上隔离了欧洲大陆的战乱。每当欧洲爆发战乱时，资金、人才和技术都流入英伦三岛。

英国后来之所以主张开放竞争和自由贸易，一方面是因为其本身制造业强大了，另一方面则是因为开放市场有利于欧洲大陆的技术、人才和资金流入英国。

这一点似乎与美国类似。

美国国会虽然搁置了汉密尔顿的制造业计划，但在此后一百多年一直执行高关税。英国在1900年左右试图构建英属联邦关税同盟来打击美国。两次世界大战期间，与当年英国的情况一样，大量欧洲人才、资金、技术转移到美国这一远离战乱的大陆。

美国开放自由市场，实际上有利于国际资本及技术流向本土。今天，零关税、零壁垒、零补贴的自由贸易政策对美国最为有利，可以将美元作为世界货币的优势发挥到极致。

因此，李斯特认为，亚当·斯密的经济学实际上也是服务于国家利益的经济学。

1846年，英国废除了《谷物法》，全面开放国际市场，推行自由贸易。这对主张推行贸易保护主义的李斯特来说是一个无比沉重的打击。

不过，他依然没有放弃，试图说服英国与德国形成关税联盟，结果遭到英方的拒绝。德意志容克地主打击、污蔑他，他所代表的德国资产阶级也抛弃了他。

那年冬天，李斯特在绝望中自杀。

此时，俾斯麦则迎来了人生千载难逢的机会。他通过“大禹治水”的方式树立了威望，趁机参加议员选举。

1847年，颇具手腕的俾斯麦替代了一名自称生病的议员，成为萨克森议员。他代表萨克森贵族参加普鲁士联合邦议会，并成功当选为柏林州议员。至此，32岁的俾斯麦成为邦议会中最年轻的议员。

第二年，欧洲爆发了一系列革命，普鲁士王被捕。关键时刻，俾斯麦没有站错队。

1851年，俾斯麦被任命为法兰克福联邦会议的普鲁士王国代表，不久升任为大使。这份差事一干就是8年。威廉亲王摄政后，让俾斯麦出任驻俄大使。威廉亲王登基后，因军备扩充问题与议会发生冲突，不得不任命俾斯麦为内相来摆平争端。

与李斯特代表资产阶级利益不同，俾斯麦是容克地主出身，属于实权派。19世纪下半叶，德意志内部的稳定，基本上依靠俾斯麦平衡容克贵族与资产阶级的利益来维持。俾斯麦是唯一一个能够掌控住局面的人。

威廉一世，这位曾经暴力镇压欧洲革命的国王当得其实很“憋屈”。俾斯麦在自己的回忆录里不禁感叹：“我们这位皇帝呀，一辈子过得太憋屈，他的妇人之仁，更是经常误大事啊。”

不过，威廉一世贵在有自知之明且心胸宽宏。他虽然看不惯俾斯麦这头蛮横的倔驴，但知人善任，能忍常人所不能忍。

这一切源自威廉一世的雄心壮志——统一德意志。

威廉一世与俾斯麦，一君一臣，共事近40年，相爱相争，兢兢业业。常见的画面是，两个七八十岁的老头像小伙子一样争论得暴跳如雷。

可见，威廉一世绝非等闲之辈。

在俾斯麦心中，君主与贵族制衡的国家治理是最为完美的。他在回忆录中写道：“我心目中最理想的君主权力，只能在一个独立的、有社会地位的或同业协作性质的地方代表机构监督下，才能实现。”

俾斯麦以贵族出身为荣，他在一次演讲时说：“实行贵族世袭统治的国家尤其容易延续繁荣和权力”，“普鲁士的自由之根渗透了贵族的鲜血”。

他甚至常以其贵族势力及其不可替代的平衡权力要挟威廉一世。威廉一世登基不久就面临政权危机，资产阶级自由派反抗激烈。俾斯麦则乘机将内政外交大权揽于一人之身。

1862年，威廉一世召回驻法的俾斯麦，任其为首相兼外交大臣。同年9月26日，俾斯麦首相在下院首次演讲中斩钉截铁地说：“当代的重大问题并非通过演说和多数派决议就能解决的，而是要用铁和血来解决。”从此，俾斯麦被冠上了“铁血宰相”的绰号。

俾斯麦掌权后，为统一德意志，先后策动了三次王朝战争。威廉一世也需要一场战争来转移国内矛盾，强化统治威望。

但对于实力有限的德意志，发动战争无疑是在赌国运。俾斯麦非常巧妙地抓住了当时欧洲局势带来的机会，他先同俄、法两国结盟，孤立奥地利，由普鲁士统一德国。

1864年，俾斯麦率先发动了普丹战争，试图先解决实力较弱又常插手德意志事务的对手丹麦。对丹麦战争胜利后，俾斯麦又发动了对奥地利的战争。普奥战争胜利四年后，俾斯麦又发动了普法战争。这场战争，德意志大获全胜，最终实现了德意志的统一。从此，一个新的帝国在欧洲大陆崛起。

似乎每一个帝国崛起，都有一位有移山填海之能的股肱之臣，如日本明治维新时期的伊藤博文。其实这些历经大浪的铁血人物反而更具自知之明，懂得杀伐分寸。

这三次王朝战争，是俾斯麦作为“铁血宰相”的历史标签。表面上，这三次王朝战争无比凶残野蛮，但实际上俾斯麦比谁都更加敬畏战争。

俾斯麦并不是一个战争狂人，他是一位富有远见的政治家。他明白统一德意志是目的，而战争只是手段。

对丹麦的战争，俾斯麦担心欧洲列强反弹，他的目的很明确，即只取得普丹边境的石勒苏益格和荷尔斯泰因两块地。

对奥战争更是如此。普鲁士军队在萨多瓦大胜奥军后，威廉一世及其左右将军头脑发热，试图进军维也纳，吞并奥地利。俾斯麦劝说威廉一世：对奥战争的目的是让奥地利退出德意志联邦，如果对方接受这些条件，就应该立即命令军队“向左后转弯”，并迅速启动和谈。

威廉一世以革职相威胁，要求俾斯麦乘胜追击。俾斯麦则反过来以辞职要挟威廉一世。威廉一世无奈按照俾斯麦的部署与奥地利和谈。俾斯麦给予奥地利宽厚的条件，很快便与奥地利签署了布拉格和约。北部24个邦和3个自由市成立了德意志同盟。俾斯麦在俄国、法国都长时间担任过大使，他非常清楚欧洲列强的实力以及欧洲大陆均势格局。

对丹麦的战争属于小规模战争，对奥地利的战争从宣战到签署和谈协议不过两个多月。

在部署对奥战争时，俾斯麦展现了合纵连横、远交近攻的外交才能。他先答应俄国取消黑海中立条款，再向拿破仑三世承诺不反对将卢森堡和莱茵河区让给法国，以确保法国保持中立，然后取得英国的中立支持，最后与意大利结盟，约定在三个月内与奥开战。

俾斯麦明白，欧洲大陆留给德意志的空间不大，任何过度扩大战果的举动，都会惹来法国、英国、俄国的干预。半个世纪前，强如拿破仑也没能逆天改命。

普法战争打得比较惨烈，普军俘虏了拿破仑三世，攻占了巴黎。三次王朝战争结束后，在王公贵族的簇拥下，威廉一世在巴黎凡尔赛宫加冕为德意志帝国皇帝，宣布了德意志帝国的成立。

威廉一世在庆功宴会上的祝酒词中这样说道：

“您，罗恩将军，磨亮了宝剑；您，毛奇将军，正确使用了宝剑；您，俾斯麦伯爵，多年来如此卓越地掌管我的政策。每当我感谢军队时，就特别地想到你们三位。”

德意志如此高调地实现了统一，俾斯麦非常敏锐地察觉到了英、俄的戒心。他立即主张在伦敦召开会议商讨如何处理法国问题，给足了英国面子，让俄国获得了好处，德意志因此在欧洲大陆站稳脚跟。

李斯特的遗愿，俾斯麦完成了。

俾斯麦是一个灵活的实用主义者，他不拘泥于哪家理论，但是，俾斯麦所推行的经济政策正是李斯特的“国民经济”政策。

俾斯麦统一了德国，消除了内部关税，制定了统一对外关税，且如李斯特所愿是高关税。

俾斯麦用国家的力量武装经济及军事，发展工业及基础设施。

在俾斯麦时代，德国推行了铁路“国有化”，大力发展铁路网络。当时普鲁士铁路委员会支持这一举动：“所有铁路归国家所有，且必须坚持国家的目的。”这是李斯特另一大遗愿。

俾斯麦与李斯特一样，都以德意志民族为荣。

自德意志帝国成立后，德国就没有给英国自由主义及斯密开创的古典主义留下生存空间。德国执政者们认为，德意志无须从被称为“小店主民族”的英国人或者战败的法国人那里学习任何东西。

整个德意志大学里，李斯特开创的历史学派大行其道，所有的德意志教授及学生都在学习“符合德意志历史及传统的经济学说”。

本质上，李斯特奉行国家干预主义，俾斯麦实施铁血政策，威廉一世抱负远大，但三人都是懂分寸、谋时局之人。

02
重剑出鞘，文明罹难

1867年，俾斯麦踌躇满志地告诉国会（北德意志联邦国会）：“让我们把德国放在马鞍上面！它一定有办法学会怎么骑马。”

然而1883年，俾斯麦在写给罗恩伯爵的信中却悲伤地说道：

“这个民族根本就不会骑马！……我这么讲的时候并未动怒，反倒完全心平气和，我所看见的德国前途是一片黑暗。”

1888年，威廉一世去世，终年91岁。这位“憋屈一世”的开国皇帝，给国人留下了统一的、正在崛起的德意志。

威廉一世唯一的儿子腓特烈三世继位，但不幸的是，在位仅99天，他就因咽喉癌去世。接着，威廉一世年仅29岁的长孙继位，即威廉二世。

这一年是德国“三皇之年”，德意志的国运开始转变。

威廉二世生性冲动鲁莽，待人骄横粗暴，是一个志大才疏、不知轻重的皇帝。

血气方刚的威廉二世迫不及待地剥夺俾斯麦的权力，继位两个月左右他就叫嚣：“我先给老家伙（俾斯麦）6个月的喘息时间，然后就开始独立理政。”

宫廷传教士阿道夫·施托克将这话传开，让俾斯麦与这位新主的关系变得紧张。

威廉一世去世之前，俾斯麦一共递交了十几次辞呈，大多抱有要挟威廉一世的想法。威廉一世每次都摆出一副谦虚姿态，说俾斯麦比自己对于德国更为重要。

但是他的长孙威廉二世可不这么想。

1890年3月的一天，威廉二世一大早气冲冲地来到俾斯麦官邸兴师问罪，斥责其固守对俄政策，要求俾斯麦在两日之内辞去首相职位。年迈的俾斯麦一般上午不起床，这次起来迎驾却被逼辞职。

原本不打算辞职的俾斯麦无奈向威廉二世递交了辞呈，正式下野。

1890年3月20日夜，全世界的头条新闻都是德意志帝国的铁血宰相辞职。

各国政客、邦国君主、各类政党送来的慰问电报、信件、鲜花铺天盖地地涌向相府，其中不乏对手的伪善之词。俾斯麦自嘲，这是一级国葬。

被罢官后，俾斯麦在柏林待了9天，他到威廉一世墓前献了三朵玫瑰。

那时，俾斯麦无比怀念这位与他争执半世的老皇帝。威廉一世与俾斯麦用了一生心血，统一了德国，铸成了一把重剑。

重剑，可削铁如泥，也可自宫自废。

威廉一世和俾斯麦知其重，而后继者则未必。

9天之后，柏林勒尔特车站，仪仗队、军乐队奏响《友谊天长地久》，俾斯麦一家在列队、乐曲、鲜花、欢呼声中乘着列车告别了这座城市。

俾斯麦走后，威廉二世对手上的重权不知敬畏，开始在内政外交上大施拳脚。

在外交上，威廉二世没有与俄国续签《再保险条约》，破坏了德国与俄国的盟友关系。这为“一战”时德国与俄国厮杀埋下了祸根。

在内政上，威廉二世没有将《反社会主义者法》有效期延长。

这是一个压制工人党运动的法案，源于两起行刺事件。早在1878年，威廉一世连续遭到两名工人开枪刺杀。所幸的是，一个打偏，一个未伤及要害。

这两起行刺事件爆发后，俾斯麦制定了《反社会主义者法》，目的是打击德国社会主义及工人暴力运动，剥夺德国社会民主党的合法地位。

纵然有此法镇压，德国的工人运动依然非常凶猛。

俾斯麦在1890年初呈给威廉二世的一封信中写道：

“我认为当前内部斗争比外部战争更为迫在眉睫，然而我已经不像1862年时那么精力充沛了，对此我感到十分遗憾。”

但其实威廉二世另有打算，他试图笼络工人阶级，以抗击以俾斯麦为代表的容克地主贵族。因此，他废弃了《反社会主义者法》。

这一法律废弃后，社会民主党迅速崛起。

1890年2月议会选举，反对党占据多数席位，社会民主党人和左翼自由党人加在一起，已明显占据了超过1/4的议席。俾斯麦支持的保守党和民族自由党席位则回落到1/3。

出现这种情形的结果是：“至于如何在未来避免迄今为止所犯下的错误，政府中没人能给出建设性意见，关键是连俾斯麦也无能为力。”

社会民主党党魁鼓动威廉二世发动战争，并称：“当这个国家跳入火坑时，我们再来收拾残局。”

这对于好大喜功的威廉二世而言，正中其下怀。

威廉二世鼓吹军国主义，欲借殖民地扩张为德国寻找“一个太阳下的位置”。

在帝国会议的演讲中，威廉二世激情澎湃地说：

“俾斯麦推行的欧洲大陆政策十分狭隘，而今我奉行的是世界政策，柏林应当是‘世界都市柏林’，德国贸易应当是‘德国世界贸易’，德国与世界的含义是一致的，因为世界各地都应体现德国政策……”

德国人听得热血沸腾，瓦德西、提尔皮茨、霍尔斯泰因及各阶层的人狂热追捧。

俾斯麦的外交政策是：与英俄两国交好，孤立法国，不对外扩张，保持欧洲大陆均势。

威廉二世则不同，他从小便是一个狂热的海军爱好者。继位后，他快速地实行了提尔皮茨计划，加速海军扩张，与英国搞军备竞赛，意在“夺取英国在世界海洋领域的独霸地位”。他还发明了闪电战，成为希特勒闪电战术的鼻祖。

威廉二世多次在摩洛哥挑衅法国，并将势力渗透到巴尔干半岛这个火药桶上，与俄国的关系日益紧张。

威廉二世时代的经济增速比俾斯麦时代更加出色。从1895年一直到“一战”前，德国经济持续了20年的高增长，只在1901年和1908年出现过两次小规模的停滞。

经济学家凯恩斯曾经说过：“事实上，德意志帝国的建立，更多的是依靠煤和铁，而不是血与铁。”

当时德国经济快速发展，主要原因大致有以下几个：

一是威廉一世及俾斯麦统一了德国，奠定了经济腾飞的条件。国家统一，社会相对稳定，人口出生率增长。威廉二世收割了祖辈创造的统一红利和人口红利。

二是1900年之后，德国吸收了英国第一次工业革命、英美法第二次工业革命的外溢性技术，工业快速发展。威廉二世收割了外溢性技术红利。

三是德意志民族自身的勤劳、务实与智慧，令世人惊叹不已。在法国人看来，德国人只会干活不会享受生活。

但是，随着德国经济快速发展，其国人以大国自居的心态也在迅速膨胀。

根据边际效用递减规律，暴发户心态符合经济规律，但若这种心态被某种意识形态控制，那将是一头洪水猛兽。

“在1848年以前的德国人（甚至俾斯麦时代的德国人），在本质上是一个谦卑朴实的民族，其最高目标就是团结在同一个屋檐下，而且他们已经如愿以偿。”

“可是，自从俾斯麦下野以来，他们产生了一种大国的心态。许许多多德皇威廉时代的德国人，而且是来自各个不同阶层的德国人，突然在眼前浮现一个伟大的国家远景，一个全国性的目标：我们要成为世界强权，我们要向全世界扩张，德国必须在全世界享有优先地位！”

其实，俾斯麦在任时就极力压制国内的“大德意志”膨胀趋势。

俾斯麦在卸任之前写了五大对外战略，其中第一条就是：“放弃在欧洲任何形式的扩张，包括在海外殖民地。”

俾斯麦画了一张地图，东边俄国，西边法国，德意志的空间就这么大。他曾经长期在这两国担任大使，知根知底。西北边远处大英帝国的鹰眼一直注视着这三个国家，任何打破大陆均势的谋划都不可能得逞。

但是，威廉二世不信这个邪。

史学家维利巴尔德·古切认为：“在1913年和1914年之交，威廉二世就仅仅是在等待一个开战的好机会。”

1914年6月28日，奥匈帝国皇储弗朗茨·费迪南大公在萨拉热窝被一名塞尔维亚青年枪杀。

同盟国皇储兼好友被刺杀，威廉二世大为震惊，他鼓动奥地利立刻“和塞尔维亚来一场最终的、彻底的清算”。

威廉二世并未意识到，他正在点燃一个火药桶。当事件的进展超出他的预期时，他在开战前的最后时刻想劝奥地利和平解决，但是，事态已经失控。奥地利对塞尔维亚宣战，德国和俄国加入对战，接着德国对法国、英国、美国宣战。

不知轻重的威廉二世将威廉一世及俾斯麦辛苦建立的德意志推向了火坑，也给人类带来一场前所未有的浩劫。

英国普遍认为第一次世界大战是“德皇的战争”。但其实，把所有责任推给威廉二世似乎并不公平。

威廉一世、俾斯麦，甚至李斯特都有责任。正如许知远所言，他们都是非自由文化的受害者，但他们更是这种文化的创立者。

威廉一世、俾斯麦和李斯特铸了一把将大权集于一身的重剑。他们经历过大风大浪，知己知彼，知道如何驾驭这把重剑。但是，后来的执掌者并不知其轻重。

铸剑者也没有留下说明书，或许权力就是说明书。

俾斯麦等人留下的真正问题是，铸就了这把重剑，开启了一个“恶”，让一个国家的所有经济、政治、军事大权都掌控在一个人手里。

在俾斯麦时代，俾斯麦实行了保护性关税，利用容克贵族的权势及资本家的实力，发展了“生产阶层的卡特尔”。

俾斯麦出任首相后，联手布莱希罗德创立了帝国银行，取代了原来32家有货币发行权的银行。

布莱希罗德是一位犹太银行家，被称为“柏林的罗斯柴尔德”。他与俾斯麦结成“焦虑的联盟”，是俾斯麦发动战争及掌控权势的钱袋子。

在1873年的金融危机中，德国钢铁工业“凭着经济爱国主义外衣的保护主义”，将大型钢铁企业组织起来，并筑起了关税高墙。

对此，布莱希罗德虽然持反对意见，但保守党领袖、贸易保护主义者卡多夫则是重要推动者。卡多夫号召德国工业家成立了“推动和保护民族企业”的中央委员会。

俾斯麦用国家的力量大力扶持军工企业，为德国统一的王朝战争制造武器。德国著名的克虏伯军工厂与俾斯麦有着千丝万缕的关系，这家公司生产的大炮帮助俾斯麦战胜了奥地利和法国。

威廉二世继位后，在经济国家化、军事化层面走得更远，推行国家社会主义。他大力发展官僚资本，形成资本、政治及军事一体化的国家集团，甚至亲自安排克虏伯家族的婚事，克虏伯家族成了威廉二世军国主义的柱石。

但是，国民经济国家化是一条不归之路。

俾斯麦在政治上开创了这条路，李斯特则在经济理论上开创了这条路。

李斯特显然是有所保留的。他认为：“关于国民个人知道得更清楚、更加擅长的那些事，国家并没有越俎代庖；相反地，它所做的是即使个人有所了解、单靠他自己力量也无法进行的那些事。”

李斯特不否定个人的作用，只是强调国家有着不可替代的作用。他希望德意志借助海军和航海法规保护本国的商船，修筑公路、铁路、桥梁、运河、防海堤等基础设施，制定专制法和各项有利于生产与消费的法规，等等。

有人这样评价李斯特：“任何人要想就欠发达国家的发展问题著书立说，首先应当师从这位增长理论与发展政治学伟大的先辈。”

但是，李斯特一旦开启了国家干预主义之路，追随者就在此基础上变本加厉。

施穆勒、瓦格纳等人开创了新历史学派，强调“德国特殊论”，排斥古典经济学的一般性规律，同时又否定李斯特开创的历史学派。

施穆勒的好友弗里德里希·阿托夫掌控着普鲁士教育部大学事务的大权。从1882年到1907年，他让历史学派统治了整个德意志的经济学教学。在威廉二世时代，在德意志帝国的大学中，西方经济学完全消失了。在波恩大学只剩下一位古典经济学的孤独追随者海因里希·迪茨耳，他因此受到历史学派的冷嘲热讽、残酷打压。

马克思称历史学派的教授们为“庸俗经济学的教授形态”——旨在讽刺历史学派为独裁政府服务。

李斯特的后继者们，沦为威廉二世推行国家主义及军国主义的思想统治的附庸。他们宣扬一种“合法的强权君主制”，极度推崇德国民族主义，以壮大官僚资本之力量。

或许美国是幸运的。若当年美国的开国者通过了汉密尔顿那份国家主义色彩浓郁的《关于制造业的报告》，难以想象今天的美国及世界是何等模样。

李斯特的“国民体系”被后继者演变为“德国特殊论”，与民族主义意识形态深度捆绑。

“最廉价的骄傲就是民族自豪感”，德国哲学家叔本华当时一针见血地指出德国民族主义膨胀的问题。他说：“有个性、有见识的人，会更加清晰地发现自己民族的缺点，因为这些缺陷就暴露在他眼前。但一个可怜的傻瓜自身没什么可令他骄傲的，就只能把自己所属的国家、民族当作最后依靠，为其感到骄傲。他为自己的自卑找到庇护，随时准备拼死为其错误和愚行进行辩护，不分青红皂白，连其缺点也誓死捍卫。”

威廉二世的骄横，加上一群鼓吹军国主义和国家主义的毒喉舌，使德意志人民的民族主义情绪疯狂膨胀。

实际上，当时，马克思是德意志帝国国家社会主义的唯一对手。

威廉一世开创了一种以国家统治经济为核心的国家社会主义，最开始，以俾斯麦为代表的容克贵族掌控了这一最高管理权，与资本家分食；施穆勒则鼓吹由资本家实则是官僚资本来掌控；马克思则主张由工人阶级及工会来掌控这一计划经济大权。

德国战败后，威廉二世退位，德意志帝国灭亡。

从1871年到1919年，德意志从积贫积弱到统一、强盛，再到投降，沦为砧板上的肉，只用了不到半个世纪的时间。

在巴黎和会上，英法美试图瓜分德国。英国财政部代表凯恩斯坚决地反对过度严惩德国，在主张未得到尊重时，他愤然辞去和会代表职务。

不久，凯恩斯出版了《和平的经济后果》，引起巨大反响。书中预言，赔偿委员会的做法会给德国经济带来灾难性的后果，并激发德国国内民族主义及工人运动。

凯恩斯可谓洞若观火。

战败后，德国容克贵族被瓦解，官僚资本被抛弃，社会民主党大肆崛起。社会民主党党魁弗里德里希·艾伯特掌控了局面，成立了魏玛政府。

正如凯恩斯所料，战后德国经济因赔款、制裁与之前的经济国家化及战争透支已经崩溃，德国出现了人类历史上极为罕见的通货膨胀。

战前，1美元可以兑换4.2马克；战后，1美元可以兑换48马克。但到了1923年，德国印出了100万亿马克，1美元等于4210500000000马克。

马克沦为废纸，德国民不聊生，德国国内民族情绪及工人运动高涨，民族社会主义德国工人党（纳粹党）脱颖而出，纳粹党领袖阿道夫·希特勒在德国民众的簇拥下登台。此时，流亡荷兰的威廉二世为希特勒提供了200万马克的援助。待德军在“二战”初期取得大胜时，威廉二世给希特勒发来了贺电。

在“一战”后被肢解的克虏伯帝国，乘着纳粹党发展的东风再度崛起。克虏伯的继承人加入了德国纳粹党，成为党卫军成员。他与德国民众一样把希特勒看作洗雪一战耻辱、复兴德国的主要人物。克虏伯帝国俨然成了希特勒的战争机器。一场比“一战”更为凶残的浩劫正在逼近……

在“一战”后的恶性通胀中，历史学派被钉在了历史的耻辱柱上。但纳粹主义登台后，施穆勒最有天分的学生、新历史学派代表维纳·桑巴特写了一本关于德国社会主义的书，赞颂他们的领袖希特勒是从上帝——宇宙的最高元首——那里得到了指示，而且元首的话就是永恒的启示。

奥地利学派米塞斯认为，导致了两次战争和失败的侵略性的帝国主义、20年代早期不受约束的通货膨胀、政府控制的经济和纳粹政权的所有恐怖，都是按照历史学派鼓吹者的教导行动的政客的成就。

从李斯特为俾斯麦容克贵族奠定国家主义根基，到施穆勒为霍亨索伦王朝官僚资本服务，再到桑巴特为阿道夫·希特勒谱写赞歌，是德国历史学派发展的历程，也是德国国家主义演进的历史。

从1888年继位到1918年退位，威廉二世这锋芒毕露的30年，彻底断送了德意志的国家前途。

加上希特勒统治的12年，德国这锋芒毕露、重剑出鞘的42年，让人类触碰到了最凶恶的人性底线。

早在1886年，俾斯麦就曾向战争部长发函表示：

"倘若天意要我们在下一场战争中落败的话，那么我认为毫无疑问的结果将是，我们打了胜仗的对手将使尽一切手段，让我们永远——或许至少在下一个世代的时间内——无法重新站立起来。……一旦列强发现一个统一的德国可以是多么地强大……我们不幸作战失利以后，甚至无法期待还会有办法让现在的国家维持统一。"

"二战"后，德国被一分为二，俾斯麦一语成谶。

然而，这所有的恶，是谁开启的？

后 记

德意志，这个强悍的民族，启动激情政治与统制经济，经过炼狱般的洗礼，最终明白了人类文明的真谛及灵魂的归宿。

德国经济学家欧根在"一战"后抛弃历史学派，创建了弗莱堡学派，构建了"联邦德国新自由主义"。

"二战"后，政治家艾哈德在欧根的基础上，为德国构建了社会市场经济的蓝图，开创了真正的"第三条道路"。

德意志，涅槃重生。

参考文献

[1] 弗里茨 · 斯特恩.金与铁[M]. 王晨，译. 成都：四川人民出版社，2018.
[2] 塞巴斯提安 · 哈夫纳.从俾斯麦到希特勒[M]. 周全，译. 南京：译林出版社，2015.
[3] 克里斯托弗 · 诺恩.俾斯麦[M]. 陈晓莉，译. 北京：社会科学文献出版社，2018.
[4] 克里斯托弗 · 克拉克.沉重的皇冠[M]. 盖之珉，译. 北京：中信出版社，2017.
[5] 俾斯麦.思考与回忆[M]. 周鸿印，杨德友，译. 上海：生活 · 读书 · 新知三联书店，2006.
[6] 弗里德里希 · 李斯特.政治经济学的国民体系[M]. 陈万煦，译. 北京：商务印书馆，1997.

德国模式：经济宪法、自由市场与繁荣之路

世界上有没有一个国家，经济发达，房价还不高，国民还有房子住？

美国、日本、中国香港地区以及如今的中国内地，走的是房地产市场化道路。房地产业蓬勃发展，成为支柱产业，但住房压力极大。曾经的中国，采用的是完全福利房模式，但经济增长缓慢；如今的北欧、西欧采用的是高福利模式，但弊端日现、福利民粹主义泛滥。如何做到经济发展与“居者有其屋”并存？

世界上有没有一个国家，制造业强大，金融市场不差，金融真正服务于实体？

自20世纪80年代开始，美国走上了金融资本主义之路，金融异常繁荣，制造业萎缩，经济过度金融化、空心化。日本、中国也在金融化的道路上快速前进，但金融产值的过度膨胀，不仅抑制实体经济、制造业以及技术创新，还助长投机炒作、资金空转，加大杠杆，引发债务危机、房地产及股票资产泡沫危机，甚至波及实体经济，引发类似于2008年的全球性金融危机。

反过来，若不依赖金融市场，经济则失去了一个重要的润滑剂和涡轮增压器。如何才能做到金融与实体相得益彰？

世界上有没有一个国家，经济保持持续稳定增长，极少大起大

落、忽高忽低？

“二战”之后，日本经济持续高增长，但最终被1990年泡沫经济终结，并陷入了持续的经济萧条。自里根政府开始，美国经济、楼市、股市持续了史诗级的大牛市，但终于2007年次贷危机。

最近十年，意大利、希腊、西班牙、葡萄牙、爱尔兰陷入债务危机。英国、法国经济相对实力衰退，政治上陷入民粹主义泥潭。

墨西哥、阿根廷、印度尼西亚、菲律宾、泰国等都曾经历短期的高增长，但最终还是掉入“中等收入陷阱”，债务危机、货币危机及经济问题不断。

再来看“金砖五国”，巴西、南非都已掉队，俄罗斯的经济总量只相当于一个广东。印度经济依然保持强劲增长，但社会问题隐患日增。中国经济创造了40年高增长的奇迹，如今进入“新周期”，换挡降速的风险大增。

经济如何才能稳定、强劲增长？

综合以上，能否有一个国家既能保障社会福利，实现公平竞争，又能发挥市场的配置效率，实现个人自由；既发展金融业，又不抑制制造业、实体经济，避免金融泡沫、通货膨胀；保持经济稳定增长的同时，还能解决大众住房、制造业技术升级、金融风险三大问题。

能否有一种经济理论及政策可以实现效率与公平、金融与制造业、市场资源配置与政府需求调节有效融合？

综观全球，只有一个国家相对接近（注意是接近，而且是相对）以上苛刻条件，那就是“二战”后的联邦德国（如今德国也面临各种问题，最后一部分会讲到）。

“二战”后，作为战败国，德国面临亡国的风险。苏联试图将其在地球上抹去；美国执意接管西德。所幸的是，美苏英法各怀鬼胎，丘吉尔的铁幕演说挽救了德国。德国在冷战下的两极阵营中分裂为东西两国，联邦德国在美苏争霸、德法联盟中获得喘息之机。

此后，联邦德国很快在废墟中重建家园，战后十年便超越英法跃升为世界第二经济强国，史称“德国奇迹”。从“二战”至今，除了在20世纪70年代受到美国滞胀危机波及，德国经济一直维持稳步增长，本土没有发生过一次经济危机；制造业强势、社会福利完善的德国，一直是欧共体的核心力量。

纵然如今的德国也面临难民、伊斯兰化、福利民粹主义以及经济衰退等一系列问题，但德国依然是社会经济问题最少的强国、经济增长最稳定的大国，是经济发展与社会福利、制造业与金融发展最为平衡又强大的国家。

当今世界，货币危机、债务危机已然成为全球经济上空的达摩克利斯之剑。美国、日本、欧洲大部分国家、拉美以及亚洲新兴国家，都面临严重的债务问题。与美国、日本、英国相比，德国经济要稳定得多、扎实得多。德国经济杠杆率低于美日英法以及中国，私人部门负债率很低，制造企业现金流充足、经营稳定、技术先进。

德国是世界上少有的经济强劲的高福利国家，公共用品充足，劳资关系和谐，提供教育、医疗、住房保障，社会稳定，房价偏低，空气优质。德国解决了居住问题，房价还一直保持低位、平稳，而且没有发生过一次房地产泡沫危机，在当今此起彼伏的房地产泡沫时代算是一股清流。

德国是怎么做到的？

世上不只有亚当·斯密、凯恩斯，还有德国的欧根（又译“欧肯”）、艾哈德。自凯恩斯主义诞生以来，关于市场与计划、无形之手与有形之手的争论，不管是在学术层面还是政策层面，都无休无止、争而无果。但是，弗莱堡学派的代表人物欧根和社会市场经济的操盘者艾哈德的经济理论以及经济改革政策，帮助德国走上了稳定的第三条道路——社会市场经济。

过去几十年，中国坚持走中国特色社会主义市场经济道路。在当下，我们所面临的困难比想象中要多得多。中国如何处理市场与政府之间的关系？如何持续保持经济稳定？中国该如何改革经济体制，解决住房问题，促进制造业转型升级，推动技术进步，降低金融风险？

以德国为鉴，并不是说德国没有问题，而是因为德国有一套完整的经济理论、经济政策以及曾经成功的实施经验。

德国模式不是表面的工匠精神、严谨态度与西门子制造，而是一套被人忽略的经济理论和恰到好处的经济政策，以及真正利于民族的经济学家和政治改革家。

本节深入德国的经济改革、经济理论及政策，从底层触摸真正的德国模式。

集他山之玉，并以之为鉴，以飨读者。

01

经济宪法，保障自由市场

“二战”后的“德国经济奇迹”，离不开联邦德国首任总理康拉德·阿登纳和美国的“马歇尔计划”。但专注德国国内经济体系来看，瓦尔特·欧根和路德维希·艾哈德是两个关键人物。

德国的经济复苏以及快速崛起，根本上来自欧根和艾哈德设计和推动的社会市场经济。欧根是德国弗莱堡（又译“弗赖堡”）学派的创始人，是社会市场经济思想及理论的创立者；艾哈德是德国重要的政治家、改革家，是社会市场经济政策的设计者和执行者，被称为“德国崛起之父”。

“二战”后，德国满目疮痍、断壁残垣、四分五裂，经济已崩溃，政治被接管，国家被肢解，很多德国人对未来感到迷茫和绝望。

美国经济学家古斯塔夫·施托尔佩尔曾经这样描述当时的境况：

“一个生物实体上不可救药的残缺不全的民族；一个聪慧的但却是残废的民族；一个由于拆散家庭而在道德上被毁坏的民族；一个其城市几乎全部成为废墟、其工厂变成瓦砾的具有城市和工业文明的民族；一个没有食品和原料，没有有效的交通体系和有效货币的民族；一个其社会结构通过大规模逃亡、大规模迁移、大规模地强使外来者定居而被撕裂了的民族；一个拥有巨额国债，其银行存款或被没收，或者通过货币贬值对工业和生产性资产进行大规模剥夺并被作为政治报复行动的民族；一个在失去构成其食品来源的四分之一的各省后，处于其过去的东西方敌人的第二次瓜分危险之中的民族；一个在热爱和平的制度胜利后仍无个人自由保障，没有人身保护和没有民主的民族。”

这就是当时欧根、艾哈德、阿登纳所面临的德国。

他们经历过德国历史上巨大的民族苦难和经济忧患。从德意志帝国、“一战”、战败后的魏玛共和国、纳粹德国、“二战”，到战败后的联邦德国，这一连串大起大落、大开大合的短暂历史，极大地冲击了这代人的思想灵魂和民族情感。

日耳曼是一个善于思辨的民族。这个民族拥有一套属于自己的哲学体系以及文化精神，诞生过尼采、叔本华、黑格尔、康德等杰出的哲学家，他们不喜欢人云亦云、鹦鹉学舌。

在“一战”前，即欧根求学时代，德国经济学界流行李斯特开创的历史学派。这个学派否定亚当·斯密建立的古典主义，漠视经济学的普适性以及经济的一般规律，强调“德国特殊论”，推崇德国道路，反对经济自由主义，主张用国家手段干预经济。

德国历史学派显然在“独立自主”道路上玩脱了，成为德意志帝国的统治工具，最终走上了支持国家主义扩张的庸俗之路。

欧根在莱茵弗里德里希—威廉大学学习期间，也受到德国历史学派的影响。“一战”后，欧根发现德国历史学派将德国经济带入灾难性的误区，且对当时历史罕见的恶性通胀束手无策。于是，欧根果断地抛弃了历史学派的传统，赴波恩追随当时德国极少数反对历史学派的经济学家海因里希·迪茨耳。

在迪茨耳的指导下，欧根大量吸收古典主义理论，并形成了一套折中主义的经济主张。他在调解历史学派和奥地利学派的方法论大论战中获得了启发，最终提出了“竞争秩序”理论，采取了走“中间道路的经济政策”。

1939年，欧根发表《国民经济学基础》，标志着竞争秩序理论的形成，以及弗莱堡学派的成熟，也奠定了他作为弗莱堡学派主要创始人的地位。欧根的“竞争秩序”理论，便是德国社会市场经济政策的理论基础。

欧根解释，竞争秩序是一种“有运作能力的、合乎人的尊严的秩序”。用他本人的话来说就是：“要求遵循经济的客观规律性只是竞争秩序的一个方面，它的另一方面在于同时要实现一种社会和伦理的秩序要求，将两者紧密结合正是竞争秩序的优势。”这种秩序既符合市场规律，又关照人的伦理。

欧根认为，公权和私权都可能被滥用，从而危害经济自由。他强调，要维持竞争秩序，就必须制定一部经济宪法，通过经济宪法来约束公权和私权的运用。

实际上，欧根的竞争秩序理论试图超越当时的苏联社会主义经济和资本主义经济，形成“第三条道路”，即通过经济宪法约束市场行为与政府行为，保障市场自由竞争，提高政府管理效率。

所以，概括起来，形成竞争秩序的首要前提是制定一部经济宪法，其次是维护市场自由竞争。

欧根对经济宪法的强调与弗莱堡学派的构成有关系。弗莱堡学派是由欧根代表的经济学家阵营和欧姆代表的法学家阵营共同组成的。这一跨界组合，促成了“经济宪法”主张，强调用法律来约束政府，保障自由经济。

在欧根看来，市场自由竞争的关键是“有运行能力的价格体系”。欧根极为提倡价格机制，并制定了经济宪法的七大原则，其中第一原则也是最重要的原则就是价格体系。

欧根认为，价格机制正常运行，才能保障自由竞争；如果做不到这一点，任何经济政策都会失败。欧根吸收了古典主义倡导的自由主义思想以及经济运行的一般规律。他对自由的定义是“无权力依附关系”，自由受法律保障，而非公权力干涉。

在纳粹统治期间，欧根就是一个反纳粹主义者，他深刻感受到纳粹政府的强权对自由市场以及个人自由的破坏，极其渴望通过法律来保障自由。欧根的秩序竞争也因此被称为“秩序自由主义”，或叫“联邦德国奥尔多自由主义”。

欧根主张的自由竞争与其好友哈耶克的自由主义相近，但经常被人误解。人们一不小心就将这类市场自由主张等同于亚当·斯密以及古典主义推崇的“自由放任”“小政府主义”。

其实恰恰相反，欧根与哈耶克（详见哈耶克的《自由宪章》）都反对“自由放任”，他们强调用“宪法”来保护自由市场，管控私权和公权，同时倡导有为政府。

“二战”后，即1947年，欧根、哈耶克、弗里德曼等30多名学者在瑞士成立了著名的蒙佩勒兰学会（又译“朝圣山学社”），这是一个宣传新自由主义思想的世界性组织，欧根为第二任会长。第二年，欧根在国内创办了《奥尔多，经济与社会秩序年鉴》，宣传“竞争秩序”的新自由主义经济思想，聚集了当时德国一批杰出的经济学家，包括艾哈德。

1950年，欧根应伦敦大学之聘赴英讲学，但不幸感染风寒病逝于伦敦。所以，欧根没有实际参与德国社会市场经济体系的建立，但他提供了一套完整的思想、理论以及施政方法。欧根曾计划撰写一部“经济宪法”，但最终成为遗愿。欧根去世之后，欧根夫人与欧根的学生恩塞尔根据欧根遗稿编辑出版了《经济政策原理》（1952）一书。这本书明确指出如何制定一部“经济宪法”。除了建立一套完全竞争的价格体系外，还包括：保持币值稳定的货币政策；保障私有产权制度；开放自由市场，废除一切行政干预的禁止和限制；保障订立契约的自由；坚持责任原则，凡负责经营者均应有承担负债的责任；经济政策必须保持长期的连续性和稳定性。

其中的每一项，对中国来说，都极为宝贵。

02
货币改革，稳住宏观经济

欧根之后，弗莱堡学派重要成员艾哈德成为“自由秩序”理论最关键的执行者。

艾哈德是“二战”后联邦德国最重要的两大政治人物之一，另外一位是联邦德国第一任总理阿登纳。阿登纳擅长政治与外交，艾哈德负责经济改革，这两位被认为是“德国经济奇迹”的缔造者。

“二战”后，艾哈德历任德国巴伐利亚政府经济部长、德国英美占领区经济署长、联邦德国经济部长、副总理、总理。在连续、完整、持久的政治生涯中，艾哈德一手设计并推行了社会市场经济秩序，充分地执行了欧根的主张，做到了欧根强调的“经济政策必须保持长期的连续性和稳定性”。

艾哈德的第一个成就是在担任德国英美占领区经济署长期间推行了货币改革，成功终结了市场价格的混乱，打破了市场交易的僵局，为德国经济改革及复苏奠定了良好的基础。而这一改革恰恰是欧根“竞争秩序”中最核心内容：一套自由竞争的价格体系、保持货币价格稳定以及货币政策目标优先原则。

欧根、艾哈德都经历了“一战”后魏玛共和国时期的恶性通货膨胀。这是一场历史性的大通胀。“一战”前，1美元兑4.2德国马克，但在1923年（战后5年），1美元可以兑4.2万亿马克。这次恶性通胀几乎刻在了那一代德国人基因里，改变了德国经济历史，也改变了欧根的学术生涯及经济思想。

德国人从此谈通胀色变，欧根对通胀也深恶痛绝。他在1923

年就出版了《德国货币问题的批判考察》一书。这本书是竞争秩序理论的开端。换言之，欧根的理论正是从货币制度开始的。

在欧根的理论体系中，维持货币价格稳定永远是第一位的。他认为，央行必须把稳定货币作为其货币政策的首要目标；任何宏观经济目标以及其他目标，都要让位于货币政策目标。

他还强调，“坚定不移地把稳定货币放在首位，这样做事实上是对其他政策目标的最大支持，也是对经济发展的最大贡献”。

纵观经济学300多年历史，没有任何一位经济学家将货币价格稳定提升到如此高度，也没有任何一位经济学家以货币政策优先原则为核心来构建自己的理论体系。

但现实中，稳定货币价格恰恰是化解经济危机、解决经济难题以及推行重大经济改革的关键所在。“二战”后的德国经济秩序混乱、价格瘫痪，艾哈德推动货币改革，稳定德国马克价格，犹如在乱麻丛中找到突破口，击中问题的要害。

马克改革的成功，是欧根思想最伟大的实践，也是整个德国经济改革以及经济复兴的关键。从此，德国与通胀基本绝缘，除了20世纪70年代滞胀时期，德国经济一直在低通胀的环境下稳定增长。欧根的货币价格稳定及货币目标优先原则，是德国经济几十年稳如磐石的根本原因。

值得一提的是，20世纪70年代美国滞胀危机期间，美联储主席保罗·沃尔克不顾一切地紧缩货币，强势压制通胀，与欧根币值稳定及货币政策优先的主张不谋而合。当时，沃尔克为了控制通胀，很大程度牺牲了经济增长和就业。但当通胀率降低、物价稳定后，美国经济、股市、楼市在最灰暗时复苏，从而开启了几十年的大牛市。这恰恰印证了欧根的理论。

艾哈德对欧根理论的深刻理解以及深度贯彻，很大程度来自对稳定货币价格的高度认同。在德国恶性通胀期间，艾哈德正好在法兰克福大学攻读经济学博士，其父母多年辛苦经营的店铺被通胀无情摧毁。这场通胀给德国经济及无数家庭带来毁灭性的打击，艾哈德与欧根一样对通胀深恶痛绝。

1948年，美英军政府指示对双占区进行经济改革。承担议会职能的经济委员会成立了“管理委员会”，下设经济管理局局长，负责具体改革任务的执行。由于前任“出言不逊”激怒了美国占领当局的领导被免职，艾哈德意外地接任了这一职务。

这时，弗莱堡学派经济学家莱昂哈德·米克什成为艾哈德的助手，他主要负责价格和工资政策改革，发挥了重要作用。

作为货币改革的主要负责人，艾哈德和米克什非常坚决地将推行新马克、稳定物价作为第一目标。在推行货币改革时，艾哈德和米克什很好地执行了欧根两大思想：一是建立经济宪法来约束市场和政府，即通过法律来推行改革；二是必须建立一套自由竞争的价格体系。

通过经济法律来推行改革与建立自由竞争的价格体系，在当时实际上是一个问题。战后德国的纺织品、鞋、收音机、自行车、钟表、汽车、打字机、缝纫机、木材、玻璃制品、农业机械等都受到严格的行政命令管制，而通过立法推动货币及价格改革，就意味着基本上要废除这些管制，以法律管理替代行政命令，以法律的严肃、稳定替代行政的随意、僵化。

艾哈德认为，任何一项货币改革，都要回到自由市场经济之中，通过法律保障自由竞争机制。具体来说，只有放松价格管制，用法律规范市场，使商品价格随行就市，才会增加供给，才能解决物资奇缺的问题，新马克才能发挥作用。

1948年6月17日，经济委员会召开会议，讨论艾哈德和米克什共同起草的“关于货币改革后管制经济和价格政策的指导法律”，即“指导原则法”。当时，议会党团总体上支持艾哈德的立法主张，但社民党从行政管制的党派利益出发，批评艾哈德获得过度授权。

艾哈德在会上回应说，这并未关系到授权法，而是关系到“保护德国货币的法律，一个重建民主自由和基本法权利的法律，一个经济重建的法律”。

会议一直开到次日凌晨，最终经济委员会以52对37的多数票通过了“指导原则法”。其实，这部法律所涉及的远远超过货币及价格问题，它是德国社会市场经济的总纲领，是德国经济政策改革的总路线，是欧根主张的“经济宪法”，推动德国管制经济走向自由市场经济，同时也保障了自由竞争。

19日，艾哈德便迫不及待地通过电台宣布，一大批商品将取消价格控制和管制，只对主要生活资料和煤铁等原料进行管制。

其实，这部法律还需要州际委员会和美英军事当局的同意。艾哈德这种“先斩后奏”的做法（或者说是政治博弈的手段）让美英军事当局的克莱因将军极为恼火。而且，艾哈德放开价格管制损害了英美军政府的配给利益。他以解除职务相威胁，愤怒地质问艾哈德：“你怎么竟敢在普遍缺粮的时候放松我们的配给制？”

艾哈德回应克莱因将军说：“我把配给证取消了，以后唯一的配给证是西德马克。他们会努力工作以赚得这些马克的。”不过，莱克因将军也算“深明大义”，明白艾哈德的改革最终有利于德国走上自由市场经济道路，允许艾哈德放手去干。

20日，“指导原则法”下的第一项法律货币法，即《关于货币新体系的第一项法令》生效。这标志着货币改革正式开始。

货币法规定，德国于21日开始停止使用帝国马克，采用新马克，即“德国马克”；允许每个公民以1：1的比例兑换60个德国马克；所有存款准许以10：1的比率兑换成德国马克；存款中一半列入自由账户自由支取，另一半进入固定账户予以冻结；被冻结存款中的70%作废，20%转入自由账户，10%强制购入国债。

改革以后，市场上流通的货币量从700亿帝国马克急剧下降为60亿德国马克，货币量削减了93.5%，这是德国历史上削减货币量最大的一次货币改革。

所有人都在期待这次货币改革以及新马克来终结糟糕的经济状况。

当时的德国，由于受到价格管制，物资奇缺，正常市场上买不到东西，于是黑市猖獗，物价大涨，通胀大爆发；市场上充斥着700亿帝国马克，帝国马克泛滥成灾，犹如废纸，美国的香烟成了最坚挺的货币，不少交易重回最原始的物物交换的状态。市民想办法获得美国的香烟，然后在黑市上购买面包、黄油以充饥。

德国人意识到饥饿、堕落似乎不可避免，一场战后的恶性通胀噩梦又开始了。

当时，德国记者非常敏锐地指出，德国马克的成败，就看6月21日那天商店货架上、橱窗上是否摆满琳琅满目的商品。

6月20日，德国所有城市的银行门口都聚集着大量忐忑不安的市民，他们排着长龙兑换新马克。

次日早晨，大量市民拿着前一日兑换的新马克走进商店时，他们都不敢相信自己的眼睛：各种各样的商品堆满了货架。这些商品仿佛从天而降，商品奇缺突然消失，黑市突然消失。这简直就是奇迹，一场货币改革的奇迹，一场自由经济的奇迹。

当时美国联邦储备委员会成员、经济学家亨利·瓦利希在美占区军事当局任职。他是这场货币改革的亲历者，他说：

“……币制改革使德国的面貌日新月异。1948年6月21日，商店里又有了货物，货币恢复了正常的功能，黑市和灰市的作用缩小了……一夜之间，国家的精神面貌大变样。过去人们忧愁苦闷，面露饥色，死气沉沉，终日流浪街头，觅食糊口，现在却生气勃勃，四十新马克（首次兑40个）使他们第一次能够放手采购商品。”

法国经济学家柴克·罗夫、安德烈·毕埃脱曾这样生动地描述货币改革后的变化：

“商店柜窗里的商品琳琅满目，工厂里的烟囱里开始冒烟，汽车开始在公路上奔跑。不管在什么地方，建筑工地上的喧闹声取代了废墟上死一般的沉静。

“如果说这种崛起已经使人感到震惊的话，那么这种崛起的突然性更加使人惊讶。随着货币改革这一天钟声的敲响，这种崛起在经济生活的各个领域就开始了……在前一天晚上，德国人还毫无目的地在城市里到处游荡，以便再找到一点点食品。而一天后，他们只想去生产这些产品。前一天晚上，他们的脸上布满失望愁容，一天后整个民族对未来充满了希望，于是谁也不怀疑，随着货币改革的实行，德国经济决定性的重新崛起开始了。”

货币改革后的第一年，联邦国民生产总值就翻了一番，第二年就超过了1938年的最高纪录，工业生产迅速恢复到战前的水平。物价大幅度下降，中间虽有一些商人囤积货物抬高物价，但商品自由流通很快又让物价恢复正常。1952年生活物价指数仅2.1%，此后完全处于低通胀水平。失业率也随之大幅度下降，从1948年的42%迅速下降到1950年的10.2%。

03
经济改革，走上中间道路

货币改革只是艾哈德经济改革中的第一步，当然也是最重要的一步，实际上已经完全体现了欧根的经济思想以及艾哈德的经济政策理念。

早在1946年，艾哈德就阐述了他关于新的经济制度的基本思想：

“如果将来国家遵循着一种既没有社会特权，也没有人为地阻碍经济力量的自然平衡，那么就只剩下供求之间的游戏。在这种情况下，市场就可以最佳的方式调节各种经济力量的投入并能够调节任何一种失误。相反，国家的命令经济必将取消市场和自由消费。”

欧根和艾哈德的经济思想常被误认为过度追求自由主义，被类比为哈耶克的自由主义，甚至有人将其等同于亚当·斯密的“自由放任”。有人认为，“社会市场经济”中的“社会”是多余的。实际上，这是对欧根及艾哈德思想的最大误解。哈耶克也说过：“自由放任，是对自由最大的伤害。”

艾哈德确实非常强调自由竞争，这也是欧根经济思想的基本前提，但他同时特别重视社会功能，主张社会市场经济中的“社会”二字不但不能取消，而且必须大写。他认为，国家起着“法官”和“裁判员”的作用。国家的功能主要是制订规则，并不直接干预经济。

自凯恩斯主义诞生以来，经济学界一直对市场自由与政府干预争论不休。今天中国经济学界还为此困扰不已。其实，新自由主义早已解决了这个问题，艾哈德的社会市场经济有效地将政府之手与市场之手整合在了一起。

社会市场经济概念的提出者——弗莱堡学派的米勒 · 阿玛克（受艾哈德提拔，担任过联邦经济管理部副部长）认为，社会市场经济是“一种和平相处模式”（即创造和平的模式），因为社会市场经济使相互矛盾的事物共同为社会所用。

在社会市场经济中，“社会”代表国家及民众监督，具体而言是国会（议会）的立法。通过“经济宪法”共同约束市场私权（垄断权）和政府公权（行政干预以及特权），既避免了英法模式下的自由竞争造成的极度不公及贫富分化，也避免了苏联计划经济及纳粹德国经济统治下的直接干预造成的经济失衡及福利损失。德国社会市场经济走了一条中间道路，也称第三条道路。

从1952年到1958年，德国的GDP年均增长7.6%，失业率由6.4%降至1.7%。1955年，德国工业总产值超过英法两国，跃居世界第二。在社会市场经济政策的推动下，德国经济发展呈现出持续高增长、低通胀、低失业的特点，“德国制造”称雄世界，人们称这一时期的德国经济为“经济奇迹”。

法国经济学家、法国保险公司总裁米歇尔 · 阿尔贝尔在其著作《资本主义反对资本主义》中将德国的社会市场经济概括为“莱茵模式”。阿尔贝尔断言，在强势的英美模式面前，“莱茵模式”所包含的“人文价值”和其社会和谐平等的内涵，将具有顽强的生命力。

但其实“莱茵模式”过度强调社会福利保障，将社会市场经济异化为北欧高福利国家模式，是对社会市场经济的曲解。

1957年，艾哈德出版了《大众的福利》（又译为《共同富裕》）一书。这本书全面地论述了他的社会市场经济思想及政策，系统地继承了欧根的“自由秩序”主张。

艾哈德强调，社会市场经济政策的基本要义是要处理好经济自由和政府干预之间的关系，即克服漫无限制的自由放任和严酷无情的政府管制之间的矛盾，在绝对自由和集权主义之间寻找一条中间道路。而这条中间道路的保障则是“国家”，即国家大法，从而实现社会性的公平与普遍富裕。

纵观经济学300年历史，亚当·斯密发现了市场的力量，凯恩斯发现了政府的力量，但市场与政府都有缺陷，二者互相排挤、对立。到了20世纪70年代，新自由主义者们发现了社会的力量（法治的力量、国会的力量）。

这一力量包括布坎南的公共选择、阿罗的社会选择、波斯纳的法与经济学、科斯的新制度经济学、哈耶克的自由宪章、梯若尔的产业组织，以及更早时期的欧根的竞争秩序、艾哈德的社会市场经济。他们共同主张通过社会的力量，用法律、制度、规则来限制政府公权与市场私权，从而促进资源的高效合理配置；将经济学命题从单纯追求配置效率，上升到追求经济效用、社会福利以及个人自由的最大化。

新自由主义是经济学的3.0时代，德国是最佳实践者；20世纪80年代后的美国、日本次之，但整体稍微偏右；如今的北欧国家整体稍微偏左。

“二战”之后，凯恩斯主义在欧美世界大行其道，虽然哈耶克努力批判凯恩斯主义，但新自由主义依然被后者长期压制。

不过，由于弗莱堡学派在德国盛行，以及艾哈德实施社会市场经济政策，凯恩斯主义没能像美军一样攻占德国。德国走上了更为理性的第三条道路。

在1948年货币改革之前，德国成立了德国州际银行，也就是德国的央行。随后，艾哈德推动《证券发行法》出台。根据该法，德国州际银行拥有钞票垄断权和调整各类业务银行最低储备金的权力。这部法律促使德国央行以及发币权从美英军事当局脱离出来。后来，美英军事统治结束，德国央行完全实现了独立性。这就避免了政府滥用发币权，导致通胀膨胀和债务高企。

欧根极度担心货币政策这一公权力被滥用于牟取私利。他曾经说："一种非自动虚构的货币宪法有被滥用并造成通货膨胀的巨大危险。"艾哈德通过立法确保了欧根担心的事情不会发生。

通过经济改革，德国形成了由中央银行、全能的银行系统以及银行监督局组成的金融体系。德国确立庞大健全的金融法规体系，其中最重要的是《德意志联邦共和国信用业法》和《德意志联邦银行法》。除金融法规以外，银行业务活动还需遵守其他的相关法律，如《商业交易法》《股份公司法》等。

表面上看，德国这套金融体系与美国、英国并没有多大区别，但实际上，德国金融体系与美英存在三大区别：

一是强化金融控制。

从20世纪80年代开始，美国、英国大幅度推进金融自由化、金融混业发展，极大地放松了金融监管。2008年爆发金融危机之后，奥巴马请出年迈的保罗·沃尔克，试图以"沃尔克法则"推进金融改革，强化金融监管。

但是，德国自始至终对金融保持高强度的监管，将金融监管强化为"金融控制"。德国金融混业程度极低，金融自由化受到很多限制，金融企业及银行的杠杆率被控制。

二是货币政策优先。

自20世纪90年代开始，西方世界的央行掀起了一场单一制思潮，即从政府权力体系中独立出来，只服务于通货膨胀率。

美联储的机制具有相当的独立性，但每当危机爆发时，美联储与联邦政府容易达成共识，采用扩张性的政策刺激需求。2008年全球性经济危机爆发，美国、日本、中国的央行采取扩张性货币政策救市。次年，欧债危机爆发，面对如此态势，德国央行公开反对量化宽松。

货币政策优先，不仅意味着央行货币政策的独立性，还强调其不服务于宏观经济目标。在货币政策优先原则下，政府任何宏观经济目标，如充分就业、财政融资、债务融资、经济刺激、房地产及资本市场调节，都让位于货币政策。如此，政府无法要求央行为其服务，最大限度地保持了央行的独立性和政策优先性。

三是货币数量被控制。

弗莱堡学派提出货币“区间论”，即为货币供应增长率确定一个范围。1979年开始，西德央行根据这个理论，采取了货币增长率的区间指标。这是德国马克一直保持稳定且强势的直接原因。弗莱堡学派还要求央行向公众公布“货币目标”，以稳定市场的预期，并接受公众监督。自1974年起，西德央行一直实行这种制度，且效果显著。这两个政策与弗里德曼提出的固定货币增量目标且立法的举措有着异曲同工之妙，只是弗里德曼的建议并未被美联储所采纳，美联储依然采取凯恩斯主义的相机选择货币政策。

历史证明，美元价格的稳定性不如德国马克。美国还因美元的贬值终结了布雷顿森林体系，后来引发了20世纪70年代的滞胀危机。

货币是金融的源头，是金融的活水。若源头掐死了，金融市场不可能过度繁荣。

我暂且将欧根的货币政策优先原则以及弗莱堡学派的货币主张定义为“货币谨慎主义”。“货币谨慎主义”很大程度上抑制了德国金融过度繁荣，同时帮助德国构建了“谨慎”的金融体系——有别于美英的金融体系。

德国的货币政策优先原则以及金融体制，很大程度上限制了政府的财政扩张。

弗莱堡学派不主张通过物价上涨、增加货币及税收筹集资金，而是主张利用银行信贷、股票、债券这三种自由市场工具融资。

在金融体系中，德国央行不支持德国政府通过财政赤字化融资，更不允许通过多发货币、牺牲通胀来增加就业——这一方式符合菲利普斯曲线，在20世纪60年代的美国极为流行。德国政府只能努力发展实业经济来实现充分就业，德国央行则一直能够维持低通胀，避免人为地制造高通胀或高失业。

同时，通过扩张货币来实现财政扩张的路被堵死，政府只能靠发展经济收取更多税收满足财政需要。这样一来，可以避免人为地创造高通胀、高赤字和高杠杆，降低了经济运行的风险，增强了稳定性。

目前，德国是西方发达国家中经济杠杆率最低的，远低于美国、日本、法国、意大利，也远低于中国。日本的GDP总值是德国的1.19倍，债务总额却是德国的4.94倍。

2008 年至 2016 年，美国和中国均主动加杠杆。其中，美、中杠杆率升幅分别达 23% 和 110%，年均新增债务分别达 1.45 万亿美元和 2.76 万亿美元。与美、中不同，欧元区年均新增债务为 –760 亿美元，未出现持续的主动加杠杆行为。

2008年之后，美国主动加杠杆没有造成通货膨胀，但推高了股票价格，形成一定的资产泡沫。反观德国，这些年一直维持着低通胀和低泡沫，金融风险远低于美国。

我们接下来看看制造业。

德国的货币政策及金融体制为其提供了一个低通胀、低泡沫、低金融风险的宏观经济环境，有助于制造业发展、房地产良性发展以及解决住房问题。

德国的制造业离不开其原有的工业基础以及人才储备。"二战"后，大量从前线归来的军人成为工业快速复兴的重要力量。但这些条件，英国、法国都具备，如今德国制造业的实力却超过英法两国。

金融过度繁荣容易杀伤实体制造业，遏制技术创新。若金融投机盛行，人人炒股票、炒房，则容易抽空实体资金，造成资金空转，导致社会风气浮躁，抑制技术创新和制造业投资。美国和中国的实体制造业，某种程度上都受到过度经济金融化的冲击。反过来，合理的金融政策及金融市场有助于金融服务于实体，促进制造业发展和技术创新。

德国的金融体制无法诞生发达、繁荣的金融市场。金融融资受到一定限制，从而降低了整体经济杠杆，压制了金融投机，有助于金融回归实体。

德国法兰克福是欧洲第三大金融中心，但其实力远不如伦敦和苏黎世，更无法与纽约、东京相提并论。2017年德国的股票交易额占GDP的比重为42.38%，远远低于美国的205%和英国的95%。德国国内信贷投放额占GDP的比重只有141%，也低于美国的245%和日本的374.2%。

严格的金融政策以及不如美国发达的金融市场，降低了德国制造企业的杠杆率，促使企业自主造血和公众回归理性。德国制造企业的债务水平要低于美国、日本，现金流比较充足，较少盲目借贷，或采用高杠杆扩张。总体上来说，德国制造业的经营更加稳健，资产负债表更加良性。这有利于制造业企业回归技术创新，培养工匠精神，降低投机之风。

那么，德国制造企业的资金来自哪里呢？

股票市场只是德国制造业的融资渠道之一。由于德国的金融政策，这一融资渠道并不发达。相反，德国大型制造企业的资金主要来自银行。德国的银行是全能银行，可以持有工商企业的股份，不少大型制造企业的股东都是全能银行。由于金融管控严格，德国银行的金融风险相对低，不容易感染到实体企业。反过来，实体制造业发达，又增加了全能银行的信用。

德国公司的治理机构是监事会和董事会，采取“内部管控、分权制衡”的模式。银行给工商企业提供资金支持，同时派驻董事会和监事会代表，监督管理层。如何避免全能银行与实体企业股东勾结？

德国公司治理模式的另一大特色是职工参与。在监事会中，职工代表往往占到1/3到1/2的职位。德国公司发行部分“人民股票”，即职工或公众持有公司股票，使公司成为公众型公司。如今德国奔驰、大众都类似于公众型公司，股权分散，股价平稳，独立董事会稳定。

在这种金融体制和公司治理模式中，德国制造企业实际上是抑制金融工具、重视实体效益的。稳定的董事会和分权监督有利于企业持续稳健经营。吉利公司的李书福通过资本市场成为奔驰公司的大股东，但是未必能够进入其董事会。这在中国乃至美国都是比较罕见的。

这就是“德国制造”称雄世界的根本。

这种金融制度决定了德国很难出现谷歌、微软这样的信息技术创新企业。硅谷企业需要繁荣、高效的融资市场，尤其是风险投资的支持。德国错失了20世纪90年代的信息技术的领导权，也是这种金融体制决定的。

不过，德国依然掌握了当今世界最底层的工业基础，制造领域的高精尖软依然是经济竞争的核心技术。真正的挑战是：在工业高度信息化、智能化时代，美国制造的优势可能要强于德国制造，美国在风投支持下的高密度创新是德国不具备的。

最后我们看看房地产。

“二战”后，德国不仅很好地解决了住房短缺问题，还保持了房价的长期稳定。套户比从1945年的0.57提高到2016年的1.02，人均住房面积达46.5平方米。1970—2017年，德国名义房价指数仅上涨2.3倍，年均增速只有1.8%，同期，英国、法国、美国分别上涨52.8倍、16.1倍和12.5倍。

在全球波澜壮阔的房地产大泡沫中，德国实属另类。

如何让房地产与住房福利相得益彰是全球各国的难题。综观全球，除了新加坡等小国，大多数国家或地区诸如日本、美国、英国、中国香港地区以及中国内地，都执行了房地产市场化政策。

房地产市场化的关键在于有大规模货币支持。在政治需要、房地产经济的推动下，欧美国家独立性的央行也无法守住发币纪律，容易大规模扩张货币支持住房。20世纪80年代，日本采用了低利率的货币扩张政策，使房地产业获得大规模投资，房价快速上涨，最终引发经济泡沫灾难。2000年后，美联储扩张货币，支持布什政府的“住房美国梦”计划，华尔街金融异常繁荣，直接导致2007年的次贷危机。

如何在促进房地产市场发展的同时解决住房问题？房地产市场本身是解决住房问题的主要手段，但是政府需要考虑的是如何让普通家庭尤其是低收入家庭拥有住房。通常的做法是采用税收转移支付，比如对商品房尤其是豪宅征税，然后将税收用于建设福利房。这种模式比较普遍，但矛盾也很尖锐，容易激化有房者与无房者之间的矛盾。

我们看看德国是如何解决住房问题的。

在“二战”后，尤其是从20世纪50年代开始，德国政府大量建设公共住房，解决了当时战后房屋短缺的问题。

20世纪60年代，房地产进入市场化后，由于金融政策及金融监管，德国房地产金融化、杠杆化程度更低，房产投资规模远不如美日，房产投机被抑制。这就决定了德国房价不会被炒得太高。

德国购房以商业按揭为主，辅以独特的住房储蓄，抑制居民盲目加杠杆买房和炒房。德国按揭贷款的首付比例通常在20%~30%，在国际上处于相对较高水平。住房储蓄模式为先存后贷、以存定贷，降低了负债率。德国居民房贷占GDP比重仅36%，居民负债占GDP比重仅53%，低于其他发达国家。

德国土地是市场化的，德国政府鼓励私人自建房，以及小集体共同建房，采用蚂蚁兵团的方式解决住房问题。这种方式促进了土地及房产充分配置，分散了房源和土地，抑制了投机炒作，同时还低成本地解决了住房问题。

另外，德国鼓励租房，打击炒房。德国政府对交易环节征收重税，对租房进行补贴，对租金上涨进行限制，如三年内租金累计涨幅不得超过20%。全国55%的人口租房住，柏林、汉堡等大城市这一比例更高达80%。

德国关于租房的行政调控手段之所以有效，是因为其应用于非金融化、非货币化的房地产市场。换言之，金融政策抑制了房地产投机、炒作，行政调控才能见效。

房地产的问题其实不是市场化，而是货币化、金融化。房地产需要市场化，尤其是土地市场化，但要避免货币化、金融化。如今中国的土地国有化、房产货币化，日本、美国的房产金融化、货币化，都无法兼顾房地产与住房。

在金融管控以及合理的房地产政策下，德国房价一直处于低位且非常稳定，房地产泡沫、债务率以及金融风险都不高，民众有房可住，属于比较理想的房地产模式。

从货币政策到金融体制，再到政府债务、制造业、房地产，我们从历史脉络和制度建设的角度，看到了一个国家经济崛起的内在逻辑。

这才是真正的德国模式。

后 记

今天，德国问题依然不少，难民问题、伊斯兰化、低生育率、老龄化、政治分裂、福利民粹主义、逐渐高企的政府债务以及持续走低的经济增长，都给德国带来不小的挑战。

这些问题根本上源于对当年欧根、艾哈德建立的社会市场经济的背离。20世纪60年代末，受国际冷战局势的影响，德国左翼势力崛起，凯恩斯主义大举渗透，福利民粹主义大行其道，要求社会公正、扩大社会福利待遇的改革呼声渐高。

1967年，德国在经济衰退之际颁布了《促进稳定与增长法》。这部法律试图用“开明的市场经济”来替代社会市场经济，并推行凯恩斯主义的反周期调节政策。该法的第一条就规定，各种经济和财政措施要注意宏观经济的平衡要求，要有利于经济增长、价格稳定、高就业与外贸平衡。这就意味着，货币政策也要服从于宏观经济增长这一目标，或服务于其他目标。这就违反了欧根的货币政策优先原则。

之后，德国为了确保经济增长而实施了扩张性的财政政策，从而导致国家债务迅速增加。

20世纪70年代，受石油危机冲击，德国经济陷入高债务、低增长、高失业的麻烦。所幸的是，调控性的宏观经济政策并未起到预期效果，这部法律最后名存实亡，经济也得以复苏。

不过，由于左翼的社会民主党勃兰特以及施密特先后上台执政，大幅度增加了政府支出，提升了社会保障，导致政府赤字加剧，同时提高了福利预期。德国逐渐演变为一个制度性的高福利国家。过高的福利要求、过度扩张的财政赤字，为日后拖累总体经济发展埋下了隐患。

左翼势力执政后，艾哈德建立的社会市场经济政策遭到了破坏。20世纪70年代，德国经济政策徘徊于凯恩斯主义（扩大政府需求）和供给主义（供给学派）之间。政策的背离以及摇摆，加剧了市场预期的不稳定，导致德国经济在此阶段陷入滞胀、波动、衰退。

直到20世纪80年代，右翼科尔政府施政，德国才真正重回自由主义道路，强调市场自由与竞争，从“对国家和社会保障制度过度的要求中退回”，降低政府支出与债务；同时顶住了美元扩张的压力，维持了马克的稳定，避免了类似于日本的经济泡沫及衰退。

1990年，两德统一文件《关于联邦共和国与德意志民主共和国建立货币、经济与社会联盟的条约（国家条约）》明确提出德国经济体制为“社会市场经济”。但此时的社会市场经济已经不完全是艾哈德时代的经济体制。再加上两德统一的冲击，德国被迫加大财政支出，以解决老龄化、东德福利以及东部基础设施问题。20世纪90年代中期，德国东移的资金超过万亿马克，这拖累了西部经济。

欧元区成立之后，德国作为欧元区的核心国家，享受了欧元红利。但如今整个欧洲分裂趋势加剧，民粹主义泛滥，德国面对重重挑战。

但不管怎样，从“二战”到今天，相比美国、日本、英国以及拉美国家、新兴亚洲国家，德国依然是经济最为稳健、制造业强劲、社会福利较高的国家。

世上不只有亚当·斯密、凯恩斯，还有德国的欧根、艾哈德；世上不只有美英模式、东亚模式，还有德国的“第三条道路”——社会市场经济。对于中国来说，则是多一个角度，多一种思路，多一条出路。

参考文献

[1] 瓦尔特 · 欧肯.经济政策的原则[M]. 李道斌，等译. 北京：中国社会科学出版社，2014.

[2] 路德维希 · 艾哈德.大众福利[M]. 祝世康，等译. 北京：商务印书馆，2017.

[3] 康拉德 · 阿登纳.阿登纳回忆录[M]. 杨寿国，等译. 上海：上海人民出版社，2018.

[4] 刘光耀.世上不止有亚当 · 斯密系列[Z]. 网易研究局，2019.

德国大选：政治挑战、欧洲困境与统一之路

2021年9月30日，德国大选结果出炉，中左翼的社民党赢得联邦议院选举，得票率为25.7%；默克尔所在的联盟党（基民盟/基社盟）以历史最低得票率24.1%位居第二。10月15日，社民党、绿党和自民党发表声明，已达成联合组阁的初步共识。

以往，德国大选单调乏味，但这次大选“刺激、意外，以及备受关注”。

这一次大选后，连续执政16年的默克尔将退出德国政坛，德国乃至欧洲将迎来后默克尔时代。

在德国，默克尔始终坚持艾哈德开创的社会市场经济道路，经济稳健增长；在欧洲，默克尔是一位务实的危机应对者，先后历经全球金融危机、欧债危机、乌克兰危机、难民危机、英国脱欧危机、能源危机和新冠肺炎疫情危机。

然而，在默克尔赢得广泛声誉身退之际，其所在的联盟党却遭遇了大选滑铁卢。这一缔造战后德国崛起历史的传统大政党，正在失去民众的信任，而左翼绿党和自民党、右翼选择党、极右另类党迅速崛起。大选后，德国将面临三党组阁的政治局面，德国政治正趋于碎片化和不稳定。

“求变”是本轮大选的民意诉求。稳健、中立、务实的默克尔

主义，在国际大冲突时代已无法应对欧盟内部政治分化，以及欧洲地缘政治边缘化。这对未来的德国与欧洲构成挑战。

从两德统一到欧洲一体化，再到当今欧洲之挑战，德国改变欧洲，还是欧洲改变德国？后默克尔时代，德国与欧洲一体化将如何演变？

01 东西德统一

“二战”后，德国政治家艾哈德采用经济学家欧根的思想，实施有效的货币、价格、财政与金融改革，开辟了社会市场经济道路。社会市场经济模式是德国战后经济崛起以及稳健增长的关键。艾哈德领导的基民盟因此在德国政坛上赢得了广泛而稳定的支持。

到20世纪60年代末，这一道路因左翼政党执政而发生了暂时的偏离。1966年，基民盟内部矛盾和财政危机迫使艾哈德辞职。左翼社民党勃兰特执政后不断扩大社会福利性支出，破坏了货币政策的单一目标制。1973年石油危机爆发后，施密特政府采取扩张性财政政策刺激经济，进一步拉高了通胀率。

1982年，因经济政策分歧，政党联盟倒戈，联邦议会以“不信任动议”弹劾了施密特，基民盟主席科尔出任总理。科尔实施自由主义政策，削减税收和预算，减少不公平的社会福利，遏制公共支出扩张。同时，联邦银行实行紧缩货币政策，德国经济重回正轨。从1983年开始，通胀率回落到4%，失业率下降，出口、消费和投资持续增加，1989年贸易顺差高达1350亿马克。这便是两德统一前夜的联邦德国。

时间线走到20世纪80年代末，东欧风云突变。1989年11月28日，科尔提出两德统一的“十点计划”。当时，很少有人预料到这一计划能在半年后启动。

1990年1月之前，东西德民众支持国家统一，但欧共体多数国家持保留态度，英法则明确反对。两德统一可能促使未来欧洲的形势复杂化，也可能促进欧洲一体化。科尔提出两德统一计划后，随即引发了一场经典讨论：未来究竟是“德国的欧洲”还是“欧洲的德国”？

从20世纪50年代的欧洲煤钢共同体，到70年代以埃居为单位的欧洲货币体系，再到80年代欧共体国家间要素自由流通，欧洲逐渐走向一体化。在马德里峰会上，欧共体委员会主席德洛尔提出货币一体化：建立欧共体经济和货币联盟，分阶段实现欧洲统一货币。对此，联邦德国不置可否，法国则力挺。

1990年前后，法国总统密特朗与科尔多次会面，达成了“礼尚往来”的交易：法国支持两德统一，德国推进欧洲（货币）一体化。密特朗强调：“如果德国统一不可改变，那也只有当联邦德国与欧共体更紧密结合在一起时，法国才愿意接受德国统一。”

在随后的欧共体都柏林首脑会议上，委员会表示同意德国统一，民主德国可依据欧共体法律在两德融合过渡阶段就融入共同体，再次强调了“欧洲的德国”这一立场。

1990年5月18日，科尔和德迈齐埃签署了建立经济、货币和社会联盟的国家条约。从国家条约来看，东西德合并的实质是东德被并入西德。

两德统一前夜，东德经济正走向崩溃，这让它在统一过程中失去话语权。“二战”后，原本有着世界领先的精密工程、化工生产基础的东德，在计划经济体制下如同一艘轮船撞上了冰山。到20世纪80年代，东德生产停滞，限制进口，物资紧缺，物价大涨，引起民众不满。

1983年，东德已无力偿还债务。在联邦德国政府的担保下，西德银行向东德贷款19亿西德马克。到1989年，东德对西方国家净债务达到206亿美元。10月，百万柏林人走上街头，向政府示威呐喊：“实现统一。”这一年，东德有32万人口流出。

1990年10月3日，国家统一条约正式生效，德国正式统一，柏林墙成为历史。柏林墙倒塌改变了无数东德人的命运，默克尔就是其中之一：“那里以前只有一道黑墙，突然一道门打开了”，“对我来说也是如此，跨过那道门的时刻已经到来。于是，我抛下了作为科学家的工作，进入政治领域”。此时，35岁的东德科学家默克尔果断放弃了科学事业，投身到两德统一的政治洪流之中。

作为两德统一的关键人物，科尔自然成为统一后的首任总理。在组建新政府时，令人意外的是，科尔任命了政治新人默克尔为妇女和青年部部长，这位德国最年轻的联邦部长幸运地成了“科尔的小女孩”。

当时，科尔面临的难题是，如何将西德社会市场经济模式成功地复制到东德，如何使德国财政、货币、价格、产权及社会福利实现统一。

价格统一的过程其实是价格双轨制闯关。科尔的做法与当年艾哈德类似：放开价格管制。货币统一，东德货币直接以1：1兑换为西德马克，个人最高可兑换6000东德马克；剩余货币以2：1的汇率兑换。社会福利统一，东德直接采取与西德一致的养老金制度。

其中，货币1∶1兑换策略引发争议。东西德劳动生产率差距大，根据德国经济研究所的报告，东德总体的工业水平落后于西德50%。而且两边的商品价格存在较大落差，东德一个面包的价格经过补贴后相当于西德的1/6，而一台电视机收过奢侈品税费后则相当于西德的三倍。这种货币兑换策略相当于高估了东德的资产。

所以，两德统一后，东西部经济呈现出截然不同的走势。1991年，德国西部（原联邦德国）经济增长率达到了1976年以来的最高水平，大量原东德人来到西部，就业人数一年增加了75万。而东部地区经济呈断崖式下跌。1990年7月1日后，原东德工业企业的生产开始呈直线下滑，8月的工业产品生产值只有上年同期的一半。1991年，东部加工制造业增加值只有1989年的40%，第四季度的生产总值同期减少1/3。

在东德经济转轨的路上，货币与价格的统一引发了短暂阵痛。但是，产权制度的改革阻碍是东德经济更为深层次的问题。

1990年3月，托管局负责对原东德7894家国企实施产权私有化改革。托管局起初设定了诸多限制，如主要通过现金交易，不允许参股收购，还要保证就业；同时，实行“实物归还”原则。这一定程度上符合“历史正义”，但是拖慢了进程。大量财产登记缺乏有效证书，在向上追溯所有权的过程中，牵涉到苏联占军、几代转卖、财产继承，归还过程犹如一团乱麻。到1991年10月，90%关于公司归还的决定还在讨论中，未取得法律有效性。资产所属权未能厘清让这些资产迟迟无法进入市场获得重组或者融资。

大量原东德企业迅速破产，失业人数增加，社会救济成本大大增加。科尔政府曾设立“德国统一基金”，向原东德提供了1150亿马克的专用财政资金。对东部的转移支付成为联邦德国财政预算中一笔重要支出，除了统一基金的专项资金援助，还有财政拨款、投资补贴、税收补贴等。1991年春，联邦政府启动“东部复兴公共方案”，打算1991—1992年每年增加120亿马克经费支援投资、就业、住房、生活津贴。从1990年到1994年，西部财政转移支付用于东部养老保险补助的金额达到279亿马克。据统计，1990—2000年，东部吸收的援助资金总额高达1.2万亿马克。

两德统一大大增加了德国的税收和社会福利负担，扩大了政府财政赤字。从1991年起，联邦政府向西部居民征收10%的附加税，民间称其为“团结税”。1997年，德国西部社会保障支出占生产总值的31.9%，东部占比高达55.6%。1998年，德国各级财政的公共债务达到了空前的2.27万亿马克。

两德统一后的20世纪90年代，德国经济增长相对缓慢，社会负担消化周期漫长。高赋税、高赤字和高福利支出导致企业陷入困境，德国失业率持续上升，1996年一度高达10%。不过，德国社会市场经济道路只是更加艰难，依然没有走偏。其中的关键是联邦德国确保了其政治、制度力量在东部的落地。

德国是幸运的！

02
欧洲一体化

1998年，科尔陷入政治献金丑闻，基民盟失去了政权，社民党赢得大选，科尔时代结束了。这时，“科尔的小女孩”火速与科尔切割，保住了自己的政治生命与基民盟的支持率。

科尔在两德统一上取得了卓越政绩，改变了艾哈德时代基民盟的“德美”政治路线，促成了德法联合的欧洲路线。同时，东西德统一打造了欧洲统一的经典样本，实质上加速了欧洲一体化。

两德统一后，欧洲一体化的关键步骤——统一货币加速推进。1991年12月，欧共体国家首脑在马斯特里赫特签署了欧洲联盟条约（简称马约）。马约明确，欧洲经济货币联盟的最终目标是建立欧洲中央银行，发行统一的欧洲货币取代各成员国货币。

为了规避风险，马约对统一货币设置了较高的准入门槛：稳定的通胀率、控制财政赤字与债务及汇率波动幅度、长期利率稳定。这些门槛大多由德国推动设立，也是当时科尔愿意接受统一货币的条件。

1998年7月1日，欧洲中央银行正式取代原欧洲货币局，地址在德国法兰克福。欧洲央行的建设其实也是以德国央行为蓝本，德国央行试图将其货币制度与操作原则复制过去。马约明确规定，欧洲央行政策以确保欧元价值为唯一目标，不受各国财政干扰，甚至相对于一国央行有更强的独立性。在欧元诞生过程中，德国的有意识主导和马克长期稳定的币值使马克最终成为欧元的信用基石。

1999年1月1日起，欧洲央行上空悬挂起一个巨大的欧元符号，欧元正式启动，标志着欧洲统一货币时代的到来。

对当时的德国来说，欧元的出现可以说是“来了瞌睡送枕头”。两德统一给德国经济稳定增长带来一定的冲击，德国渴望从欧洲统一市场中获得突破。欧元是德国主导的超主权货币，所以德国可以最大限度地吸收货币政策的红利——铸币税。同时，统一的货币还带来了统一的金融市场，并在实质上落实了统一的贸易市场。

欧元诞生后，欧洲成了德国最直接的出口市场。1999年，德国商品与服务出口额为5552亿马克，到2008年已跃升至1.12万亿马克，增长超过一倍，其中对欧元区的出口长期占据近1/2的份额。1999年，德国对欧元区出口比重为46%，到2008年，由于中国等新兴经济体的发展，德国对欧元区出口比重有所下降，但仍占到德国出口43%的份额。此外，这一期间德国对外贸易顺差也呈现逐步扩大的趋势，至2008年达到峰值1547亿马克。从千禧年到2008年，德国的经济稳定增长。德国GDP从1999年的2.19万亿美元，增长到2008年的3.73万亿美元。

在德国经济顺道上，2005年默克尔领导联盟党赢得大选，出任德国总理。

然而，默克尔的好运与德国经济的势头被全球性金融危机终结。危机爆发后，默克尔推出总额高达500亿欧元的刺激计划。这让默克尔赢得“危机管理者”的名声，帮助其在2009年连任。

但是，默克尔连任后，金融危机触发了欧债危机。其实，这两场危机对德国的冲击都有限。可是，作为欧盟最大的经济体，德国不能像法国那般闪身避让，它还承担着“维持欧元之存续”的重担。

为什么会爆发欧债危机？

当年，马约对统一货币设置了较高的准入门槛，欧洲央行可以坚守货币纪律，但是没有财政干涉权。欧盟缺乏统一有力的中央财政或政治机构去监督各国的财政纪律。根据马约，加入欧元区的财政标准是：财政赤字不得超过当年GDP的3%，公共债务不得超过GDP的60%。而意大利加入欧元区时财政指标便不合格，希腊更是通过作弊的方式混入。

欧洲央行推行的德式货币原则，让南欧国家难以适应；同时，货币政策的调整往往更有利于德法，而经济落后的南欧显得力不从心。在剥离货币权后，欧盟各国更加依赖财政政策，屡屡突破财政纪律，扩张福利，增加就业，刺激经济，收买选票。于是，分散松弛的财政与统一刚性的货币构成冲突，一个个赤字黑洞日渐扩大。

危机发端于冰岛，而真正的雷区在债务深重的南欧国家。以希腊为例，希腊加入欧元区的过程本就不甚光彩，由于高福利开支、偷税漏税、缺乏财政纪律，希腊政府常年保持着高额财政赤字。为了加入欧元区，希腊采用“作弊”手段蒙混过关。

希腊与高盛签订了一系列货币互换协议来帮助希腊掩盖其赤字问题。高盛帮助希腊将后者用美元发行的债务换成用欧元发行的债务，债务到期时再由高盛将其换回美元。并且，在债务互换中，高盛为希腊设置了一个优惠汇率，比如希腊发行100亿美元国债可获74亿欧元，然而在优惠汇率下，希腊能获得84亿欧元。这就相当于高盛将10亿欧元借给了希腊，并且这笔债务不会出现在公共负债率的统计中。这样，希腊有了这笔现金收入，使国家预算赤字从账面上看仅为GDP的1.5%。而2004年欧盟统计局重新计算后发现，希腊赤字率实际高达3.7%。

除了这笔借贷，高盛还为希腊设计了许多明股实债的作弊方式。需要注意的是，危机爆发的事后调查中高盛透露，它不仅为希腊这一个欧元区国家提供了这类服务，西班牙、意大利都在其中。

2009 年是希腊选举年，民粹福利主义崛起，希腊议员向选民大肆许诺财政恩惠。当帕潘德里欧领导的泛希腊社会主义运动赢得大选后，这位新任总理发现，当年 9 月财政赤字占 GDP 的比例竟然已超过 10%，远超 3% 的安全上限。若加上原有的财政赤字，希腊的公共债务占 GDP 的比重将超过 110%。当帕潘德里欧政府公布这一消息时，资本市场做空希腊主权债，希腊债务危机爆发。除希腊外，意大利、爱尔兰、葡萄牙、西班牙纷纷陷入主权债务危机，重复着大体相似的故事。

受金融危机影响，德国 2009 年实际国内生产总值同比萎缩 5.1%，但此后的 2010 年和2011年，德国经济开始出现强势反弹，经济同比增长率分别达到4%和3.3%，增速为欧盟的 2 倍。欧债危机拖累了德国经济，但影响有限。数据显示，德国失业率从2009年的7.8%下降至2013年的5.3%。

德国面临的问题主要是政府是否要以不断增加纳税人的负担为前提，对负债国进行救助，并且这种救助在短时间内看不到尽头。

在希腊救助问题上，默克尔最初有些犹豫，但后来她担心，如果绝望的希腊人最终决定靠退出欧元区自行发行货币来解决债务问题，欧元区也将逐渐分崩离析。投资者将担心其他南欧债务国会效仿希腊，欧元将失去市场的信任，甚至走向崩溃。

默克尔呼吁："欧元输，欧洲就输；欧元赢，欧洲就赢。要让欧元赢，我们就要建立一个名副其实的稳定联盟，为欧元提供坚实团结的强力支持。"

2010年 5 月，欧盟和国际货币基金组织形成希腊救助方案，决定未来三年向希腊提供1100亿欧元贷款，德国分担欧元区800亿欧元中的28%，多达224亿欧元。

最终，德国决定以担保的方式承担"欧洲五猪"的救助责任。

德国对临时性的欧洲金融稳定工具（EFSF）和永久性的欧洲稳定机制（ESM）的担保额分别达到2110亿欧元和1900亿欧元，皆以27%的比重承担了最大担保责任。

但是，默克尔此举似乎两边不讨好。德国政府认为自己做得已经够多了，南欧国家却认为德国太过严苛了。默克尔清楚，光送钱无法解决问题，问题在于南欧国家缺乏竞争力，并且它们也需要好好学习财政纪律。

欧洲拥有统一的货币、统一的金融市场，却缺乏统一的财政联盟和银行监督机构。在统一刚性的货币之下，欧元区缺乏有力的中央财政加以平衡，对南欧国家的财政纪律约束不足。也许，等到欧洲建立起真正的政治联盟，这一问题才能解决。

正如曾任德国副总理的菲舍尔1999年在欧盟议会发言中所说："欧元的建立不仅是经济行为，而且涉及主权，说到底是政治行为。从今天起，政治联盟就是我们的北极星，从经济联盟、货币联盟再到政治联盟，这是一个合乎逻辑的次序。"

03
默克尔时代

从两德的统一到欧洲的统一，德国面临的挑战越来越大。还是那个经典的问题：是"德国的欧洲"还是"欧洲的德国"？欧债危机促使德国思考：社会市场经济模式的两大支柱，即货币制度和财政制度，能否成功地复制到欧洲？抑或，欧洲反过来改变德国？

最初，德国央行成功地将其制度与原则复制到欧洲银行身上，马克的信用扩大到欧元。但是，德国的财政纪律无法复制到欧元区。欧元区缺乏统一强势的财政委员会和南欧国家财政约束软化恶化了欧盟的主权债务。反过来，对这些国家的财政施救，实际上挑战着欧洲央行的货币制度和德国的财政制度。

这说明：如果没有欧洲政治联盟的统一，德国无法在欧洲政治上有更多的作为，德国模式在欧洲一体化的道路上阻碍重重，甚至欧盟的政治力量反过来会侵蚀德国模式。

实际上，财政危机只是欧洲政治危机的开端，接下来还有乌克兰危机、难民危机、英国脱欧危机、欧洲能源危机、新冠肺炎疫情危机。这些危机似乎让德国难以招架，默克尔能够做到的只有坚守底线与维持稳定。

2013年，默克尔再次连任。这一年，欧债危机的阴霾尚未散去，年底又爆发了乌克兰危机。此事件起因是乌克兰亲俄总统亚努科维奇终止了与欧盟的政治和自由贸易协议，试图拥抱俄罗斯。这一事件到次年火速升级，引发了克里米亚危机。克里米亚危机导致欧盟、美国与俄罗斯的关系降到冰点。欧洲与美国联合对俄罗斯实施经济制裁，不过，默克尔在华盛顿会见奥巴马后发表了一段微妙的讲话："欧盟正在准备一揽子措施。我们将对俄罗斯实施第三阶段制裁。我想强调的是，这不一定同我们的意愿相符。"

实际上，乌克兰危机对作为欧盟核心国的德国在处理国际政治事件上提出了全新的考验。最终，默克尔表现出务实而平衡的政治艺术，但显得缺乏政治远见与战略改变。实际上，默克尔一直是普京最友好的"对话者"。

紧接着，2015年，中东和北非战乱升级，百万难民越境进入欧洲，引发难民危机。默克尔考虑民众诉求，实施了开放性的难民政策。然而，大量难民涌入引发了一系列问题：接收能力不足、难民融入困难、宗教冲突、犯罪率上升。在遭受德国人以及欧洲人的严厉批评时，默克尔终止了难民政策。难民政策成了默克尔的执政污点，助攻了极右势力崛起。难民危机背后是俄罗斯、欧盟与美国的国际政治博弈。默克尔没能从大局入手，仅迎合了选民和尝试推行多元文化融合。

能源危机长期困扰着欧洲，默克尔在能源问题上的偏左态度与务实方案掣肘了德国政治，破坏了德美关系。2011年，日本福岛核危机爆发后，德国左派政党立即掀起了反核能运动。默克尔迅速妥协，暂停了刚刚颁布的延长核电站使用期限的决定。

此后，欧洲气候政治化、能源政治化升温，德国降煤弃核，大搞低碳经济，天然气价格飞涨，能源供给约束对德国制造构成威胁。为了解决能源危机，默克尔不顾欧洲议会和美国反对，与俄罗斯共同建设“北溪二号”天然气管道。美国总统特朗普就“北溪二号”项目对德国及欧洲相关企业、个人实施制裁。拜登上台后推动气候政治化，与德国展开气候方面的合作，但“北溪二号”项目如鲠在喉。

在能源问题上，默克尔放任欧洲气候政治化，向民粹政治妥协，加剧了欧洲能源危机，也加剧了欧洲政治分裂。过度务实的能源解决方案，体现了默克尔在国际政治上的不成熟。

在英国脱欧危机上，默克尔除了过于强硬，并没有太多可指摘之处。在最后任期内，默克尔用其作为科学家的严谨与理性应对新冠肺炎疫情危机。2020年底，这位曾经的“科尔的小女孩”，更像是一位苦口婆心的“德国妈妈”，在电视上发表了“哀求演讲”。这是默克尔担任总理以来发表的最令人辛酸的一次讲话，也为其漫长的总理生涯画上了一个圆满而典型的句号——守住底线，拒绝变革。

或许，在德国社会市场经济道路上，务实、中立、稳健的默克尔是最佳人选。在长达16年的执政生涯中，默克尔在多次重大危机中都能够坚守德国的货币与财政原则。德国GDP从2005年的2.85万亿美元攀升至2020年的3.81万亿美元，德国的经济杠杆率低于美日英法，制造业依然稳健、强劲。

或许，在欧洲政治舞台上，更大的责任在法国，而不是德国。“二战”彻底击溃了德国的政治与军事力量。战后，法国的政治与军事和德国的经济与货币共同撑起了欧洲。在国际政治上，对默克尔过多苛责，相当于给马克龙卸责。

然而，在欧洲一体化的路上，德国的政治作为已经是不可回避的问题。成长于默克尔时代的280万“首投族”，不再执着于父辈关注的经济与就业问题，更多地关注欧洲地缘政治、社会正义、气候变化等问题。

在默克尔时代，欧洲地缘政治存在被边缘化的风险，欧洲内部政治冲突、法制崩溃也在加剧。欧盟没能抑制东欧的威权主义和西欧的民粹主义，这些威胁着欧洲的价值观与政治安全。在国际政治上，默克尔奉行多边主义，但她没能在国际政治冲突时代欧洲、美国与俄罗斯的政治博弈中捍卫欧洲的政治利益。

之前，特朗普政府反复敲打德国，批评默克尔在俄罗斯问题上丧失原则，甚至以撤走美驻德军队作为威胁。拜登上台后迅速修复美欧关系，然而在民主党重返印太的战略转向中，欧洲的政治地位正在下降。2021年9月，美英宣布支持澳大利亚海军建立核潜艇部队，将为澳大利亚建造8艘核潜艇。澳大利亚为此撕毁了此前与法国企业达成的潜艇大单，令法国颜面尽失，法国外长怒斥此举是“背后捅刀”。其实，这一事件反映出的更深层次危机是欧洲在地缘政治中正被边缘化。

“一个自由、安全、繁荣和社会公正的欧洲现在面临着来自外部的巨大威胁，而且没有做好对抗的准备。”

作为欧洲政治与安全防卫的主力，法国始终保持着高卢雄鸡的骄傲，试图在美俄政治格局中成为独立的“第三极”。马克龙以“欧洲领袖”自居，呼吁打造“欧洲军队”。但是，法国没有足够的政治与军事力量建立和捍卫一个庞大的“欧洲合众国”。

实际上，默克尔本人也承认，欧盟完全依赖他国的时代已经“一定程度地结束了”，欧洲人需要更多地保障自己的安全并捍卫自己在世界上的利益。然而，欧洲人虽然对德国捍卫欧洲经济与货币利益的信心颇足，但对德国缔造欧洲政治力量感到悲观。欧洲人甚至担心，德国薄弱的政治力量与其强大的货币、贸易掌控力正在撕裂欧洲，可能导致欧盟解体。

一份民调显示：超过1/3的欧盟公民对柏林方面处理经济问题和捍卫民主价值观有信心，但只有17%的人认为德国能引领欧盟与中国的关系，仅20%左右的欧洲人相信德国能处理好欧盟与俄罗斯、与美国的关系。甚至，在国防安全方面，德国人比欧洲人更不信任德国。民调数据显示：29%的其他国家欧洲人相信德国在国防安全方面处于领先地位，但只有20%的德国人相信这一点。

“欧洲大多数人仍期望德国在经济金融问题和民主法治方面继续领导欧盟，但德国必须抛弃‘默克尔主义’的折中妥协做法，更加直接果断地捍卫欧盟内部法治以及欧盟在大国关系中的利益，才能让默克尔的政治遗产得以延续下去。”

默克尔中立、妥协、务实以及谨小慎微的执政理念似乎不足以应对欧洲日益严峻的政治冲突，以及国际政治不确定性带来的挑战。默克尔很出色地维持了欧盟内部的最大公约数以及政治底线，但连她也认为，仅做可预测的改变，不实施大刀阔斧的改革，欧盟可能在内外部政治动荡中走向分裂。

因此，在本次德国大选中，“求变”是主旋律，而“默克尔式稳定”正随着默克尔的退出而降温。最终，社民党、绿党、自民党三党联合组阁，肖尔茨领导的德国在政治上可能更加偏左。

这次大选推动德国政党政治格局从“两大三小”演变为“两大四小”。中间偏右的联盟党大溃败，中左翼的社民党赢得了大选，同时绿党和自民党崛起。这体现了德国政治的碎片化，以及民众正寻求多元与改变。

社民党的前身是德国工党，早期领导人是修正主义者伯恩斯坦。新冠肺炎疫情推动全球政治思潮左转，民众寻求庇护与保障，助攻了社民党的竞选。如今的领导人奥拉夫 · 肖尔茨，在抗击新冠肺炎疫情时赢得民众信任。作为财长，他果断实施1300亿欧元的经济刺激计划，努力保障工厂开工，避免大面积失业。

需要注意的是，极右翼的政党另类党获得了10%选票。这个政党反对欧盟、反对欧元、反对移民、反对穆斯林、反对新能源政策，主张民族主义和保护德国。这类政党的选民多数来自之前的东德地区。

如今的德国，不再是艾哈德时代的联邦德国，也不是科尔时代的统一德国，而是“欧洲的德国”。在后默克尔时代，德国需要走出默克尔主义的舒适区，在欧洲内部政治冲突与国际地缘政治边缘化上更有作为，以更好地延续社会市场经济，以及将其拓展到欧洲一体化之路上。但是，德国人、欧洲人需要防止德意志曾经那股可怕的政治激情。

参考文献

[1] 迪特尔 · 格鲁瑟尔. 德国统一史（第二卷）[M]. 刘宏宇，等译. 北京：社会科学文献出版社，2016.

[2] 格琳德 · 辛恩，汉斯—维尔纳 · 辛恩. 冰冷的启动[M]. 宴扬，译. 上海：上海三联书店，2012.

[3] 朱仲羽.德国与欧元[J].德国研究，1999（1）.

[4] 巴里 · 埃森格林. 镜厅[M]. 何帆，译. 北京：中信出版社，2016.

[5] Piotr Buras, Jana Puglierin. 后默克尔时代：欧洲将何去何从[Z]. Ahsen，译.欧洲对外关系委员会，2021.

大家治学

治学，“博学之，审问之，慎思之，明辨之，笃行之”。

观大家治学，如晨钟暮鼓、拂尘之音，往往雄浑悠远、激荡人心。

而相对其他学科的学者，经济学家们往往更有趣、入世。他们关注一个面包、一棵橘树的价格变动，也痴迷于丝丝入扣、一丝不苟的逻辑推演。

走近经济学家，触碰乐观、理性的人生之光。

思想家——亚当·斯密

1723年6月5日，苏格兰一座名为柯科迪的小镇上，一个刚刚出生的婴儿正在教会接受洗礼。不幸的是，这个婴儿是个遗腹子，他的父亲在五个月前就去世了。

不过，这个婴儿依然是幸运的，因为他出生在成就斐然的思想启蒙时代，他及其《国富论》后来成为启蒙时代的一部分。

这个婴儿就是现代经济学之父亚当·斯密。

在斯密生活的时代，人类社会正经历着剧变。美国爆发了独立战争，法国爆发了大革命，英国正快步迈向全新的自由世界。斯密与同时代的休谟、卢梭、伏尔泰、狄德罗、康德、富兰克林、埃德蒙·伯克等伟大的思想家们一起掀起了近代思想启蒙的巨浪。

本节从思想启蒙的历史视角洞悉斯密生平及其自由主义学说。

01
苏格兰人斯密

斯密出生在一个富裕的家庭，他的父亲是一名律师兼海关官员。虽然没有亲眼见到儿子出世，但他临终前指定了一批朋友和亲人作为小斯密的“导师和保护人”。这些尽职的“导师和保护人”为小斯密的成长铺平了道路。

斯密一生中最重要的人是他的母亲——玛格丽特·道格拉斯。这位年轻的遗孀出身于名门望族，她给予了小斯密良好的教育。玛格丽特相当长寿，斯密终身未婚，常伴母亲左右，母子感情至深。

三岁时，斯密差点被一群吉卜赛人拐走。此后，斯密的一生颇为平顺。童年时代，柯科迪已经有完善的基础教育，小斯密在当地学习了拉丁文。

1737年，斯密14岁时，家人安排他前往格拉斯哥大学就读。

格拉斯哥是当时苏格兰最大的城市，那里海运发达、贸易繁荣。格拉斯哥的贸易横跨大西洋直到加勒比海和美洲殖民地。这座开放的城市开拓了斯密的人生视野。

更重要的是，当时的格拉斯哥大学正是苏格兰启蒙思想最为活跃的圣地。斯密入学时，这所大学已经设有数学教席、希腊语教席、植物学和解剖学教席、人文学教席、法学教席、自然哲学教席、逻辑学教席、医学教席等。

1737年10月10日上午10时45分，在格拉斯哥大学的教员办公室里，尼尔·坎贝尔校长向各系教授问候致意。11时15分，校内高塔楼上的上课钟敲响了，身穿红袍的400多名学生和身穿黑袍的教授们一起来到校园东边的大礼堂进行祈祷。斯密在格拉斯哥大学的第一学年以这种传统的开学方式拉开了帷幕。

斯密入学后就连跳两级直接进入第三级的学习。格拉斯哥大学现存的资料显示，亚当·斯密和他的同学们每天的课程安排如下：“在各哲学分支教授们的指导下，每天进行两小时的逻辑学、形而上学、气体力学方面的阅读。这一学年他们开始学习几何学，由数学教授每天授课一小时。学生们或许还聆听了希腊文的讲座”。

斯密在格拉斯哥大学不仅学习了伦理学、拉丁文、希腊文，还学习了物理学、逻辑学、欧几里得几何学以及微积分。数学教授罗伯特·西姆森和自然哲学教授罗伯特·迪克讲授的知识让亚当·斯密痴迷于几何学，并崇拜科学巨人牛顿。

斯密的学生杜格尔德·斯图尔特其在关于斯密的第一本传记《亚当·斯密的生平与著作》中指出：“斯密在大学时最喜欢研究的是数学和自然哲学。”后来，牛顿的研究范式对斯密学说及经济学的影响极其深远。

不过，对斯密的学术生涯产生根本性影响的，还是他的授业恩师、伦理哲学教授弗兰西斯·哈奇森。哈奇森教授长相英俊，言行优雅，且早已声名远播。哈奇森教授习惯于在教室里边走边讲，他的言辞令人愉悦，他的智慧令人折服。多年后，斯密接任了伦理哲学教授一职，他在教学中努力模仿哈奇森教授当年的授课方式。

哈奇森教授还是18世纪苏格兰启蒙运动的奠基人，是苏格兰第一个站出来挑战绝对基督教教义的人。哈奇森教授秉承斯多葛学派的仁爱与理性传统，提出人类的情感和道德源自人与生俱来的本性，从而挑战了上帝赋予人类道德感的传统。

斯密继承了哈奇森的理论，创作了《道德情操论》。正是这本书让斯密真正跻身到英国一流学者的行列。

1740年6月6日，在格拉斯哥大学学习了三年后，斯密带着仆人骑马横穿英格兰，前往牛津大学深造。

但是，斯密一直认为这是一所非常糟糕的学校。他批判牛津大学的教授教学态度极为懒散。在这里，斯密不得不开启自学模式。

正是在这段“自学成才”的时间里，他阅读了大卫·休谟的《人性论》。这本书在当时是禁书，斯密也因此差点被学校开除。不过，斯密从此关注到了休谟这位思想大师，后来，休谟成了斯密一生中最为亲密的朋友，他是除了哈奇森之外，对斯密学术影响最深的一位学者。

牛津大学的六年学习生涯，为斯密通往顶级学术殿堂铺平了道路。

1746年秋天，哈奇森教授突然离世，斯密离开牛津，返回苏格兰。他当时面临的问题与今天大部分大学毕业生一样：找到一份能够养活自己的工作。最开始，他在爱丁堡大学找到了一份编外教师的工作，主要教授修辞学和文学。

在学校教书之余，斯密还在校外办培训班赚外快。斯密的监护人之一凯姆斯勋爵是苏格兰启蒙思想家，也是休谟的堂哥，在爱丁堡哲学学会担任领导，他为斯密组织了修辞学讲座。斯密的讲座一炮而红，为自己带来了巨大的名声。这让斯密获得了重返母校执教的机会。

1751年10月，斯密离开爱丁堡大学，前往格拉斯哥大学担任逻辑学和形而上学教授。第二年，斯密成了道德哲学教授，如愿以偿地接任了哈奇森教授当年的职位。当时，休谟也正好在申请这个大学的教授职位，学校领导就此征求了斯密的意见。由于休谟在当时是一个另类的学者，斯密担心公众反对，不建议学校录用休谟。但宽宏大度的休谟并未因此嫉恨斯密，相反，此后二人之间的友谊火速升温。

在1753年5月26日从爱丁堡寄出的一封信中，休谟称斯密为“我的朋友”，并与其深入地探讨了学术问题。此后几十年，两人信件不绝，无话不谈。

英属哥伦比亚大学教授、《亚当 · 斯密传》的作者伊安 · 罗斯在20世纪70年代参与了格拉斯哥大学发起的整理出版《亚当 · 斯密著作和通信集》项目。罗斯教授整理了大量斯密与休谟的往来书信，向世人还原了经济学史上的这段佳话。

在格拉斯哥大学任教期间，斯密在学术上获得了巨大的成就。斯密后来回忆，那是“我一生中收获最大，也因而是……最快乐最光荣的一段时光”。《道德情操论》（1759）就是在这一时期完成的。

需要注意的是，《道德情操论》并不是一本道德说教的书籍，斯密继承了哈奇森教授道德哲学中最为成熟的部分。他提出，仁慈、正义、克制等道德情感源自每个人内心深处的“同情共感”。

这本书出版后，斯密将最高荣誉给予了他的老师，他说：“这派学说的所有拥护者当中，不论古今，已故的哈奇森博士无疑是无人可比的，最敏锐、最清晰、最富哲理的，而且更为重要的是，也是最冷静的和最精明的。”

《道德情操论》出版后，伏尔泰、康德、狄德罗等欧洲大陆学者对这本书赞赏有加。斯密也因此获得了巴克勒公爵的邀请，陪其一起游学欧洲大陆。正好，斯密对法国启蒙学者也仰慕已久，他渴望这次机会。

02
游历欧洲大陆

1764年2月，斯密辞去了格拉斯哥大学教授一职，并在同月抵达法国巴黎。这次旅行改变了斯密的学术生涯，也改变了经济学的发展进程。

斯密与巴克勒公爵在巴黎一共待了18个月。受益于巴克勒公爵的地位和休谟的引荐，斯密游刃有余地穿梭于法国上流社会的各类学术沙龙，以及巴黎名媛们组织的招待晚宴。他在巴黎见到了众多名流雅士，包括狄德罗、卢梭、赫尔维蒂斯以及法国重农学派代表人物弗朗索瓦·魁奈、杜尔阁等。他还于1765年秋天前往瑞士日内瓦拜会了伏尔泰。

在法国期间，与法国重农学者相遇，是斯密学术生涯中最为激动人心的篇章。

魁奈向斯密传授了关于自由竞争及自然秩序的整套商业思想，这让斯密极为震撼。斯密在法国期间，魁奈正好在撰写两篇文章，一篇是著名的《经济表的分析》，另一篇是《经济问题》。这两篇文章分别发表在1766年6月和8月的《农业商业金融杂志》上。当时重农学派的杜邦担任了这一杂志的主编，斯密收集了这一期刊的十期。这位杜邦就是缔造杜邦商业帝国的伊雷内·杜邦的父亲。这两篇文章后来被收录到了杜邦编撰并出版的魁奈文集《重农主义》中。魁奈以作者的名义向斯密赠送了这本书。斯密意识到，魁奈学说的完整性要超过他在法学讲义中的内容。魁奈是继哈奇森、休谟之后对斯密学术影响第三深远的学者。

1766年10月，巴克勒公爵的弟弟在旅途中突然病逝，斯密不得不提前结束旅行。很快，斯密就回到了家乡柯科迪，他希望花更多的时间陪伴自己的母亲。由于巴克勒公爵承诺给斯密提供养老金保障，斯密可以安心启动下一个伟大而又艰巨的学术课题——政治经济学。

在游历欧洲之前，斯密对政治经济学已经有所研究。他在格拉斯哥大学教授的法学讲义中就有一部分内容属于政治经济学的范畴。1895年，英国经济学家爱德温·坎南整理并出版了斯密的法学讲义（B）手稿。扉页上写着："道德哲学教授亚当·斯密在格拉斯哥大学所讲授的关于正义、警察、岁入及军备的演讲中的法学或讲义笔记。"

斯密在格拉斯哥大学的同事约翰·米勒教授指出，在《法理学讲义》中，"斯密思考了与贸易、金融、教会以及军队机构相关的政治机制。斯密关于这些主题的授课内容，都写进了他后来出版的《国富论》一书中"。

当然，最重要的原因是，休谟和斯密都意识到，法国政治经济学正在散发出启蒙的光辉。在出游欧洲大陆前，休谟于1763年10月28日在枫丹白露写给斯密的书信中就指出："我们可以找到进一步的证据，证明在法国严格审查的体制下，有关启蒙思想的著述仍能在法国得以传播的商业体系非常有效。"

回到苏格兰后，斯密的学术野心开始显现，他试图集百家之长，构建一个宏大的学科体系。但是，这个宏大的体系该从哪里开始？这是斯密遇到的第一个难题。

最终，斯密将研究财富问题作为突破口。"财富是如何增加的"是一个困扰了欧洲学者好几个世纪的学术问题。

14世纪至15世纪，西欧财富突然快速增加，城市人口也大规模集中。英国经济学家安格斯·麦迪森在《世界经济千年史》中用直观的图形给我们展示了当时欧洲学者们的困惑。在公元后第一个千年里，西欧经济几乎没有任何增长，被定义为“千年停滞”。从1000年开始，西欧经济逐渐增长，到了斯密所处的时代，西欧的经济、财富、人口、商品及贸易直线拉升。以爱丁堡城市人口为例，1722年爱丁堡人口数量只有3.5万人，1755年增加到4.7万人，1791年已经突破8.4万人。

人类历史上第一次出现了财富及城市化的伟大跃进。从16世纪开始，欧洲学者就一直关注这个“特殊现象”。当时的西欧，城邦衰败，小镇兴起，贸易兴旺。一些负债累累的领主将女儿“下嫁”给有钱的贸易商。这时，威廉·斯塔福、托马斯·孟等学者认为，是迅速增长的出口贸易带来了大量金银，金银就是财富，而贸易则是财富之源。这一学说被定义为重商主义。

重商主义不仅将金银视为财富，还主张限制金银出口、限制国际贸易，这不利于经济增长和财富增加。之后，重农学派和一些其他经济学家以书信交流的方式，对重商主义理论进行了长达十年的讨论与批判。其中，重农学派大佬魁奈支持自由贸易，并且主张农业才是财富创造的源泉。重农学派另一位代表人物杜尔阁则认为，商业和制造业也是财富积累的来源。为了阐述这个问题，杜尔阁还撰写了《关于财富的形成和分配的探索》一文，当时斯密正好在法国。

斯密同时吸收了魁奈与杜尔阁的思想，并以“财富是如何增加的”为主题开始创作自己理想中的学术体系。一开始，他就将书名确定为《国民财富的性质和来源的研究》，简称《国富论》。

英国学者罗伯特·钱伯斯在1827年出版的《苏格兰风情》中记录了这样一段逸事：在柯科迪母亲家中书房内，斯密一边向抄写员口述《国富论》的内容，一边用头在壁炉上方的墙壁上来回蹭。据说斯密假发上的润发油在墙上都留下了印记。

令斯密没想到的是，整理这一宏大的学术体系花费了他十年宝贵的时光。1773年，在前往伦敦处理出版事宜时，健康状况不佳的斯密担心自己一去不复返，便指定休谟为其身后著作的管理人，并负责《国富论》的出版。但这时休谟身体状况也不好，他渴望在临终前看到好友呕心沥血多年的著作出版。并且，他也将斯密确定为其身后著作的管理人。

03
自由主义学说

1776年3月9日，《国富论》正式出版。这本近1000页、历经十年创作的大部头问世，对人类来说到底意味着什么？

斯密当时没有想过这个问题。因为真正加速这本大部头出版的是北美殖民地焦灼的独立战争。从欧洲大陆游历回国后，斯密就不再是一位藏在书斋里的学者。他成了马瑟尔堡议员和爱丁堡议员，试图学习魁奈、杜尔阁，用自己的行动改变政府的决策。

在《国富论》创作期间，北美爆发了波士顿倾茶事件，引发了北美殖民地人民反抗英国殖民统治的独立战争。在大是大非面前，斯密勇敢地站在了北美这边。斯密认为是英国东印度公司的贸易垄断引发了倾茶事件，同时他还批判蓄奴政策和黑奴贸易，指责英国政府限制性的殖民地政策阻碍了财富增加，带来了巨大的财政赤字。斯密这一系列主张，都体现在《国富论》的自由市场理论中。

自由主义是《国富论》的灵魂所在，它是苏格兰启蒙运动的典型产物，带着强烈的启蒙精神。

《国富论》出版4个月后，北美发布了《独立宣言》，宣告美利坚诞生。有间接证据表明，《独立宣言》的起草人之一、美利坚开国元勋之一富兰克林于1775年在伦敦与斯密有过会面，并看过《国富论》的部分手稿。

斯密将“财富是如何增长的”这一问题的答案总结为四个字：自由市场。

斯密学说正是自由市场学说。自由市场思想是在批判重商主义理论的基础上建立的，休谟及重农学派对此都有着成熟的见解。斯密全盘吸收了休谟、魁奈、杜尔阁的自由市场主张。他反对贸易限制，呼吁废除英国的《谷物法》。

在《国富论》中，斯密提出了一个自由国度的设想，他说：“英国无论如何都应该成为一个自由港……来自所有国家的所有商品都在这里实现自由贸易、自由交换。”

这个自由市场的运行，主要依靠一只“看不见的手”在推动。关于这只“看不见的手”，书中是这样描述的：“每个使用资本和劳动的个人，既不打算促进公共利益，也不知道他自己是在什么程度上促进那种利益。他受一只看不见的手的指导，去尽力达到一个并非他本意想要达到的目的。”

后人一般认为斯密用“看不见的手”来隐喻市场规律，但从斯密前后学术思想来看，“看不见的手”更可能指的是自然神学中的上帝创造的规则。美国经济史学家艾玛·罗斯柴尔德在《经济情操论》中描述了“看不见的手”在斯密的作品中的前两次出现：

“看不见的手”最早出现在斯密的“天文学史”文稿中，指的是“看不见的神物”。第二次出现在《道德情操论》中，斯密这样描述：“尽管他们生性自私贪婪，雇佣千百万劳动力为自己劳作，但他们同时分享所获得的产品。这些地主被一只‘看不见的手’引导着去进行生活必需品的分配，尽管他们没有打算去做，没有真正去做，却不知不觉促进了社会的利益。”这里表达的意思与《国富论》中应该是完全一致的。

所以，“看不见的手”表示市场规律更可能是之后经济学家们的拔高。不过，“看不见的手”的描述依然为我们打开了探索市场规律之门。

真正推动市场运行的原动力是人的自利之心。斯密在《国富论》中非常经典地写道：“我们每天所需的食物和饮料，不是出自屠户、酿酒商或面包师的恩惠，而是出于他们自利的打算……通过追逐自己的利益，他经常促进了社会的利益。”

在这一段描述中，斯密吸收了休谟、杜尔阁、曼德维尔的自利学说。当时，坚持这一主张最著名的学者就是曼德维尔。他在其畅销书《蜜蜂的寓言》中提出，私欲的“恶之花”结出的是公共利益之善果。

19世纪，斯密学说的反对者德国历史学派提出，斯密在《国富论》中主张的自利立场，与《道德情操论》中的利他立场是相互矛盾的，这意味着斯密前后逻辑难以自洽。经济学家熊彼特将这一问题概括为“亚当·斯密问题”。

但真正读懂《道德情操论》的人并不会产生这一困惑。在《道德情操论》的第七卷，斯密回顾了他学术思想的形成过程，同时也解答了德国历史学派的问题。斯密继承的是亚里士多德、斯多葛学派及哈奇森的仁爱及理性主义，同时也吸收了来自霍布斯、孟德维尔的自利主张。

所以，在《道德情操论》中，斯密兼收并蓄，从同情心出发，衍生出人类的三种美德——仁慈、正义和谨慎。斯密认为："出于对他人幸福的关心，我们形成正义和仁慈的美德；出于对自身幸福的关心，我们怀有谨慎的美德。"从这个角度来看，利己和利他在自由市场中其实是可以统一的，每个人的自利行为最终会促使公共利益最大化。这个市场法则一直备受争议，它也是反对者攻击斯密自由市场学说的关键点。

劳动分工是斯密学说最核心的部分。在《国富论》的第一篇中，斯密将社会生产力的提高及财富增加的具体原因归为自由市场中的劳动分工及交换体系。"分工会产生普遍富裕"是斯密学说的核心思想。

为了证明这个观点，斯密举了一个制针厂的案例。他说，制针一共有18道工序，如果采用专业分工的方式让工人合作生产，每人每天可以制造出4800枚针，而如果由一位工人独立完成，他一天所生产的针不会超过20枚。

后人都认为这是斯密到工厂实地观察的案例。但实际上，斯密的这个案例可能是引用的，因为当时英国制针工厂的工序是25道，而不是18道。这个例子更可能取自1755年出版的狄德罗主编的《百科全书》第五卷中的别针例子。《百科全书》中这个案例提到的法国工厂制造别针的工序正好是18道。

斯密有没有真的去过制针厂其实并不重要，虽然之前的休谟、杜尔阁、哈奇森都论述过分工，但是斯密的分工学说是前无古人的。

熊彼特在《经济分析史》中评论斯密的分工理论时指出，此前没有任何经济学家对分工赋予这样的具有决定重要性的支配地位。

早在《法理学讲义》中，斯密就指出，劳动分工是人类互通有无相互交换的天然倾向的必然结果。

不过，《法理学讲义》中没有斯密分工学说中最为重要的论述，那就是："市场的规模决定劳动分工的程度。"这一简洁有力的论述被后人概括为"斯密定理"，它从根本上解释了为什么要对外开放与推动全球化。

通过劳动分工，斯密将"财富之源泉"的主题引入制造业及劳动分工领域，这份远见大大超过了之前的重商主义和重农学派。

遗憾的是，斯密的分工理论没能在国际分工领域继续有效拓展，后来李嘉图的比较优势理论弥补了这个不足。另外，斯密也没有在知识分工上深入挖掘，虽然斯密发现了熟练工人和知识积累的价值，但没有沿着这条路径推导下去。为什么？

因为斯密发现，技术进步会带来规模递增，规模递增又会引发市场集中，这就与他的自由竞争理论相背离了。后来经济学家马歇尔概括了斯密的这一困惑，人们称之为"马歇尔悖论"。

斯密所处的时代，英国刚刚爆发工业革命，但是斯密好像并未意识到这一点。"工业革命之父"詹姆斯·瓦特正是斯密在格拉斯哥大学的同事。从1757年开始，格拉斯哥大学资助瓦特进行蒸汽动力的研究。斯密在格拉斯哥大学任教期间，还为瓦特安排过研究场地和宿舍。就在《国富论》发表的那一年，瓦特成功地发明了第一台蒸汽机并应用于实际生产，人类从此进入了蒸汽时代。

正如罗斯托在《经济增长理论史》中所断言的，"亚当·斯密并没有意识到工业革命的到来"。

这样，斯密与发现经济增长之根源失之交臂。此后百年，经济学家们不但没能突破斯密的瓶颈，反而误入了斯密开创的均衡范式的“完美”陷阱。

后来，奥地利学派经济学家米塞斯在《人的行为》中用“人的行为”和“经济过程”纠正了均衡范式的错误。直到“二战”后，经济学家们才用制度和科技两个因素解释了经济增长的原动力。

另外，斯密花了大量篇幅探索了货币的起源及功用，并由货币引申到商品的价格及劳动工资，再论述了价值论。在这方面，斯密继承了威廉·配第以及重农学派的劳动价值论。他虽然也知道劳动难以量化，但依然坚持劳动是所有商品交换价值的真实尺度。

最后，将斯密界定为一个彻底的“自由放任主义者”或许是一种误判。因为他在《国富论》最后一篇中论述了政府职责及作为，包括国防、司法、公共教育、公共工程及公共财政支出等。

04
通往繁荣之路

虽然斯密一再强调“《道德情操论》是远比《国富论》更为优秀的作品”——或许斯密总是将自己看成一位道德学家。但是，后人因为《国富论》将“经济学之父”的美誉送给了他。

不过，熊彼特在《经济分析史》中整体性地否定了斯密的贡献，认为斯密将经济学引入了歧途。奥地利学派的传人罗斯巴德甚至在《亚当·斯密前的经济学》中将斯密蔑称为“一个剽窃成瘾的学者”。

这种评价对斯密来说有失公允。斯密是一位杰出的学术综合者，也是一位伟大的学科开创者。斯密的《国富论》固然有缺陷，但他的自由市场学说启蒙了世人。他给人类的新时代指明了一条道路——自由市场将给我们带来无尽的财富、真正的自由与永久的和平。

1778年1月的一个清晨，斯密离开位于爱丁堡坎农盖特的家，沿着皇家大道走向交易广场的海关大楼。这是他担任海关专员的第一周。晚年的斯密荣誉加身，他成了格拉斯哥大学的荣誉校长和英国皇家学会会员，还继承了父亲的工作，成了一名海关专员。

1790年7月11日是一个星期天，自知大限将至的斯密让他的一位朋友将他所有未出版的手稿付之一炬。

被烧毁的手稿可能多达18卷，包括斯密毕生积累的所有讲义，以及未完成的“文学、哲学、诗歌、辩术等不同分支的思想史”。这一切都在那个星期天灰飞烟灭。

斯密是一个谨慎而追求完美的学者，他极度在乎身后的声誉。对于烧毁文稿，他的解释是：“我想我所能做到的最好的事，就是让自己已经出版的那些作品，能够在我身后以最佳、最完美的状态留存于世。”

就在文稿被烧毁一个星期后的午夜时分，亚当·斯密在两位好友的陪伴下离开人世。斯人已逝，思想永存，斯密留给世人的《国富论》最终改变了人类历史。

幸运的是，斯密在其晚年看到了他的学说正在改变世界。1787年6月的一天，在议员亨利·邓达斯的温布尔登别墅，当斯密走进会客厅时，小皮特首相、阿丁顿议员等高官纷纷起身热情地迎接。斯密请他们坐下，小皮特首相连忙说道：“不，我们会一直站着直到您坐下为止，因为我们都是您的学生。”

托利党人是斯密自由主义的拥护者，小皮特首相是斯密的忠实粉丝，他推动了自由市场与废奴运动，解散了东印度公司，与法国签署了自由贸易协议。在维多利亚女王时代，英国政府废除了斯密长期批判的《谷物法》以及《航海条例》，使英国成为世界上第一个真正意义上的自由贸易国家。人类正式进入以交易为生的全球化时代。

后来成为议长和代理首相的阿丁顿，在温布尔登别墅聚会后，创作了一首诗歌盛赞亚当·斯密：

我热忱地欢迎您，及您那睿智而充满爱国情怀的篇章，

优美地谱写了通向富裕和和平的道路。

…………

贸易会让熙熙攘攘的世界和谐有序！

在斯密去世100多年后的1900年4月27日，英国物理学家开尔文男爵在英国皇家学会发表了一次著名的演讲。开尔文男爵说，自牛顿以来的物理学大厦已经落成。不过，它的美丽而晴朗的天空却被两朵乌云笼罩了。不久后，这两朵乌云摧毁了经典物理学大厦。

几乎在同一时期，严格上说是1890年，经济学折中大师马歇尔的经典著作《经济学原理》正式出版。这标志着经济学和当时的物理学一样，已经形成了以斯密自由市场学说为核心的完美大厦。

然而，这时也有两朵乌云从远处慢慢地向经济学界飘来：一朵是第一次世界大战，另一朵是大萧条。后来，这两朵乌云化为暴风骤雨恶狠狠地洗劫了人间。

马歇尔的弟子凯恩斯，在亲历“一战”及战后重建工作后，逐渐背叛了他的老师所传授的自由市场学说。1924年是凯恩斯学术思想转变的关键一年，他在牛津大学做了一次著名的演讲，题为“自由放任的终结”。

1929年，一场前所未有的世界性经济危机爆发，自由市场学说遭遇致命性打击。在大萧条期间，凯恩斯出版了著名的《通论》，干预学说登台，斯密及其《国富论》跌落神坛。

40年后，美国爆发滞胀危机，弗里德曼等自由主义者复兴了斯密的自由市场学说。2007年，英格兰银行决定将斯密的素描头像印在20英镑钞票上，以纪念这位伟大的启蒙思想家。然而，第二年，全球性金融危机爆发，斯密及其《国富论》再次成为被质疑的对象：个人自由主义真是通往繁荣与和平之路吗？

对斯密学说的争论可能永远不会停止。斯密在《道德情操论》中的一句话或许已经给出了答案："每一个人，只要他不违背正义的法律，就有完全的自由按自己的方式追求他自己的利益，以其劳动及资本同任何其他的人或其他阶层的人相竞争。"

致敬亚当·斯密！

参考文献

[1] 伊安 · 罗斯. 亚当 · 斯密传[M]. 张亚萍，译. 杭州：浙江大学出版社，2013.

[2] 杜格尔德 · 斯图尔特. 亚当 · 斯密的生平与著作[M]. 蒋自强，等译. 北京：商务印书馆，1983.

[3] 亚当 · 斯密. 道德情操论[M]. 谢宗林，译. 北京：中央编译出版社，2008.

[4] 安格斯 · 麦迪森. 世界经济千年史[M]. 伍晓鹰，许宪春，译. 北京：北京大学出版社，2003.

[5] 亚当 · 斯密. 国富论[M]. 谢宗林，译. 北京：中央编译出版社，2011.

[6] 艾玛 · 罗斯柴尔德. 经济情操论[M]. 赵劲松，别曼，译. 北京：社会科学文献出版社，2019.

[7] 约瑟夫 · 熊彼特. 经济分析史[M]. 朱泱，等译. 北京：商务印书馆，2008.

[8] 罗斯托. 经济增长理论史[M]. 陈春良，等译. 杭州：浙江大学出版社，2016.

[9] 路德维希 · 冯 · 米塞斯. 人的行为[M]. 夏道平，译. 上海：上海社会科学院出版社，2015.

[10] 乔纳森 · 康林. 伟大的经济思想家[M]. 张云，译. 上海：东方出版社，2020.

思想市场

思潮络绎不绝，观点川流不息。在以思想为商品的无形“集市”中，“消费”更便捷，也更复杂。那些似是而非的真理，算法助长的信息茧房，似野草般疯长。

信息的墙，该堵还是该疏？

我们要思考：思想市场交易的干预边界在哪里？如何确保制度有效性、监督不缺席？

但，思想拂尘，文明进化，本就是一个个自我与人性低点的一场漫长竞赛。

正如约翰·弥尔顿所言：“让她（真理）与谬误交锋吧，谁看见在自由而公开的交战中，真理会败下阵来？”

信息茧房时代：偏见、撕裂与群氓

“就在此时此刻，东西方意识形态的对立使全世界陷入了恐慌之中，地球上每一个角落的人们都背负着各自的历史积怨……即使这无穷尽的对抗中有一些似乎的确是基于现实的利益冲突，我们仍怀疑，大部分对抗是幻想中的恐惧的产物。然而，虚构的恐惧能够造成真实的痛苦。”

现代个性心理学创始人高尔顿·威拉德·奥尔波特教授以这段话开启了他的著作《偏见的本质》。这本书诞生于意识形态激烈对抗的20世纪50年代。如今，六七十年过去了，人们的偏见与对抗少了吗？

互联网曾给我们制造出一个信息海洋，但如今的算法却编织了一个个信息茧房。在自己的信息茧房中，每个人看自己想看的，听自己想听的，宛如回音壁一样不断地重复那些悦耳的声音。然而，这种舒适终将付出沉重的代价：偏见、撕裂与群氓。

本节将探讨信息茧房、人类认知与自由市场的关系。

01
偏见与傲慢

2006年，哈佛大学的凯斯·桑斯坦在他的《信息乌托邦》中提出了信息茧房的概念。桑斯坦指出，在信息传播中，公众所接触的信息是有限的，会选择令自己愉悦的信息，久而久之，他们会将自身桎梏于蚕茧般的“茧房”中。

其实，世界之大，信息无穷，考虑到处理信息的成本与风险，人们倾向于待在认知的舒适区。这是一种自我编织的茧房。这种茧房并不可怕，因为自由竞争的压力会迫使人们走出舒适区，懒惰者、安逸者将被惩罚、被淘汰。

真正需要警惕的是他人编织的信息茧房。

在古代，每一个村落都是独立的信息孤岛。村落之间除了官道外没有通行的道路，临界区域遍布高山、密林及河流，野兽出没，山匪当道。这是天然的信息茧房吗？

其实，使古代村落沦为信息茧房的并非野兽，而是君王。古代经济的主要生产方式是农业计划经济，中国是小农计划经济，欧洲是城邦计划经济。计划经济的特点是稳定输出与计划配给。其前提是权力集中，统一指令，信息封闭，控制言行。古代君主不允许村民随意迁徙，打探信息，生在村里，死在村里，用本地的礼教、习俗构成的“权威信用体系”控制村民的言行。

随着文字、纸张、印刷、电报电视的问世，知识精英逐渐掌握了信息茧房的控制权。世纪之交，互联网打破信息孤岛，“逆袭”知识精英。如今，技术精英借助算法悄无声息地夺权，给每一个人都量身定做了一个信息茧房。

美国反科技“狂人”希尔多·卡辛斯基曾在《工业社会及其未来》一文中发出警告：“工业化时代的人类，如果不是直接被高智能化的机器控制，就是被机器背后的少数精英所控制。”

在算法时代，你以为自己拥抱了知识的海洋，其实你看到的信息只是你想看到的，是技术精英想让你看到的。我们每天都生活在回音壁中反复地收听那悦耳的音符。然而，这种舒适可能引发灾难性后果。信息、方法论与智慧存在关联关系。信息是方法论的原材料，方法论很重要，但不起决定性作用。在信息茧房中，人们即便可以获得很多想要的信息，经过科学方法加工，也很难输出真正的智慧。

所谓真正的智慧，是指自然规律、人的行为规律以及思辨哲学。掌握规律靠什么？靠抽象逻辑。那么，如何获得抽象逻辑？

数学就是一种抽象逻辑。自然科学依靠数学论证建立，现代医学的可靠性建立在大样本随机双盲对照试验之上。在大数据时代，实证方法越来越流行，数据越多，研究越充分。这就是英国哲学家波普尔的证伪主义。

不过，大多数人都没有能力通过数学方法来建立抽象逻辑。普通人只能使用经验归纳法来认识事物。这是一种成本最低的方法。比如，把家里养的动物归纳为家禽（家畜），把野外跑的动物归纳为野兽。但是，这也是一种极容易犯错的认识方法。比如，家养的狗跑到野外去了，是家禽还是野兽？为什么经验归纳法容易犯错？原因是经验归纳法容易建立形式逻辑，而不是抽象逻辑。比如，一个苹果加一个苹果，等于两个苹果，这是形式逻辑；一加一等于二，这是抽象逻辑。古代人看到太阳每天东升西落，认为太阳围绕地球转，这就是形式逻辑。

形式逻辑与信息茧房有什么关系？形式逻辑是不是信息不充分导致的？信息是必要条件，但不是充分条件。不管是定量分析还是定性分析，都不可能获得充分的信息。形式逻辑的错误更多源自信息源被控制，即信息茧房。

比如，你从小到大看到的天鹅都是白天鹅，那么你容易将白天鹅等同于天鹅。这就是形式逻辑。如果你哪天看到了一只黑天鹅，那么你的思想可能要遭遇一场“黑天鹅”。当黑白天鹅都看过了，你就不容易陷入“颜色”的形式逻辑，而是从更本质的角度认识天鹅。但是，很不幸的是，黑天鹅全被人宰了。这就人为地制造了“幸存者偏差”。

在古代，每个国家、每个村落都是一个信息茧房，人们在回音壁中不论怎样折腾都不可能建立抽象逻辑，不可能催生现代科学与制度。古代中国一次次地打破信息茧房，又一次次地重建信息茧房，而且茧房越来越牢固，最终与现代化渐行渐远。

其实，只要信息是自然流动的，即使存在信息不对称，人也可以在经验基础上建立抽象逻辑。这就是德国哲学家的“先验”认识论。经济学家米塞斯用“先验”来解释奥派的方法论。“先验”其实是在经验基础上的抽象逻辑。

比如，在自由市场中，价格上升，需求减少。需求定律可以通过数学论证，也可以通过从经验中抽离出来形成抽象逻辑。

科学家普遍反对定性、经验及“先验”，推崇数学实证。后者更具可靠性，但是实证的假设，就是依靠“先验”得来的。如果在假设上犯了“形式逻辑”的错误，实证研究也无法得出正确的结果，如新古典政治经济学中的完全市场理论。很多不具备“先验”

能力的经济学家、科学家，能够建立复杂的数学模型，但结果可能是错的，或者毫无价值的。当今世界，出色的数学家、统计学家很多，但是富有智慧的科学家、经济学家极少。

所以，关键问题不是定性或定量，不是证伪主义或“先验”认识论，而是如何建立抽象逻辑。无法建立抽象逻辑的关键，不是信息不充分，而是人为设置的信息茧房。在信息茧房中，人即便可以获得特定的丰富的知识，也难以建立抽象逻辑。有些人纵然满腹经纶、博闻强识，也只是个愚不可及的老朽。中国古代不乏翁同龢这样的“帝师”与大儒，但他们因为缺乏思辨哲学与智慧，无法将中国引入现代化。

在信息茧房中，形式逻辑占据统治地位，偏见盛行，人们盲目自信。古代地球人认为地球是宇宙的中心，生活在自己的茧房中。玛雅人、印度人、罗马人、东亚人均认为自己是地球的中心。他们建立了形式逻辑的知识体系，比如所谓的国学、西方经济学、东方心理学。真正的知识是抽象逻辑的知识，是没有国别、种族、民族之分的，不可出现西方的质能方程式，抑或是东方的需求定律。

在瑞士伯尔尼的一次统计学会议上，当一个年轻人说到“经济学自然规律”时，德国学者施穆勒打断他说：“先生，并不存在任何的经济学自然规律。”

年轻人反问：“先生，你知道伯尔尼哪里有吃饭不用付钱的餐馆吗？”

施穆勒很不高兴地说：“没有，倒是有便宜的。”

这个年轻人就是帕累托。

帕累托探索的是经济的一般规律，而德国施穆勒领导的历史学派奉行的是典型的形式逻辑学说，它建立在德国特殊论之上，最终导向了希特勒领导的纳粹运动。

信息茧房促使逻辑形式化、思维简单化、认知标签化、理论特殊化，导致人愈加封闭、自我、无知、偏执、傲慢。

这是一个更加不稳定的世界。一个个舒适的信息茧房里，暗藏着一股股盲目的社会洪流。

02
撕裂与群氓

在英国作家乔治·奥威尔的《动物庄园》中，统治者猪给动物们确立了一个简单粗暴的动物主义原则："四条腿好，两条腿坏。"

动物们用以腿的数量来判断好与坏这种最直接的方式分辨敌我，将两条腿的（主要指人，庄园主）打入深渊。每当革命的关键时刻，羊都会在动物们的耳边念叨这个原则，动物们听到后立即就站在了猪这一边。

鸡鸭鹅不也是两条腿吗？没办法，鸡第一个被"歧视"，猪将鸡蛋拿去"出口"换农具。后来，"所有动物一律平等"的原则后面加了一句话："但有些动物比其他动物更加平等。"拿破仑（领袖猪）摆平了政敌斯诺鲍后，动物庄园的口号变成了"拿破仑同志永远正确"。最后，六个庄园主和六头猪在屋里打牌。"外面的众生灵从猪瞅到人，又从人瞅到猪，再从猪瞅到人；不过他们已然区分不出谁是猪，谁是人了。"

在信息茧房中，形式逻辑战胜抽象逻辑，标签替代思考，偏执引起群氓。腿的数量，就是一种形式逻辑。这种形式逻辑成了好与坏的标准。两条腿的就是坏蛋，这就是贴标签、扣帽子。

缺乏抽象逻辑的人容易服从于一种哲学。米塞斯在《人的行为》中揭示了这种哲学的逻辑问题。它认为主观服从于客观，真理源自现实而非逻辑，进而推导出生产力决定论、劳动价值论、身份决定论、立场决定论、动机决定论、历史决定论。

服从于这种哲学的人，谈历史，使用的是盖棺定论；谈现实，强调“存在即合理”；谈国家，但不思考何谓国家。他们不问是非，用折中主义掩盖错误；不知对错，用屁股决定脑袋。在公正面前，将妥协视为艺术，将守正视为愚蠢，将标签视为标准，将立场视为正义。总之，“大即原罪”，资本家等于罪犯，反对我的人一律是卖国贼、汉奸和资本家的狗腿子。

美国有一位黑人经济学家叫沃尔特·威廉姆斯，2020年12月1日去世，享年84岁。他在博士论文《低收入市场》中指出，最低工资法对低技术工人不利，尤其是美国黑人。该法律表面上看保护了低收入工人，实际上却增加了他们的失业率。如果市场的真实工资低于最低工资，那么企业主就会选择用机器替代工人，抑或以较高工资雇佣一名更高效率的工人替代两名低收入工人。

威廉姆斯早在20世纪60年代就指出，民主党政府的福利政策摧毁了美国黑人社会及家庭，使得黑人更加贫穷。后来的事实正如威廉姆斯所料，福利政策导致黑人单亲家庭暴增，大量黑人因没有受到好的家庭教育而穷困潦倒，黑人犯罪率激增。

但是，黑人根本不相信威廉姆斯，甚至大骂他为种族的“叛徒”。与威廉姆斯遭到同样待遇的是另外一名黑人经济学家托马斯·索维尔。他支持威廉姆斯的观点：“黑人家庭挺过了数个世纪的奴隶制、数代人的种族隔离，但是，随着自由派（美国左派）所主张的福利国家的扩张，这些家庭已经瓦解。”

黑人经济学家不多，这两位都被美国黑人群体列为“黑奸”。索维尔说过一句话：“经济学的第一课是稀缺性：我们没有足够的资源来完全满足所有人的愿望。而政治学的第一课，则是无视经济学的第一课。”

美国黑人遭遇民主党政策祸害，难道他们不会觉醒吗?

在信息茧房中，思想市场的惩罚机制不一定有效。即便错误的认知酿成了巨大的代价，但是他们未必能够意识到恶之根源。

信息茧房就像一个劫匪，里面的人容易患上斯德哥尔摩综合征。人在茧房待的时间越长，沉没成本就越大，即便哪天三观受到“暴击”，也不愿意承认和醒来。因为醒来的成本太高、代价太大，心理上接受不了。“你永远叫不醒一个装睡的人”就是这个道理。相反，他们会劝你好好配合劫匪才是唯一的生路。

美国黑人吃福利吃上了瘾，有些人知道福利破坏了他们的家庭，导致他们变得懒惰和无能，黑人进入了一个向下的螺旋，但是，他们不愿意回头，“黑命贵”运动还会重现。

这种福利制度其实利用和放纵了人性之恶。作为规则的制定者，民主党还要给反对者贴上标签、扣上帽子——种族歧视。

在信息茧房中，有些人不喜欢逻辑，只啃食爽文；不愿意思考，只跟随意见领袖；不是在阅读，只是在取悦和麻痹自己。

德国大众传媒学家伊丽莎白·诺埃尔·诺伊曼提出一种理论叫“沉默的螺旋理论”。她指出，人们越沉默，特定的看法越会得到强化，就会有越多的人屈于群体压力加入其中，从而形成一股向下的洪流。

在信息茧房时代，这一股股洪流可能引发一场场群氓运动。他们跟风、盲从、焦虑、易怒、狂热、纵欲，拒绝思考及放纵暴力，缺乏独立意识与思辨能力，在追求“集体灵魂”中迷失，在追逐公共利益中窃取私利。群体心理学的创始人古斯塔夫·勒庞在《群氓心理学》中指出：“深谙其道的演说家在面对群氓的演说中常常利用这些特征。”

桑斯坦警示：“一些国家就由于这个原因走向灾难。对于生活在信息茧房的领导人和其他人而言，这是一个温暖、友好的地方。但是，重大的错误就是舒适的代价。对于私人和公共机构而言，茧房可能变成公众一种可怕的梦魇。”

03
逻辑与生意

如何打破这个可怕的梦魇?

奥尔波特教授在《偏见的本质》开篇时说“大部分对抗是幻想中的恐惧的产物”，一切文明的问题都是主观的问题，解决文明问题的方法也在主观之中。

主观思想缔造了人类文明，主观价值开启了自由市场。哈耶克说：“经济理论的每一次重大进步，都是主观主义的贯彻运用又向前迈进了一步。”这句话扩大来说就是，人类社会的每一次重大进步，都是主观思想的进步。这与物质、规律的客观性不矛盾。

为什么直到十六七世纪人类才开启现代文明？为什么不是13世纪?

历史决定论认为，那是历史的必然性。何为历史的必然性？技术与生产力吗？可是，技术与生产力又是人类主观创造的。

其实，人类在“马尔萨斯陷阱”中反复折腾，根本上还是因为思想市场被消灭，主观思想被抑制，东西方所谓的智者都只掌握了形式逻辑。16世纪，马丁·路德的宗教改革解锁了思想市场。接着，牛顿、洛克、斯密等建立了抽象逻辑。

当然，思想市场经常失灵。笔者在《何为大学》中指出，知识的延续性导致其产权不完全排他，知识的外部性导致价格机制不灵敏；同时，思想市场的惩罚机制容易失效。如果没有科学的制度，如知识产权法，思想市场将不可避免地被谎言、谣言、谬误与似是而非的“真理”淹没。

所以，第一步是用制度打破信息茧房，第二步是建立抽象逻辑。有人提出，中国的学校应该引入逻辑学。逻辑学至关重要，理工科、经济学及社会科学的逻辑训练也同样重要。

当然，对于大众来说，自由竞争或许是打破信息茧房、削弱偏见与群氓的最有效方式。

奥尔波特教授在《偏见的本质》中介绍了很多心理学实验，其中有一个拉皮耶设计的巧妙实验：

这位美国研究人员与一对中国夫妇遍访美国各地。他们曾一同在66个旅馆过夜，在184个饭店就餐，总共只有一次被拒绝服务的经历。之后，他给这些地方的经营者都邮寄了一份问卷，调查他们“是否会接待中国人”。结果93%的饭店与92%的旅馆表示不愿意为中国人提供服务。

实验的结论是：“‘纸面’的情境会比真实情境更强烈地唤起被试的敌意。威胁要实施歧视行为的人实际上可能并不会这样做。”

拉皮耶的实验发生在美国种族歧视流行的20世纪50年代。当时美国实行种族隔离制度，黑人、白人、印第安人、中国人生活在各自的信息茧房之中，信息茧房强化了种族歧视。

但是，这些美国商家在歧视问题上显然言行不一，言语上激烈，但行为上却要温和得多。这是为什么？

当时美国经济学家加里·斯坦利·贝克尔正在芝加哥大学读博士，他抓住这个热门话题，在1955年撰写了博士论文《歧视经济学》。贝克尔是歧视经济学的开创者，他指出歧视是一种经济行为。贝克尔的研究表明，歧视需要付出代价，造成经济效率损失。

美国商家对华人在行为上的歧视要远远弱于在言语上的歧视，根本上还是出于代价的考虑。当今的网络上流行着各种地域歧视、学科歧视、性别歧视、身份歧视。这些看似“穷凶极恶”的歧视者在现实中要“㞞”得多，甚至待人礼貌、温和、谦逊。考虑到代价与风险，即便对同事、上下级、朋友、同学、客户、合作伙伴存有偏见与歧视，也会尽量掩饰、避免冲突。

可见，在约束人的言行上，生意比道德教化更有效。因为代价与利益，我们不得不包容对方，硬着头皮去了解、理解对方。这就打破了自己的信息茧房，增进信息交流与情感融合。

市场分工增进了人类的道德与文明，自由交易促进了世界的繁荣与和平。对此，英国古典政治经济学最后一位大师约翰·穆勒在其《政治经济学原理》一书中有如下表述：

“商业首次教育各个民族满怀善意地看待彼此的富强与繁荣。过去的爱国者，除去其中富有教养的能够将世界视为自己国家的人之外，无不希望本国以外的一切国家都贫弱而且管理不善。现在，他们将其他国家的富裕和进步视为本国富裕和进步的直接源泉。正是商业贸易通过巩固并增加与战争天然对立的个人的利益，使战争迅速遭到废弃。可以毫不夸张地讲，作为世界和平基本安全屏障的国际贸易的全面开拓和迅速发展，已经成为人类种族的思想、制度和素质不断进步的伟大的而且永久的保证。”

有些人用“一战”“二战”反驳穆勒的观点。这种反驳既不符合历史演进，也不合乎抽象逻辑。

很多人不了解，在没有自由市场之前，国与国之间、村落与村落之间可谓老死不相往来。封闭的农耕计划经济体，千年不变的存量斗争，以及统治者为维护政权合法性而制造外敌，这些因素导致国家、部落、民族、种族之间一旦大规模接触便会发生残酷的战争。我们无法想象，如果没有自由市场，20世纪初抑或是当今，人类如此密集的交流将上演何种惨剧。

嫉妒是人性中最基本的成分。在农耕时代，没有自由市场，财富没有流动，自然萌生贫民对地主的嫉妒。抑制嫉妒的办法就是道德教化——听天命、灭人欲，剩下的只有均贫富了。这些办法都无助于道德与经济进步。只有交易才能淡化人的嫉妒之心，以财富流动改变认知。真正的市场交易者希望他人有钱。公司有钱才能为自己发工资，他人有钱才能买自己的产品，富人有钱自己才好融资。

亚当·斯密在《道德情操论》中指出：“人的同情心，是随着人与人之间距离的拉远而急速下降的。”

今日人类世界如此大规模的陌生人之间的协作，不可能交给同情心来化解冲突，也不可能交给法律来约束行为，更不可能交给国王来调节。只能交给自由市场，每个人评估自己的成本与收益而行动。故步自封者、歧视者、不合作者逐渐被淘汰，而开放、自由、协作的精神得以保留与弘扬。这并不是说为自己牟利的人、生意人的道德更高尚，而是自由市场的竞争呈现了这样一种结果。

反过来说，如果被淘汰者、吃租者、垄断者以及货币经济之外的人故意破坏自由市场，将引发经济、道德与文明的严重退化。当然，离开了公正的制度，自由竞争同样会引发悲剧。

让每个人为自己的言行承担应有的代价，这个世界才能往更好的方向发展。个人言行的“待价而沽”促使人类彰显谨慎、谦逊、包容、进取的美德。

参考文献

[1] 戈登 · 奥尔波特.偏见的本质[M].凌晨，译.北京：九州出版社，2020.
[2] 凯斯 · 桑斯坦.信息乌托邦[M].毕竞悦，译.北京：法律出版社，2008.
[3] 乔治 · 奥威尔.动物庄园[M].隗静秋，译.上海：上海三联书店，2009.
[4] 路德维希 · 冯 · 米塞斯.人的行为[M].夏道平，译.上海：上海社会科学院出版社，2015.
[5] 谭镇年.纪念沃尔特 · 威廉姆斯[Z].北京：人文学会，2020.
[6] 古斯塔夫 · 勒庞.群氓心理学[M].陈璞君，译.北京：北京师范大学出版社，2018.
[7] 加里 · 斯坦利 · 贝克尔.歧视经济学[M].于占杰，译.北京：商务印书馆，2014.
[8] 约翰 · 穆勒.政治经济学原理及其在社会哲学上的若干应用[M].朱泱，赵荣潜，等译.北京：商务印书馆，1991.
[9] 亚当 · 斯密.道德情操论[M].谢宗林，译.北京：中央编译出版社，2008.